道德經

일러두기

1. 원문은 중국 八仙 중 한분이신 唐朝 呂洞賓 조사의 저술인 "純陽眞人釋義『道德經』"을 底本으로 삼았다. 표지의 도덕경 글자도 거기에서 따왔다.

2. "순양진인석의『도덕경』"을 저본으로 삼게 된 동기는 여동빈 조사는 늦은 나이에 仙界에 입문했음에도 중국에서 제일 존경받는 神仙으로 추앙받고 있으며, 특히 후학들을 위하여 오랫동안 天仙으로 오르기를 거부 地仙으로 머물면서『太乙金華宗旨』등 많은 저술을 남겼기 때문이다.

3. 『도덕경』81장의 제목은 그 장이 시작하는 첫 단어를 쓰고 다음으로 하상공이 붙인 제목을 첨부하였다. (예: 道 可道章 第一 體道도의 몸체)

4. 『도덕경』은 81장 전문이 압축된 문장이어서 "순양진인석의『도덕경』"본문을 싣고 옆의 우리말은 詩語體로 풀어 쓰는 것을 원칙으로 했으며 다음 해설 본에서는 학문적 이론 보다는 도가 수련의 의미를 담아 해설하였다.

5. 박스 안에는 하상공의 제목을 달고 내용으로 저자의 수련경험과 선도에서 밝히는 수련방법 등을 본문을 크게 훼손하지 않는 선에서 저자의 의견을 개진하였다.

6. 마지막으로 漢詩는 중국의 上陽子 陳致虛가 저술한 것을 그대로 인용하고 한글 해석은 저자가 임의로 붙였다.

★陳致虛: 元代 著名氣功學者. 生卒 未詳. 字, 觀吾. 號, 上陽子. 今江西吉安縣 出生. 周易參同契를 깊이 연구했으며 저술은『周易參同契分章注』.『金丹大要』.『上陽子金丹大要圖』.『金丹大要列仙志』.『金丹大要仙派』등이 있으며 후세 기공학 발전을 위해서 크게 공헌하였다.

道德經

노자는 최고의 수련가이고

도덕경은 최고의 수련서이다

지혜의나무

서문序文

    동양에서는 복희伏羲 황제 때부터 전해오는 삼니의세설三尼醫世說에 의해 중니仲尼, 모니牟尼, 청니靑泥라는 삼대 성인의 가르침에 따라 각각 교를 세우고 지금까지 이어오니 그들이 공자, 석가, 노자이다. 기원전 6세기, 동양에는 거의 동시에 세 명의 위대한 사상가가 나타났다. 그들은 바로 중국의 노자와 공자, 그리고 인도의 석가모니 이다.

    노자老子(기원전 571~?)와 공자孔子(기원전 551~479)는 중국 춘추시대 말기와 전국시대 초기의 사상가로 『사기史記』 「노장신한열전老莊申韓列傳」에 공자가 "노담老聃에게 예를 물었다."는 기록이 있어 노자가 공자보다 나이가 많았음을 입증할 수 있다.

    석가모니(기원전 565~486)는 공자의 생존 연대와 거의 비슷하다. 그러므로 노자, 공자, 석가모니는 비슷한 시기에 살았다고 말할 수 있다,

    이 세 명의 사상가들이 각각 개창한 사상은 모두 고대 중국에서 교류, 융합, 발전하였다. 그리고 그 사상들은 세계적인 동아시아 문화를 형성하였다.

    동아시아 문화란 석가모니로부터 창립된 불교佛敎, 노자로 대표되는 도가道家 학파와 도교道敎, 그리고 공자가 창시한 유가儒家 사상을 말한다. 유·불·도 3교는 중국과 동아시아 전통문화의 체계를 구성하는 3대 요소다. 유가와 도교는 중국 고유의 문화이고 불교는 고대 인도에서 시작되었지만 중국에서 새롭게 발전하여 중국화된 불교가 되었다. 유·불·도 3교

는 서로 영향을 주고받으며 흡수 보완해 가면서 중국 전통문화의 발전을 촉진시켰다. 그들이 지향하는 궁극적인 목표는 하나로 보면 득도得道이고, 나누어 살펴보자면 유교는 입신양명이고, 불교는 해탈성불, 도가는 우화등선羽化登仙이다,

이와 같은 삶의 질은 유교에서는 수신제가 치국평천하를 수학修學하는 현세 지향적 형태이고, 불교에서는 마음 하나를 바루고 깨달음을 얻기 위해 수행修行하는 내세 지향적 경향이며, 도교에서는 신선이 되어 선천으로 돌아가기 위해 수련修煉하는 무위자연 지향적 공부를 내세우는 것으로 나타난다.

이 모두는 심신수양을 기반으로 하고 있으나 문중이 셋으로 갈라져 지향하는 목표나 실천하는 방법이 달라 보이지만 결국은 하나로 귀착되니 그 종착점은 도道이다. 조물주는 이 도道를 이루기 위해 서로 상생할 수 있도록 삼니의세설三尼醫世說로 절묘한 균형과 조화를 빚어 놓았다.

지금도 중국의 저명한 학자들은, "중국 문화의 근간은 도교사상에서 시작되었으며 도교사상은『도덕경道德經』이 그 뿌리이다."라고 말하고 있다. 만경지제왕萬經之帝王이라는 존숭을 받는『도덕경』은 우리나라에서도 350여 종의 판본板本이 있다고 한다. 특히 도가道家 수련을 하는 사람에게는 필독서로서 그 내용과 실체를 머리는 물론 몸으로 터득해야 한다. 그것은『도덕경』이 곧 수련서修煉書라는 것을 시사示唆하는 말이기도 하다.

옛날에는 선도에 관한 책을 펴내는 데 생각보다는 신중을 기했다. 중국의 어느 선인은 선도에 관한 글을 쓰는 소회를 다음과 같이 밝히기도 했다.

"무릇 무극진도는 자고로 입에서 입으로만 서로 전하며, 감히 붓으로

기록하여 글로 남기지 아니한 것은 행위가 바르지 못한 사람들이 얻으면 반드시 하늘의 견책譴責을 만날 것을 두려워한 것이다. 비록 글을 써서 그 가운데 도를 담아 놓는다 해도 반드시 비유의 말로 하였는데, 어머니는 숨겨두고 아들만 말하고 뿌리는 숨기고 가지만 말하였다. 대개 이런 것은 사물을 빗대어 도를 밝힌 것인데 마치 장씨의 관을 이씨가 쓰고 있는 격인 것이다. 나 역시 함부로 누설하지 못하고 이제 이 진도를 어렴풋이나마 대강만을 드러내어 도를 찾는 증빙이 되게 하고, 자칫 잘못하여 사도방문에 떨어지는 일이 없도록 할 뿐이다."

도가의 책들은 대부분 이렇게 은어가 많고 비유를 써서 이야기했기 때문에 이것을 아는 방법은 수련을 통해 몸에 익혀서 저절로 터득하는 것이 중요했다.

그런데 언제인가부터 『도덕경』을 읽다가 첫 소절에서 혼란이 왔다. 몇 번을 음미해도, 그리고 여러 종의 책에서도 한결같아 보이는 이 구절이 나는 이해가 가지 않았고 나중에는 납득할 수 없다는 생각에 이르렀다. 즉 "道, 可道非常道"라고 읽고 써야 하는데, "道可道, 非常道"로 읽고 쓰는 것이었다. 다음 소절 "名, 可名非常名"도 마찬가지다. 이렇게 되면 도道의 본질이 완전히 전도될 수밖에 없는 구조이다. 이것은 노자의 뜻이 아닐 것이므로 바로 잡아야 한다는 생각에 이르자 마음이 바빠졌다. 띄어쓰기나 구두점이 없는 고문古文이기에 이렇게 해석의 차이가 생긴 것이다.

나도 처음부터 이것을 발견한 것이 아니고 도가 수련을 하는 과정에서 몸이 만들어지고 깊은 입정入定에 들어가다 무위 상태에서 무의식적으로 이런 생각에 미치게 된 것이다. 나는 여기서 학문을 연구하는 학자들의 입장과 수련가들의 입장이 일치하지 않을 수 있다는 것을 알게 되었다. 물론 학자들의 학문적 판단도 존중한다. 그러나 수련가의 목소리도 내보고 싶다는 생각을 지울 수 없었다. 그래서 『도덕경』의 본질이고 핵심인 첫 장 첫 구절인 만큼 그 중요성을 생각해서 이 부분만이라도 내 생각을 알리고 싶은 욕심이 발동했다. 그렇게 작다면 한없이 작은 일에서부터 내가 『도덕경』을 집필하게 된 동기가 발현되었다. 그리고 이 기회에 도가 수련에 대해서 많은 사람들에게 알리고 싶은 속내도 숨길 수 없었다. 그래서 도道의 세계, 수련용어, 수련방법 등등을 본문에 관계하지 않고 두서없이 얘기했다. 내가 알기로는 우리나라에서 수련가가 『도덕경』을 펴낸 것은 이번이 처음이라고 알고 있어서 혹여 수 천 년을 전해 내려온 도가에 누가 되지 않을까 노심초사勞心焦思하면서도 한편으로는 많은 사람들이 도道의 세계와 한발 가까워졌으면 하는 바람도 가져본다.

옛말에 '무식하면 용감하다'고 했던가, 별다른 준비도 없이 무작정 덤벼들다 보니 나의 천학둔재淺學鈍才의 옹졸함만 드러나는 것 같아 부끄럽다. 독자 제현諸賢의 질정叱正을 바란다.

2020년 견우직녀 상봉절에

이승훈 識

추천사

　도덕경(道德經) 해설서인 본서(本書)는 저자(著者)인 모운 이승훈 선생이 전작(前作)인 신용호비결 1, 2, 3편에 이어 네번째로 출간하는 저술입니다. 도덕경(道德經)은 간결하고 함축된 문장으로서 그 내용이 심오하고 난해하여 일반인으로서는 이해하는 것도 쉽지 않습니다. 그럼에도 불구하고 도가(道家)의 이론, 철학, 학문에 조예가 깊었던 저자(著者)는 고희(古稀)를 훌쩍 넘긴 연배에도 불구하고 열정과 강인한 추진력으로 도덕경(道德經)이라는 대작(大作)을 완성하였습니다.

　국내에는 350여종의 도덕경(道德經) 해설서가 출간되어 있지만 본서(本書)는 기존의 도덕경(道德經)과 비교하여 크게 다른 면이 있습니다. 본서(本書)가 종전의 해설서와 구별되는 가장 큰 차별성은 첫째로는 수련자(修煉者)의 입장에서 수련서로서의 도덕경(道德經)을 해설하였다는 점이고, 둘째로는 저자(著者) 본인이 도가(道家)의 수련자(修煉者)로서 체험과 깨달음을 근거로 도덕경(道德經)에 대한 이해를 기술하였다는 점이며, 셋째로는 전진도 용문파의 18대 계승자 겸 장문 왕역평 선생의 가르침이 십분 반영된 도덕경(道德經) 해설을 기술하였다는 점이라고 생각합니다.

　그리하여 저자(著者)는 도(道)의 근본성과 초연성을 강조하면서 도(道)와 가도(可道)를 구별하고 무위(無爲)와 유위(有爲), 현(玄), 무극(無極)과 태극(太極), 선천(先天)과 후천(後天), 원신(原神)과 식신(識神) 등의 개념을 통하여 독자들이 도(道)의 속성을 정확히 이해하고 독자들의 사유(思惟)가 도(道)의 영역에 이를 수 있도록 안배하고 있습니다. 또한 저자(著者)는 수련자(修煉者)로서 20년 동안 체험하고 습득한 유익한 정보를 관련성 있는 도덕경(道德經) 항목에 인용하거나 소개하였습니다. 저자(著者)는 왕력평 장문으로부터 전수받은 말씀과 공법을 꾸준히 연마하는 과정에서 도덕경(道德經)에 대한 이해가 좀 달라진 듯합니다. 자칫 철학적 교훈, 사유(思惟)와 생활의 지침으로만 머물 수도 있었던 노자와 도가(道家)의 가르침 속에서 수련의 테마와 지침을 발견한 것입니다.

81장에 달하는 본서의 본문도 다채롭고 풍성한 내용으로 구성되어 있습니다. 저자(著者)는 여동빈 조사의 저술인 순양진인석의 도덕경(道德經)에 수록된 본문을 본서의 본문으로 싣고 시어체로 해석한 후 저자(著者)의 관점에서 경전의 내용을 해설하고 있습니다. 이 때 저자(著者)는 학문이나 철학적 관점이 아닌 도가(道家) 수련의 의미를 담아서 해설하였으며 여기에 저자(著者)의 수련경험과 도가(道家)에서 전하는 수련방법 등을 본문과 관련성이 있는 범위 내에서 소개하고 의견을 덧붙였습니다.

본서는 수련자는 물론이고 학문이나 철학의 관점에서 도가에 관심 있는 분들에게 매우 유용한 정보의 보고(寶庫)가 될 것입니다. 그만큼 도가의 사유, 사상. 수련원리에 대한 저자의 성찰이 깊고 풍부하기 때문입니다. 본서는 도가의 사상과 개념과 정보를 필요로 하는 어느 누구에게도 충족감을 줄 수 있는 책이라고 생각합니다. 본서의 출간을 축하하면서 열독(熱讀)을 널리 권고합니다.

2020. 8. 31.

변호사 임상택 識

목차

총론總論

덕경德經

도덕경 제1장 중 일부. 저자 書

총론總論

1. 노자老子와 『노자老子』

(1)『노자老子』는 수련서이다

『노자老子』 즉 『도덕경道德經』은 춘추시대부터 전국시대 말기까지 '노자학파'의 정신精神이나 사상思想이 응집된 '종합서'로 볼 수 있다. 즉 노자老子와 한두 명의 뛰어난 인물에 의해 창제된 것이라기보다 노자와 그를 따르는 제자들의 집단지성으로 완성되었다고 보아진다. 『논어論語』가 공자와 그 제자들의 집단지성에 의하여 만들어졌듯이 말이다. 『도덕경』이라는 제목은 훗날 붙여진 이름이고 처음에는 『노자老子』로 칭했다.

흔히 『도덕경』이라고 하면 쉽게 떠오르는 것이 현실 도피, 혹은 소극주의나 은둔이라는 이미지만을 떠올리게 된다. 하지만 『도덕경』은 넓게 보아서 우주와 인간이 태어나기 이전, 선천先天의 형이상학形而上學적 인연에서부터, 인간이 세상에서 태어나 후천後天의 형이하학形而下學적 삶을 살아가는 데서 오는 인위人爲적이며 작위作爲적인 윤리 등을 배제하고, 순리에 따라 순응하여 '부자연不自然'과 '반자연反自然'이 만연하지 못하도록 끊임없이 수련하고 연마하여 득도得道하고 성선成仙하여 종국에는 선계仙界로 돌아가야 한다는 것을 명시하고 강조하는 말들이다.

만경지왕萬經之王이라는 존숭까지 받고 있는 이 『도덕경』에는 자연의 순리에 순응을 강조하다 보니 수련가가 보면 무위자연주의, 정치가가 보면 황로黃老무위의 정치사상, 유가 입장에서는 반유가주의, 법가를 옹호하는 입장에서는 반법가주의, 또는 양생사상, 병가사상, 신비주의사상, 현학玄學주의사상 등으로 다양하게 표현 내지 해석되면서 '노자학파'의 정체가 애매모호해질 수밖에 없었다. 이런 현상은 『도덕경』이 말하는 자연의 순리에 순응한다는 것이 인간 본연의 윤리로서, 어느 한 국가나 계파, 개인들의 지위고하 부귀빈천 같은 차별성은 전문 어디에도 끼어들 틈을 허용하지 않았고, 시종일관 모든 사람들은 아무 장애나 편견 없이 공평하게 받아들여질 수 있는 영혼이 깃들어 있는 사상이라는 증거라고 보아도 무방할 듯하다.

　『도덕경』은 고문古文이어서 문장이 간결하고 함축미를 지니고 있으면서도 전문全文에 걸쳐 시종여일 빼어난 비유, 역설逆說의 반어법, 대구對句의 배열, 설문設問과 반문反問 등 다양한 수사 방식이 유려하게 펼쳐져 있어 글의 선명성, 뜻의 정확성, 논지의 설득력과 생동감이 배가되는 감동을 준다. 그럼에도 불구하고 『도덕경』은 너무 난해한데다가 국내 번역서들의 해석이 대부분 '달을 가리키는데 달은 보지 않고 손가락만 봄'으로써 그 이면의 진의를 놓치다 보니 그것을 해석하는 수준은 각양각색일 수밖에 없고 받아들이는 방식도 십인십색이다.

　국내에서도 350여 종의 판본板本이 생산되었다고 하지만 그러나 유감스럽게도 수련가의 시각에서 피력한 판본은 찾지 못했다. 그래서 수련가의 입장에서 당시 노자가 공부하고 수련했던 모습들을 상상하고 더듬어 보면서 『도덕경』을 풀어 보기로 한 것이다.

노자老子는 춘추시대 말기부터 전국시대 초기를 살았던 인물이다. 그야말로 춘추전국시대의 한 중심을 살아온 풍운의 기운을 온몸으로 받아들이면서 살아온 인물이다.

노자는 기원전 571년 당시 주나라 고현 여향 곡인에서 태어났다. 성은 이李 이름은 이耳, 자는 담聃이다. 그는 춘추시대 말기 주나라의 장서실藏書室(오늘날의 국립도서관)에서 수장실사守藏室史로 활동했다. 수장실은 주나라의 전적을 간직한 수집소로서 천하의 글을 모아 천하의 책이라면 없는 것이 없었다. 여기서 활발한 활동을 통해 노자는 풍부한 학식을 쌓았고 그를 훨씬 더 유명하게 만들었다.

문헌에 의하면 노자는 정사호학靜思好學하고 지식이 해박하여 그의 스승인 상용商容 선생이 가르치는 과정에서 노자는 항상 꼬치꼬치 캐묻고 지식에 대한 갈망이 매우 높았다고 한다. 그는 자신의 의혹을 풀기 위해 고개를 들고 일월성신日月星辰을 바라보면서 하늘의 하늘을 생각하며 잠 못 이루는 일이 잦았다고 한다. 그 후 상용 선생은 노자의 학문은 더 배울 것이 없다고 칭찬하였다고 한다.

그러면 노자의 스승인 상용商容 선생은 누구인가? 선생은 상商나라 말 주紂왕 때 예악禮樂을 주관하던 신하이자 저명한 현자이다. 임금의 포악함에 불만을 품고 여러 차례 간언을 했다가 쫓겨났으며, 일찍이 예악禮樂으로 은왕殷王을 교화하려다 실패하였다고 한다. 주나라 무왕이 상商나라를 이긴 후 그를 삼공三公으로 봉하려 하자 사양하고 받지 않자 무왕은 충신과 현자에 대한 존경으로 상인商人의 용모를 표시하고자 상용商容이라 하였다고 한다.

노자는 가장 먼저 도道를 발견한 사람이다. 그는 도라는 개념을 제시하여 자신의 철학 체계의 핵심으로 삼았다. 세계 철학사에서 노자의 경지에 이른 사람은 매우 드물다 할 것이다. 노자는 자신의 특유의 지혜를 발판 삼아 두려움 없이 최정점까지 올랐으며 마침내 우주의 본체인 도道에 도달했다. 도道를 발견한 노자의 가장 큰 공로는 천지 만물과 만상萬象을 초월하여 도道라는 높은 개념을 추상해낸 것이다.

이 도道의 성질은 소리도 모양도 없고 무형무질하여 어떤 구체적인 사물에 속박 받지 않고 독립적으로 존재한다. 천지만물보다 먼저 생겨나서 천지만물 사이를 주행하며 천지만물의 시작과 끝을 총괄한다.

춘추전국시대를 살아온 노자는 주나라의 세력이 약해 제후들이 패권을 차지하기 위해 전쟁이 끊이지 않자 혹독한 동란과 흥망이 반복되는 속에서 백성의 질고疾苦를 목격하게 된다. 무위자연을 지향하고 도의 수련으로 신선의 세계를 추구하는 노자로서는 당시의 시대 상황에 환멸을 느꼈을 것이고 만감이 교차했을 것이다. 결국 초楚나라가 쇠퇴하자 은둔하기로 결심하고, 그래서 선택한 것이 서쪽을 향해서 자신의 나라를 떠나기로 한다. 종남산終南山 함곡관函谷關을 지날 때 관령關令 윤희尹喜를 만나 그가 글을 남겨달라는 간절한 요구로 '도덕경 5000언'을 남기게 되니 이것이 『노자老子』이자 『도덕경』이다.

『도덕경』은 넓지만 정밀하고, 깊어서 심오한, 이치를 갖추었고 문장이 간결하고 함축미를 지니고 있으면서, 빼어난 비유나 역설逆說의 반어법이나 대구對句의 배열 등은 철학적 한 편의 시詩이다. 도道는 만물을 생성시켰고 또한 만물 속에는 도가 내재해 있으니 모든 사물은 길은 다르나 돌아가서 최정점에서 만나게 될 것은 도이니 모두 도로 통하고 있는 것이다.

이 『도덕경』을 도가道家 수련이나 양생 방면으로 연구와 주석을 한 사람은 하상공河上公과 여동빈呂洞賓 등이고, 철학 방면으로 연구와 주석을 한 사람은 왕필王弼(226~249)이며, 정치와 권모술수의 방면으로 연구와 주석을 한 사람은 당나라 현종玄宗과 송나라 휘종徽宗 등이 있다.

이후 진한秦漢시대에 장도릉張道陵(34~156) 천사天師는 『도덕경』을 기본경전으로 삼아 도교道敎를 창설하여 노자老子를 시조始祖로 받들고 숭배하니 도道는 도교의 기본신앙이 된다. 이후 도교道敎는 기본 경전인 『도덕경』에 대하여 고유한 전통적 이해방식을 지니고 있으면서 이 책의 비밀스러운 뜻은 스승이 구전전수口傳專修의 방법만으로, 대대로 전해지면서 『도덕경』의 현묘한 이치와 심오한 뜻에 관해 장기간 몸소 수련하게 하였고, 여기서 얻어지는 직관을 사유하는 가운데, 참된 성품을 닦고 기르면서 이것을 장기간의 실천을 통해 이해하고 깨닫게 했다.

전하는 바에 따르면 노자는 160세에 등선登仙하였다고 한다. 그는 도가 수련으로 최정점의 경지에 올랐고, 등선登仙하여 삼청자부지천三淸紫府之天에 거하면서 도덕천존道德天尊으로 추앙 받고 있다. 삼청三淸에는 원시천존元始天尊(제1존신), 영보천존靈寶天尊(제2존신) 도덕천존道德天尊(제3존신)의 세 존신尊神이 거하는데, 36천 가운데 최고 자리인 대라천大蘿天의 삼청三淸에서 나머지 35천을 거느리고 있다.

도덕천존   원시천존   영보천존

동시대에 노자와 쌍벽을 이루는 학자가 있으니 바로 공자孔子이다. 공자는 기원전 551년에서 479년까지 살았다. 또한 석가모니는 기원전 565년에서 486년까지 살았으니 동양의 3대 성인이 모두 동시대를 살았던 것이다.

당시 공자가 노자에게 예를 물었다는 기록이 있으니 공자는 노자를 만나 많은 가르침과 예를 전수받고 돌아와 제자들에게 다음과 같이 말하였다고 한다.

"새가 날아다니고, 물고기는 헤엄치며, 짐승이 달린다는 것은 나도 잘 알고 있다. 그러나 달리는 것은 그물을 쳐서 잡고 헤엄치는 것은 낚싯대를 드리워서 낚으며 날아다니는 것은 주살을 쏘아서 떨어뜨릴 수 있다. 그런데 용은 바람과 구름을 타고 하늘을 날아오른다고 하니 나로서는 용의 실체를 알 수가 없다. 나는 오늘 노자를 만났는데 마치 용과 같아 전혀 잡히지 않는 사람이었다." (『사기』「노장신한열전」 중에서)

"아침에 도를 들으면 저녁에 죽는다 해도 여한이 없다." (『논어』「이인里仁편」, "子曰 朝聞道 夕死 可矣")

『도덕경』의 총 글자 수는 판본에 따라 차이가 있다. 마왕퇴백서馬王堆帛書, 갑본甲本은 5344자字, 을본은 5342자이다. 『하상공장구河上公章句』에서는 5201자, 왕필王弼의 『노자도덕경주老子道德經注』에서는 5162자 등 여러 서적에서 차이가 있는 것으로 보아 노자가 저술한 후에도 후대 여러 도가학파들에 의해 첨삭이 이루어진 것으로 보인다.

(2) 도道

『도덕경』의 제1장은 도道라는 개념에 대해서 노자의 총괄적인 묘사라고 보아야 할 것이다. 도道는 노자에게 세속적인 사회생활을 넘어 자연의 도에 더 가깝고 천지만물의 시초와 모원母源은 도에 있기 때문에 도에서 시작하여 "도는 하나를 낳고, 하나는 둘을 낳고, 둘은 셋을 낳고, 셋은 만물을 낳는다(道生一, 一生二, 二生三, 三生萬物)."고 하였다. 노자는 도의 특수성과 심오함을 현지우현玄之又玄으로 묘사하고 있다. 노자는 '도道가 그리 멀리 있지는 않다'라는 말을 강조하고 싶었을 것이다. 단지 노자가 말한 도와 당시 사회가 말한 도의 차이를 강조하기 위해 현玄을 사용해 그가 말한 도의 초연성超然性과 근본성根本性을 밝혀서 알리고자 했을 것이다.

노자가 말하는 도, 즉 유물혼성有物混成은 선천先天이 주인이다. 선천에서 후천으로 화려하게 독립하여 유물혼성으로 변화한 것은 천지의 어머니일 수 있다. 천지가 생성되기 전 우주에는 혼돈이 존재했고, 고요하고 넓고 의지할 데 없고 오래도록 존재해 온 것이 만물을 키우는 자모慈母였다는 뜻이다. 노자는 그 이름을 알지 못하지만 억지로 그것을 도라고 부르며 '크다'라고 명명했다.

노자가 말하는 도는 먼저 물질적으로 말한다면 천지만물 생성의 원시적 원동력이며 그것의 존재가 독립적이고 헤아릴 수 없을 정도로 무한하다는 것을 말하고 있다. 그러나 도는 유형적인 물질이 아니고 또한 사려하는 정신도 아니며 아울러 이성적인 법칙도 아니다. 형체도 없고 모양도 없으며 지극히 텅 비고 지극히 신령한 우주의 근본이다. 물질, 정신, 법칙 등은 도에서 파생된 가도可道에 불과한 것이다. 가도可道, 덕德, 하덕下德은 도를 정확히 이해함으로써 비로소 알 수 있다. 도道는 선천일기先天一氣이며 혼원무극의 우주 중의 에너지이며 태공太空의 기장氣場이다. 도道는 큰 측면으로 보면 밖이 없고 작은 측면으로 보면 안이 없다. 지극히 간이簡易하고 지극히 정밀精密하며 지극히 현묘玄妙한 자연의 시초이며 만물의 어미이다.

노자는 도의 특성을 말하기를 "道冲 而用之 有弗盈也"(도는 비어 있지만 그것을 사용하는 것은 가득 차지 않음으로써 쓰임이 있다.)라고 한 것은 '도체道體는 허무하고 또 실實한 것 같아 다 쓰지 않는 물질과 에너지가 체내에 담겨 있지만 저절로 가득 차 있음으로 인해 넘치지는 않는다'는 것이다. 도체道體는 부드러우면서도 강하지 않고 내부가 단순하고, 외부가 소박하고 화창하며, 맑고 투명하며, 하늘과 땅 사이에 머물러 있으니 모든 인간사회나 천지만물은 도道를 본받아 생활 내지는 운행해야 하며 그 법은 자연스럽고 진실되게 돌아가야 한다고 말한 것이다. 도의 법칙과 자연의 법칙은 같다.

노자 당시의 사회는 제후 각국의 무력충돌과 전란이 빈번하여 사회기강이나 의례, 윤리가 회복되지 못하였으므로 노자는 인류사회가 분쟁을 일으킬 수 있음을 간파하고 성인聖人, 예의禮儀, 법령法令, 욕망欲望, 지혜智慧 등을 사람들이 만들어 낸 유위有爲한 조치에서 비롯된 것으로 사회적으로 명리名利, 실력實力, 호승好勝 등의 영예를 차지하기 위해서 천하에 있는 자원의 제한적 점유 다툼이 생기는 것이라고 보았다. 그래서 자연으로 돌아가 자연에 순응하며 무위로써 다스린다면 청정한 자연세계의 규율이 생겨서 수약승강守弱勝强, 즉 약함을 지키고 강함을 이기는 평온한 삶에 도달할 수 있다고 믿었다.

여기서 이 시대 살아 있는 신선으로 추앙받고 있는 전진도 용문파 18대

장문인 왕리핑(王力平) 선생의 『노자와 도의 세계관을 논함』에서 피력한 내용을 요약해서 보기로 한다.

1) 무형무질無形無質

무형무질은 최상층이며 가장 높은 층, 가장 높은 상태이다.

노자가 『도덕경道德經』 본문 제14장(본문 참조)에서는 무형무질에 대해서 묘사했다. 이에 무형무질에 대해서 다음과 같이 이해할 수 있다.

① 무형무질은 사람의 모든 감각 기관과 각종 방법을 사용해도 발견하지 못했지만 이 세상에 존재하는 고유의 형상의 경지이다.

② 무형무질은 일종의 물질이 비물질과 무물질로 전환하는 능력과 에너지이다. 예를 들면 원자력이 발견되고 나서 물질이 그 심층 구조에서 에너지 전환이 가능하다는 것이 증명되었다. 그렇다면 가상해서 비물질의 능력과 에너지는 물질로 전환할 수 있는가?

③ 무형무질은 일종의 사유, 정신이 가져온 경지이다.

④ 무형무질은 우주의 진공 공간을 사용하지 못했지만 사용할 수 있는 곳이다. 이는 우주와 물질 사이에 존재하는 진공의 공간으로서 크게 활용할 수 있는 곳이다.

2) 유형유질과 유질무형有形有質有質無形

유형유질과 유질무형은 함께 중간층에 있다. 이것의 존재 상태는 음양의 구분이 있다. 노자는 이것을 『도덕경』 본문 제21장에 묘사하였다. 이 내용은 다음과 같이 이해할 수 있다.

① 인간은 감각기관과 각종 방법을 이용하여 물질의 존재를 발견했지만 그 도라는 것은 설명하지 못한다. 단지 그런 줄만 알고 그렇게 된 까닭

은 알 수 없는 형상과 물질이 존재하지만 그것의 모체를 알지 못해서이다.

② 인간은 물질의 존재를 발견했지만 구조가 완전하지 못하고 형태가 이루어지지 않아 이름을 정할 수는 있어도 결론은 내릴 수 없다.

③ 인간은 우주 속에 있는 유형무질의 물질과 경지를 발견하였다. 예를 들면 사상, 사유, 온도, 일광, 지구, 달, 태양의 자전과 공전의 궤도와 규율 등이다.

④ 인간은 어떤 물질이 인체, 물질, 우주의 내외에서 운행하고 있다는 것을 발견하였다. 그러나 그것은 볼 수도 없고 만질 수도 없는 유물무상 有物無象의 물질과 경지이다.

⑤ 인간은 이전 사람들이 발견하지 못한 새로운 물질과 새로운 경지를 탐구하기 위해 연구하고 있다.

3) 유형유질有形有質

유형유질은 하층이다. 이것은 일반 사람들이 말하는 지구상에 존재하는 만물 세계이다. 노자는 이 유형유질을 『도덕경』 본문 제25장에 묘사했다. 그 내용을 다음과 같이 이해할 수 있다.

① 이 세계 속에서 인간의 감각기관과 각종 방법을 이용하여 파악할 수 있는 물질과 경지이다.

② 이 세계 속에서 실제로 존재하는 물질의 경지이다. 즉 지구상에서 눈으로 볼 수 있는 모든 것들이다.

③ 인간의 사유와 정신으로 창립하고 또한 물질의 수단으로 도달할 수 있는 상태와 경지이다.

이상 무형무질은 둘로 나뉘어 유형무질과 유질무형이 생겨났다. 유형무질과 유질무형의 두 가지 상태는 음양을 통해 상호 생성 변화하며 오행 속에서 만물 즉 유형유질의 세계를 생성한다.

유형유질의 만물은 다시 기氣의 분화를 통해 생성 변화하여 유형무질과 유질무형의 두 가지 상태를 만들어 낸다. 이 두 가지 상태는 다시 승화하여 무형무질의 상태가 된다. 이렇게 운행하며 한 바퀴를 돌고 다시 반복한다.

결국 무無에서 유有가 생기고 다시 유에서 무로 돌아가는 변화 과정을 구체적으로 말해주고 있다.

형形·질質의 유有·무無 비교표

사람은 무형무질에서 왔다. 왜냐하면 내가 태어나기 전, 나는 이 세상에 없었으니까. 그래서 무無에서 유有로 왔다가 다시 무無로 돌아간다.

유형유질有形有質 : 7정6욕七情六欲의 감각능력이 있는 상태. 즉 살아서 활동하는 현재의 모습.

유형무질有形無質 : 상상해서 모습을 본 상태. 형체 이전의 것. 영혼으로 존재. 꿈, 상상 등.

유질무형有質無形 : 나의 생명의 근원인 정자精子는 질質은 있지만 형形을 이루지 못한 상태다.

무형유질無形有質 : 죽은 후의 뼈는 형은 없고 질은 있다. 유형유질에서 무형유질로 가게 된다.

무형무질無形無質 : 내가 태어나기 전 나는 무형무질(靈)의 상태

에서 부모의 교접으로 유질무형이 합쳐져서 내가 탄생한다. 무형
무질은 다시 유형무질, 무형유질이 되면서 순환한다.

유형무질 → 무형유질로 승화하여 유형유질이 된다. 형과 질이
합일되면 유형유질로 변함.

무형무질 → 유형무질 → 무형유질이 되어 순환하게 된다.

간단한 예를 들면

집을 지어 보겠다고 방을 만들려고 할 때는, 형도, 질도, 없는 무
형무질이다.

집을 짓겠다고 상상하고 설계하면 유질무형이다.

집을 지은 후에는 형과 질이 있는 유형유질이다.

건물이 오래되어 무너져서 없어지면 무형무질이다.

그러나 그 건물이 있었던 것을 알고 있는 사람은 그 정精·상象·
신信이 살아 있어 유질무형이다.

(3) 덕德

덕德은 도道의 윤리倫理적 측면에서 발전하면서 표현된 말이다. 따라
서 도道에서 덕德으로 진입은 자연의 질서가 사회질서와 함께하는 것과
같은 맥락인데 도道가 장애가 된다고 말하는 것은 사회 규범적 의견이라
고 보았다. 덕德과 법法은 모두 사회와 사람의 행위를 규율하는 구속력
을 가진 것이라면 노자가 말하는 자연의 질서와 사회의 질서는 다른 지
위를 가지고 있다고 보았다. 노자는 상덕上德의 본질이 도덕의 본질과 동

일하기 때문에 상덕上德은 도道에서 비롯된다고 생각한 것이다.

노자가 말하는 덕은 보통사람들이 말하는 덕과는 다르다. 본문 38장에서 "상덕은 덕이라 하지 않으니 이로써 덕이 있으며, 하덕은 덕을 잃지 않으려고 하기 때문에 덕이 없다(德不德 是以有德, 下德不失德 是以無德)."고 했고, "상덕은 무위하니 함이 없고 하덕은 유위하니 함이 있다(上德無爲而無以爲 下德爲之而有以爲)."고 말했다.

고서에 의하면 "대체로 상인上仁은 이것을 하면서 했다고 여기지 않고, 상의上義는 이것을 하면서 했다고 여기고, 상례上禮는 이것을 하고 응하지 않으면 곧 팔을 걷어붙이고 덤빈다. 그러므로 도道를 잃은 뒤에 덕德이 있고 덕을 잃은 뒤에 인仁이 있으며 인을 잃은 뒤에 의義가 있고 의를 잃은 뒤에 예禮가 있다. 무릇 예라는 것은 충신忠臣의 믿음이 엷어진 것이니 혼란의 시작이다."라고 말함으로써 도道나 덕德을 유가儒家의 인仁, 의義, 예禮보다 위에 두었다.

상덕上德은 매사에 자연에 순응하면서 무위無爲라는 뚜렷한 특징을 지닌 자연에 따른 행동 규범으로 이해된다. 이러한 인습은 자연의 덕을 따라 생명을 중히 여기고 명리를 가벼이 여기며 정숙함을 지키고 탐욕을 끊고, 마음을 가라앉히고 행실을 삼가며, 무위자연을 즐기며 민초의 마음으로 자신과 자연을 하나로 뭉치게 하고 결국에는 도道로 돌아가야 하는 것이다.

하덕은 상인上仁, 상의上義, 상례上禮로 구성되며 사람의 실제 실행과 보급이 필요하며 뚜렷한 유위有爲적 특징을 가지고 인위人爲적인 행위규범을 중시한다.

여기서 알 수 있듯이 노자의 눈에는 공자가 추진한 인仁, 의義, 예禮는 인위적인 교화의 결과일 뿐 진정한 무위초탈하는 상덕上德의 경지에 이르지 못해 하덕下德이라고 폄하貶下시켰다.

상덕의 무위적 경계는 나라에서 제정할 수도 없고 법 자체의 운용과 그에 따른 공적 특성은 상반되는 것이다. 그래서 법은 하덕의 범주에 불과하다. 그러나 하덕 가운데 법과 인과 의와 예가 또 다르다고 말한다. 노자는 법을 하덕의 검토 범위에 넣지 않았다. 노자는 인, 의, 예가 법보다 높다고 생각했고 법은 나라를 다스리는 하나의 도구일 뿐이라고 보았다.

노자의 덕은 공자의 덕과 구별된다. 동시에 예禮와는 달리 세속적인 법法은 예법禮法과 수없이 연관되어 있고 춘추전국시대에는 예와 법이 하나로 합쳐진 체계도 있었다. 공자의 덕은 노자가 보기에 하덕의 범주에 속하는 인위적 규범에 속하는 영역이다. 노자는 상덕上德을 무위無爲로 표현하고 덕과 부덕을 고려하지 않는 것이 오히려 가장 큰 덕이라고 여긴다.

(4) 도법자연道法自然

하상공河上公은 본문 25장에서 인법지人法地라는 것은 "사람은 마땅히, 편안하고, 고요하며, 조화롭고, 부드러운 땅에 씨앗을 뿌리면 오곡을 수확하고, 또한 땅을 파면 달콤한 샘물을 제공하고, 수고로움을 끼쳐도 원망하지 않고, 공로가 있어도 내세우지 않는 땅을 본받아야 한다."고 했다. 지법천地法天에서는 "하늘은 담담하고, 고요하여, 요동치지 않으면서, 베풀어도 그 보답을 바라지 않으며, 만물을 낳고 길러도 거두어들이는 것이 없으니 마땅히 하늘을 본받아야 한다."라고 말했고, 천법도天法道에서는 "도는 맑고 고요하여 말도 없이 은밀하게 정과 기를 운행하여 만물이 저절로 이루어지게 하니 마땅히 도를 본받아야 한다."라고 말했으며, 도법자연道法自然에서는 "도의 본성은 스스로 그러해서 따로 본받을 것이 없다."고 했다.

　왕필王弼은 주해註解하기를 "사람이 땅을 어기지 않아서 모든 것이 평안하여 땅이 곧 법이다." "땅이 하늘을 어기지 않아서 전부 실어주니 하늘이 곧 법이다." "하늘이 도를 어기지 않아 전도되지 않으니 도가 법이다." "도가 자연에 어긋나지 않는 것이 바로 그 본성이다."라고 말하였다. "자연을 법으로 삼는다면 자연을 거스를 수 없을 것이다. 자연이란 것은 말이 없고 자연이 할 수 있는 다함을 다하는 것이 곧 말의 표현이다."라고 했다.

　『도덕경』 제25장에서 노자는 법法 자를 처음으로 언급하고 "人法地 地法天 天法道 道法自然"이라고 했다. 이 도법자연道法自然은 도를 자연과 대립시키는 것이 아니고 "궁극적이고 절대적이어서 도에는 밖이 없기 때문에 도는 자연이다."라고 말한 것이다. 자연이라는 개념은 노자의 학설에서 일반적으로 세 가지로 구성되는데, 하나는 관여하지 않고 자유롭게 발전하는 것이고, 둘째는 무리하지 않는 것이고, 셋째는 천연에서 나온 것으로 사람이 만든 조작물이 아니라는 것이다.

　노자가 말하기를 나라에는 네 가지 큰 것이 있는데 "道大, 天大, 地大, 人大"를 꼽았다. 하늘과 땅과 사람의 세 가지 모두가 도를 의지해서 이루어져야 하는데 그들 사이의 관계는 바로 도가 뿌리요 모체이다. 모든 통치이념은 도가 적용되어서 도의 발전 법칙에 따라야 한다.

도대道大 {
상삼계 : 우주 공간 시간 = 천대天大
중삼계 : 천 지 인 = 지대地大
하삼계 : 인 사 물 = 인대人大
}

인간의 존재는 하삼계로부터 중삼계, 상삼계로 올라가며 다시 상삼계로부터 중삼계, 하삼계로 돌아오는 것이다. 이렇게 반복해서 끊임없이 변화하면서 새로운 것을 추구해야 한다.

2. 용어 의미 해설 用語意味解說

(1) 무위 無爲

무위無爲는 어떤 방향이나 장소나 모양 모습에 의하여 가로막히지 아니한다. 그래서 무위자연은 청정한 그대로이고 위엄을 만들지 아니 한다. 그러면 무위자연은 어디서 찾아야 하는가? 하늘과 땅을 낳아서 기르고 일월을 운행시키고 만물을 길러내는 어머니가 있으니 그것이 곧 도道이다. 마땅히 무위자연의 상태에서 도道를 만날 수도, 얻을 수도 있다. 과연 도를 얻었다면(得道) 천지와 같이 장구할 수는 있는 것일까? 즉 윤회의 고리를 끊을 수 있겠는가? 답은 현신한 부처와 진선들이 이미 몸으로 보여 주었다.

대체로 도를 말할 때 맨 먼저 떠오르는 것은 무위자연이다. 그만큼 무위자연이 도의 상징처럼 되었다. 일반적으로 무위無爲의 반대말은 유위有爲이다. 위爲란 '무엇을 꾸미다'라는 뜻으로 쓰인다. 그러므로 무위는 '하는 것이 없다', '꾸미지 아니 한다' 등으로 쓰일 수 있다. 그러나 이것은 문법상 형이하학적 논법이고, 무위無爲는 선천 즉 형이상학적 논법으로 접근을 해야 한다.

무위無爲는 터럭 하나를 더해도 많고 터럭 하나를 감해도 적다. 청정한 그대로이고 위엄도 만들지 않으며 태초의 허공에 하나의 티끌도 물리치므로 다른 것이 설 자리가 없으며 아득하고 묘하다. 불가에서는 '이 무위는 인연과 합하여 형성되지 아니한 것이다. 생멸生滅하는 절대존재가 아니다'라고 했고, 어느 선인은 '무위라는 것은 그 마음이 움직이지 않는다, 움직이지 않는다는 것은 안으로는 마음이 일어나지 않는 것이고 밖으로는 사악한 마음이 내 몸의 경계로 들어오지 못하는 것이며 안과 밖의 안정된 것 즉 신神과 기氣가 평온한 것을 말한다'고 했다. 그리고 무위는 어떤 방향 장소 모양 모습에 의하여 가로막히지 아니한다.

　『장자莊子』「지락편至樂篇」에는 "하늘은 무위 때문에 맑고 땅은 무위 때문에 편안하다, 그러므로 두 무위가 서로 합하여 만물이 생성, 변화하는 것이다. 이런 창조의 근원은 아득하여 그 생겨나는 바를 모르고 까마득하여 그 모양도 알 수가 없다. 그러나 만물은 무진장으로 이 무위 때문에 번식한다, 그러므로 천지는 작위作爲함이 없건만 만들어 내지 않은 것이 없는 것이다."라고 말한다.

　이상에서는 무위자연, 즉 자연의 무위를 이야기했다. 그러면 사람에게도 무위가 존재하는가? 답은 존재한다. 그리고 그것을 경험할 수도 있고 맛볼 수도 있다. 이는 정좌수련靜坐修煉을 통해서 가능하다.

　우리가 정좌수련을 함에 있어서 가장 핵심이 되는 내용은 다만 잡된 것이 섞이지 아니한 순수한 마음만으로 나가는 것뿐이다. 처음 정좌수련을 배우고 익히는 과정에서 잘못을 저지르기 쉬운 것은 어둠 속으로 깊이 빠져 버려서 정신이 없게 되어 잠이 드는 것, 즉 혼침昏沈과, 이 생각 저 생각 걷잡을 수 없을 정도로 마음이 어지럽게 흩어지고 잡념만 생기는 것, 즉 산란散亂, 두 가지라고 할 수 있는데 이런 상태에서는 정定에 깊이 들어갈 수가 없다.

그러면 무엇이 정定인가? 정은 산란하지도 혼침에 빠지지도 않으며 깨어 있으면서도 적적寂寂하고 적적하면서도 깨어 있는 것이다. 마음은 이미 고요해졌지만 결코 죽어버린 것은 아니다. 그래서 깨어 있다고 말하는 것이니 비유를 하자면 화로에 불은 꺼지긴 했어도 재 속에 불씨가 남아 있는 것과 같으니 이처럼 깨어 있으면서도 고요한 경계가 바로 정定이다. '마음에 의지하지 않고 몸에도 의지하지 않으며 의지하지 않는다는 것에도 의지하지 않는(不依心, 不依身, 不依也不依)' 경계에 이른 것, 다시 말하면 생각이 마음에 기대지 않고 몸에만 붙들려 있지도 않으며 심지어 기대지 않고 붙들려 있지 않는다는 것조차 벗어 던진 것, 이것이 바로 정定이다.

정定을 처음 닦기 시작할 때는 대개 산란하지 않으면 혼침에 빠지며 혹은 잠시 산란했다가 잠시 혼침에 빠지기를 계속한다. 사실 산란과 혼침을 벗어나는 것이 입정入定의 관건이다. 즉 잠자는 것 같지만 깨어 있고, 깨어있는 것 같으나 잠자는 것 같은 그런 경계가 정定이자 무위無爲다. 이 무위無爲 상태에서는 나의 몸과 마음은 정지되어 버린다. 지구는 쉬지 않고 돌고 시간도 흐르지만 내 몸은 모든 것을 정지하고 그대로이다. 그리고 그 상태에서만이 도道가 살아난다. 여기서 내 몸은 작위作爲함이 없건만 만들어 내지 못하는 것이 없게 되는 것이다. 이 무위無爲 상태에서는 내 몸에서 흐르는 시간까지도 정지되어 버리니 앞으로 나아가지도 않고 즉 늙지도 않고 그대로인 것이다. 이렇게 유위有爲를 빌려서 무위無爲 상태로 들어가지만 단번에 무위無爲로 들어갈 수는 없다. 이러한 경지를 다른 말로는 원신元神이 작용하는 상태라고도 한다.

불법에서는 지관止觀이라는 말이 있는데 지止니 관觀이니 하는 것은 모두 정혜定慧를 얻기 위한 것으로 수행의 첫걸음에 불과하다.

지관止觀이란 뜻을 살펴보면 '헛된 모든 생각을 그치다'라는 뜻이 지止라고 한다면 관觀이라는 뜻은 '비추어서 살피다'라는 뜻이다. 이는 마음을 흩어짐 없이 한 곳에 머물러서(定) 슬기의 빛으로 고요히 비추고(慧) 있다는 뜻이기도 하다. 즉 정혜定慧라는 말과 상통한다.

육근六根(안이비설신의眼耳鼻舌身意)을 사용하는 방법으로부터 팔만 사천 법문이 파생된 것이니 일체 법문의 시작은 모두 생각을 고요히 정지시키는 것이다. 생각이 정지된 상태가 곧 정定이며 그 정도의 차이는 공력의 깊고 얕음에 따라 차이가 있다.

우리가 정定에 들어가기 위해서는 마땅히 이 생각(念)이라는 것이 '어떠한 곳에 들어 있는가?' '어디로부터 일어나는가?' '어디에 가서 사라지는가?' 하는 문제를 붙들고 거듭거듭 끝까지 헤치고 들어가 봐야 하지만 마침내 그러한 곳을 붙잡아 낼 수는 없고, 다만 그 자체로써 이 생각(念)이라는 것이 일어나는 곳을 보게 되는 것이다.

나와 너 즉 주관과 객관이 마음이 안정된 상태, 이것이 곧 비추어 살핌을 바르게 하는 일을 정관正觀이라고 말하고, 이러한 이치에 어긋나는 것, 곧 비추어 살피는 마음과 그 대상이 맞지 아니하는 것을 비추어 살핌을 바르게 하지 못하는 것을 사관邪觀이라고 한다. 이러한 상태로 되는 일은 그렇게 되고자 노력하여서 그렇게 되는 것이 아니고 다만 처음 배우기 시작하였던 때의 상태를 그대로 계속해서 끊어짐 없이 이어나가노라면 이루어지는 것이다. 헛된 모든 생각을 그치고(止) 그것을 끊임없이 이어나가노라면 비추어 살피는(觀) 경지가 이루어지고 비추어 살피는 경지에 이르러서(觀) 그것을 끊임없이 이어나가노라면 헛된 모든 생각이 그치게(止) 된다.

이러한 이치가 곧 '마음을 흩어짐 없이 한 곳에 머물러서(定) 슬기의 빛이 고요히 비치게 함(慧)을 함께 닦는다(定慧雙修)'는 가르침이 된다.

우리가 입정入定에 들어가기 위해서는 마음을 숨(息)에 함께 붙어 있도록 하는 수밖에는 없다. 숨(息)이라는 것은 스스로의 마음이며, 스스로의 마음은 숨(息)이 되고 있는 것이다. 마음이 한번 움직이면 곧 기氣가 생기게 되는데 그 이유인즉 기氣라는 것은 본래 마음이 변화하여 이루어진 것이기 때문이다. 우리들 사람의 생각은 그 움직임이 지극히 빨라서 눈 깜짝할 사이에 하나의 헛된 생각(妄念)이 생겼다가 사라지는데, 그러는 과정에 한 번의 호흡이 그에 따라서 이루어지게 된다. 그러므로 속에서 일어나는 호흡과 밖에서 일어나는 호흡은 마치 사람의 목소리와 메아리가 서로 따르는 것과 같다. 결국 하루에 몇 만 번의 숨(息)을 쉬니 그 자체로 몇 만 번의 헛된 생각(妄念)을 일으키는 것이다.

그와 같이 흘러서 내면세계의 밝음을 유지하는 정신(神明)이 다 새나가 버리면 마치 나무가 죽어서 마르는 것과 같고 불 꺼진 재가 싸느랗게 식는 것과 같아진다. 그렇다고 생각이 없어지기를 바라겠는가? 생각을 없앨 수는 없다. 또한 숨(息)이 없어지기를 바라겠는가? 숨도 없앨 수는 없다. 이도 저도 아니면 어떻게 하란 말인가? 결국 그러한 마음을 일으키는 얼게 자체가 바로 약藥으로 될 수 있음을 알아서 그렇게 되도록 하여야 하는 것이다. 다름 아니라 마음과 숨이 서로 붙어서 의존하는 일, 즉 심식상의心息相依가 그것이다.

(2) 현玄

현玄은 도가사상에서는 중요한 표현이다. 자의字意에 유의해야 한다.

현玄에 관련된 도가의 명사나 용어들은 현일玄一, 현문玄門, 현천玄天, 현원玄元, 현기玄氣, 현단玄丹, 현술玄術, 현공玄功, 현빈玄牝, 현관玄關, 현곡玄谷, 현학玄學, 현규玄竅, 현묘玄妙, 현중현玄中玄 등 많은 단어들이 있다. 이러한 용어들을 바르게 알기 위해서는 우선 현玄을 바로 알아야 한다. 「기공사전」에는 "'현玄'이란 태극太極을 가리키는 말이며 천지만물을 창조한 어머니이다."라고 되어 있다.

『도덕경』에도 "현지우현玄之又玄"이란 글귀가 제1장에 중복된 어문으로 턱 버티고 있어서 현玄의 위세와 위엄을 느끼게 한다. 여기에 대한 주석이나 변역들도 십인십색이다. 여기서 '현지우현玄之又玄'에 대한 해석을 보자.

"아무런 징조나 단서도 없으며 형상이나 관계가 없는 지극히 심원한 것을 '현玄'이라고 한다. 지극히 미묘하고 또 미묘하며 지극히 멀고 또 멀며 지극히 은밀하고 또 은밀하여 헤아려 규정지을 수 없는 것을 가리켜 '우현又玄'이라 한다." (『도덕경석의』 임법융 저)

우리가 흔히 '검을 현'이나 '가물 현'으로 이해하는 시각을 무색하게 하는 해석이다.

그러나 이 '현'에 대해서 우리의 상상을 초월하고 현학적이고 형이상학적이고 명쾌한 논법으로 언어를 구사한 선인이 있으니 그가 바로 동진東晉 시대에 살면서 『포박자抱朴子』를 저술한 갈홍葛洪이다. 여기에 『포박자』 「내편」에 나오는 창현暢玄 중에서 '현'에 대한 글을 옮긴다.

"현玄은 자연의 시조이고 각기 다른 만물이 생성될 수 있게 하는 대종

大宗이다. 그 깊이는 아득하여 차라리 어두울 정도이다. 그러므로 '미微'라고 불린다. 그 멀기는 가없이 보일 정도이다. 그러므로 '묘妙'라고도 불린다.

그 높이는 구천九天을 덮으며 그 넓이는 팔방八方을 한 아름에 안은 듯하다. 해나 달보다도 더 빛나며 번개보다도 더 빠르다. 때로는 홀연히 빛나 빛처럼 가버리고 불쑥 솟았다가 별처럼 흘러버린다. 때로 넓은 연못처럼 맑고 때로는 뜬구름처럼 떠다닌다.

'현玄'은 형체를 가진 만물에 의해서 '유有'가 되고 정적 속에 몸을 감추면 '무無'가 된다. 유명계幽冥界에 감기면 아래로 깊이 가라앉고 북극성을 오르면 위로 높이 떠다닌다. 금석이라도 그 굳셈에는 비할 수 없으며 촉촉이 내리는 이슬이라 할지라도 그 유연함에는 미치지 못한다. 모가난다 해도 정각이 아니며 원이 된다 해도 정원이 될 수 없다. 온다 해도 그것을 볼 수 없고 간다 해도 쫓을 수가 없다.

하늘은 그것(玄)에 의해서 높아지고 땅은 그것에 의해서 낮아진다. 구름은 그것에 의해서 날아다니며 비는 그것에 의해서 내리게 된다.

'현'은 유일한 실제를 안아서 잉태하여 그것이 음과 양의 양 범주範疇로서 전개해 간다. 그 호흡의 원천은 마치 대장간의 풀무처럼 억만의 사물을 만들어 낸다. 그리하여 이십팔수 별들을 하늘에 돌게 하여 최초의 세계를 창출시킨다. 시간이라고 하는 신비한 기계의 채찍질 속에서 사계四季의 기를 들이마시고 내쉴 수 있게 한다.

숨어 있을 때는 천지간의 조화된 원기로 조용히 있지만 밖으로 펼쳐지면 찬란한 무늬를 나타낸다. 강물을 뜰 때는 탁한 것은 버리고 맑은 물만 떠 올린다. 물이 불어난다 해도 넘치는 일은 없으며 거기서 얼마를 떠낸다 해도 줄어드는 일도 없다. 무엇을 준다 해도 반가워할 것도 없고 빼앗아 간다 해도 슬퍼하지 않는다. 그러므로 '현'이 있는 곳에는 무궁한 즐거움이 있으며 '현'이 나가면 육체가 붕괴되고 정신이 달아나버린다."…(하략)

'현玄'은 검은색이나 가물하다는 뜻으로 통하는 것이 보통이지만 노자의 『도덕경』이나 도가에서는 천지 이전의 실제를 의미하는 것으로 쓰였다.

'도道'의 모습을 드러내는 작용을 '현玄'이라고 함이 타당할 것 같다. 즉 '도道'가 체體라면 '현玄'은 용用인 것이다.

(3) 무극無極 태극太極

우주가 탄생하기 이전이 있었다, 무극無極의 세상이었다, 헤아릴 수도 없는 홍몽鴻濛한 기운은 혼돈混沌의 소용돌이 속에서 분열하기 시작하였다. 그리고 무극의 선천先天에서 태극太極의 후천後天의 세상이 열리더니 다시 음양陰陽으로 나누어진다. 가볍고 맑은 기운은 위로 떠서 하늘이 되었으니 그 성질은 양陽이다. 무겁고 탁한 것은 아래로 내려와 엉긴 것이 땅이 되었는데 그 성질은 음陰이다. 하늘의 맑은 기운과 땅의 탁한 기운이 섞인 것을 사람이라고 하며 그 성질은 음양이 반반으로서 조화를 이루고 있다. 이렇게 세상에 우주가 탄생한 것이다. 선천에서 후천세계가 도래한 것이다. 당연히 사람도 천지인天地人 삼재三才 가운데 끼여 천지와 동격을 이룬다. 그래서 사람을 소우주라고 말함이다.

이렇게 우주의 탄생에서 보듯이 무극에서 태극으로 전화轉化될 때, 즉 선천에서 후천으로 바뀔 때는 반드시 혼돈이라는 대가를 치러야 한다.

이 혼돈은 선천의 세계를 뛰어 넘는 과정에서 생기는 소용돌이이다. 이 소용돌이에 말려드는 것은 선천의 기억을 잊어버리기 위해서라고 하니 자연의 신비는 경이롭기만 하다.

천지의 탄생도 이럴지니 하물며 사람과 생명력을 갖는 모든 만물의 탄생도 예외 일 수는 없어서 모두 자기의 격에 맞는 혼돈을 거쳐서 탄생하게 된다,

이 혼돈을 겪으면서 처음으로 나누어진 하늘과 땅이 자리를 잡았으니 그 형체는 알과 같아 육합合(동서남북상하)으로 둘러싸여 공처럼 둥글다고 한다. 해와 달은 하루마다 한 번은 그 위를 운행하고 한 번은 그 아래를 운행한다. 해는 동에서 떠서 서쪽으로 지기 전까지가 낮이 되고 서쪽으로 져서 동으로 다시 뜨기 전까지가 밤이 된다.

21세기 과학은 우주선이 달나라까지 정복한 문명의 시대를 열었다고 하지만 고인古人들도 해와 달에 대해서 연구하지 않은 것은 아니었다, 다만 정복에 의미를 두지 않고 무위無爲의 자연 그대로 받아들였을 뿐이다.

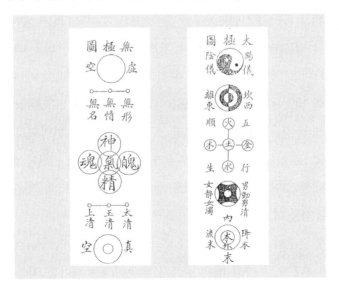

우주가 탄생하기 전, 무극無極의 헤아릴 수 없는 홍몽鴻濛(하늘과 땅이 아직 갈라지지 아니한 상태)한 기운이 음陰과 양陽으로 분열을 시작했는데 음양陰陽 이전에는 태극太極이 있었다. 태극太極 이전에는 무극無極이 있었다. 태극과 무극 사이에는 황극皇極이 있다. 사람의 몸도 아버지의 양陽과 어머니의 음陰이 교접하여 한 점을 찍으면서 무극無極에서 태극太極을 만들어 내었다. 이때부터는 선천先天의 세계라고 하며 질質은 순양체純陽體이다.

사람의 탄생도 무극無極이 황극皇極으로 말미암아 태극太極이 되고, 음양陰陽과 사상四象과 팔괘八卦와 만물萬物과 몸에 두루 365골절과 84,000의 솜털 구멍이 모두 무극無極의 한 점으로부터 사람 몸이 생기게 된 것이다. 회태懷胎한 지 10개월째 되면 선천先天의 기氣가 만족하게 되어 포태胞胎를 찢고 오이가 익어 꼭지가 떨어지듯 한 덩어리가 곤두박질치며 울부짖는 외마디 소리에 무극無極 규竅가 터지면서 원신元神과 원기元氣와 원정元精이 무극無極의 선천先天세계를 나와 태극太極의 후천後天세계에 자리를 잡게 된다.

사람은 지선至善을 근본 삼아 여러 모습으로 태어나는데 부모의 이기二氣가 교합함에 이르러서 부父는 곧 양이니 먼저 나아가고 음이 뒤를 따르는데 진기眞氣가 진수眞水를 만남으로써 순수한 정精(정자)을 이룬다. 이 순수한 정이 이미 나와 있으면 모母의 음陰이 나아가서 만나면 쓰임이 없게 되어 그것을 씻어 내지만 모의 양陽이 먼저 나아가서 만나면 자궁의 앞에서 혈血(난자)이 이어받음으로써 정精과 혈血이 포태胞胎를 이루니 비로소 무극이 맺혀진다.

이것은 부父의 정精과 모母의 혈血로써 조화하여 형체를 이뤄낸 것이어서 처음으로 하나의 기(一氣)가 생긴 것이다. 티끌 하나 없는 순수한 무극상태의 태태胎는 진기眞氣를 품고 모의 자궁으로 들어가 날이 지나고 달이 차면 진기의 조화로 사람이 이루어진다.

이처럼 사람은 순수한 공空에서 시작된다. 처음 교합할 때 부의 정이 먼저 나가고 모의 혈이 뒤에 가서 혈이 정을 감싸면 여자가 된다. 여자는 속이 양이고 겉은 음이니 모의 형상이요 대개 혈이 바깥에 있기 때문이다. 만약 모의 혈이 먼저 나가고 부의 정이 뒤에 가서 정이 혈을 감싸면 남자가 된다. 남자는 속이 음이고 겉은 양이니 부의 형상이요 대개 정이 바깥에 있기 때문이다.

모의 자궁으로 들어간 포태는 어머니의 기와 호흡에 의해 줄이 생기게 된다. 그 줄은 어머니와 연결되어 있고 점차 늘어지며 그 속이 대롱처럼 텅 비어 있어 기가 그 줄을 통해 왕래한다. 그 줄은 앞에는 배꼽, 뒤로는 콩팥에 통하고, 위로는 협척에서 인당 산근(양 눈썹 사이)에 이르러 구멍이 쌍을 이룬다. 쌍을 이룬 구멍은 아래로 코끝에 이르러 두 개의 콧구멍을 이루어 내니 인체 부위의 제일 첫 번째 작품이다. 비조鼻祖라는 어원은 여기에서 연유되었다. 이때부터 나의 기는 어머니의 기와 통하게 되며 어머니의 기는 천지의 기와 통하게 되고 천지의 기는 태허의 기와 통하게 되면서 구멍과 구멍이 서로 통하여 닫히고 막히는 일이 없어지면서 반달은 양을 생하고 반달은 음을 생하니 이로 말미암아 오장이 생성되고 육부도 생기면서 주천을 이루는 365골절이 만들어지고 84,000의 솜털구멍이 생기는 등 인체 부위가 차례로 완성되어간다.

(4) 선천先天 후천後天

선천先天이란 형이상학形而上學이다. 감각으로는 파악할 수 없으며 형체가 없는 것. 시간, 공간을 초월한 추상적, 철학적, 초경험적인 것이 선천이라면 후천後天이란 형이하학形而下學이다. 형체를 가지고 있어 감각으로 알 수 있는 것을 말한다. 후천세계에는 태극太極이 이미 결정되고 음양이 나누어지면서 황황홀홀恍恍惚惚하다고 한다. 마음이 고요하면 선천이요 마음이 7정6욕에 떨어지면 후천이며 기氣가 순수하고 맑으면(淸) 선천이요 탁濁하면 후천이다.

사람도 소우주라서 자연과 같이 선·후천으로 나눌 수 있는데 부모의 교합으로 태가 만들어진 태아는 모궁母宮 안에서 어머니와 탯줄을 통해 교류하면서 오장육부가 만들어지고 주천을 이루는 365골절이 이루어져 이로 말미암아 84,000 모공毛孔이 생기고 선천의 기氣가 만족하게 되면 세상에 나와 첫 울부짖는 외마디 소리에 오이가 익어 꼭지가 떨어지듯 한 덩어리가 땅으로 곤두박질치며 선천 무극규無極竅가 터지고 이어서 탯줄을 끊으면서 세상 속으로 떨어지는데 여기까지가 사람의 선천이다. 다음으로 호흡을 하면서 천지의 기운을 마시고 엄마의 젖을 먹으면서 후천의 세계로 접어든다.

무릇 천지는 태공太空을 근본 삼아 사람과 짐승 만물을 생겨나게 하였다고 한다.

사람은 아버지의 정精과 어머니의 혈血, 하늘의 양기와 땅의 음기, 태양의 양혼陽魂과 달의 음백陰魄, 화火의 양신陽神과 수水의 음정陰精을 받아 생겨나는 것이니 사람의 몸은 천지의 기가 조화를 이루어 생겨난 것이다.

사람도 선천에서 후천으로 바뀔 때 반드시 거쳐야 하는 과정이 있으니 혼돈이다. 태아가 10개월을 모태 안에 있을 때 머리는 높고 꼬리뼈는 낮은 자세로 탯줄을 통해 어머니와 교류하다가 달이 차서 출산을 앞두고는 선천의 기억을 잊어버리기 위해 위치가 180도 바뀌면서 포태를 찢고 세상에 나와 탯줄을 끊는 그 순간까지가 혼돈의 과정이다. 출산하는 어머니의 산고産苦도 이루 다 말할 수 없겠지만 어머니의 깜깜한 모궁에서 아무것도 모르는 채 좁은 자궁을 거쳐 넓고 밝은 세상을 처음 대하는 소용돌이에 말려든 신생아에게도 대변혁이며 죽음을 담보로 한 대가가 아닐 수 없다,

　세상에 나와 태를 자른 후부터는 심장과 폐의 기능이 분리되고 생존환경이 우주와의 상관관계에 놓이게 되면서 오장도 상호관계를 이루고 그 기능을 발휘하게 된다, 후천세계에 접어든 것이다.

선후천先後天의 표

선천先天	후천後天
홍몽←혼돈←무극 鴻濛←混沌←無極	태극→음양→사상→8괘→16관→64괘→만수 太極→陰陽→四象→八卦→十六官→六十四卦→萬殊
하도河圖	낙서洛書
무위無爲의 도道	유위有爲의 법法
형이상학形而上學	형이하학形而下學
원신元神	식신識神
태아의 모궁10개월	태아가 모궁에서 세상에 나와 호흡을 할 때부터

　여기서 생명이 탄생하는 신비를 다시 한 번 새기기 위해서 병아리가 탄생하는 과정을 살펴보기로 하자. 암수의 닭이 수정란을 만든 후 어미 닭이 그 알을 품어 21일 만에 병아리로 깨어나게 하는데 이것이 중요하고

묘하다. 영양공급이나 어떤 화학적 작용도 없이 단지 알을 품고만 있었는데 날 수가 차면 껍질을 깨고 병아리가 되어 나오는 것은 정말 신비스런 일이 아닐 수 없다.

도가道家의 단丹에 관한 책에서 언급한 것을 보면 "닭은 알을 품고서 마음으로 변함없이 알 속에서 나오는 소리를 들을 수 있다."고 했는데 이것이 참으로 중요하고 묘한 방법이라고 한다. 닭이 알을 깔 수 있는 것은 따뜻한 기운 때문이다. 따뜻한 기운은 다만 껍질을 따뜻하게 함에 그치고, 그 알 속으로 들어가지는 못하는데 닭이 마음으로 그 기운을 이끌어서 그 속으로 들어가게 한다. 그렇게 하면서 속에서 나오는 소리를 듣는데 그러기 위하여 한결 같은 마음을 그곳에 쏟아 붓는다. 마음이 그 속으로 들어가면 기氣도 들어가게 되고 따뜻한 기운으로 생명을 얻어서 알이 깨어져 나오게 된다는 것이다. 암탉이 모이를 먹기 위해서 가끔씩 둥지 밖으로 나가는 경우가 있더라도 변함없이 알 속에서 나오는 소리에 귀를 기울이고 있어서 그 신神을 쏟아 붓는 바에 조금도 틈이 없으니 따뜻한 기운도 역시 밤이나 낮이나 틈이 없게 된다. 항상 신이 살아 있게 하는 것이다.

알은 무극의 상태이다, 무극에서 어미닭의 따뜻한 기운 즉 진기眞氣가 조화를 이뤄내서 위대한 새 생명을 탄생시킨 것이다. 여기서 우리는 한 가지 배우고 넘어가야 할 것이 있다. 위대한 생명이 탄생하는 신비는 값진 영양의 공급이나 어떤 화학적 조합이 아니라 진기眞氣의 조화이다. 이것을 닭의 부화에서 똑똑히 보았고 그 근원은 진기眞氣의 조화라는 것도 확실히 알았다.

이 진기는 알을 깔 때의 암탉이나 임신을 한 어머니 등 만물이 각기 자기 자손을 복제할 때 모태에서만이 생성된다고 하니 이것은 자연을 형성하고 유지하기 위한 자연의 방편이며 자연의 위대한 섭리이다.

(5) 원신元神 식신識神

    사람은 아버지의 정과 어머니의 혈이 교합하여 태어나는데 이때 세 개의 성性을 부여받는다. 부모의 성과 자연에게 받은 성 그리고 독자적으로 가진 성이다. 부성과 모성이 결합하여 육신을 얻었고, 자연에서 또 하나의 성을 받았으며, 나머지 하나의 성은 아버지와 어머니 그리고 자연을 닮지 않은 독자적인 성이다. 즉 도가나 불교에서 말하는 견성성불見性成佛의 그 성性이다. 그러면 과연 이 성性은 누가 부여했을까? 육체는 유한하여 언젠가 없어지게 되지만 영靈은 천지와 함께 영원히 존재한다. 이 성性은 바로 영靈이 주었다. 이것이 과학적으로 증명되었다고 한다. 아버지의 정과 어머니의 혈이 교합할 때 즉 수정란이 이루어지면서 빛이 반짝이는 것을 포착했다고 한다. 이때의 빛이 곧 영靈이다. 만일 이때 빛이 나지 않을 경우에는 무정란으로 그치고 만다.

    『도덕경』에서도 말하기를 도道는 1을 낳고 1은 2를 낳고 2는 3을 낳고 3은 만물을 낳는다고 했다. 음과 양 그리고 영이 합쳐져서 만물을 낳는다고 보는 것이다. 그래서 1은 체體가 되고 2는 용用이 되며 3은 조화造化가 된다. 이 조화는 다 교합에서 기인한다. 성性을 부여한 영靈은 신神도 함께 주었다, 이렇게 선천에서 영으로부터 받은 신을 원신元神이라 한다. 식신識神은 태아가 태어나자마자 울음을 터트리면서 처음으로 호흡할 때 천지로부터 몸속으로 빨려 들어오는 신神이 있으니 이것을 식신識神이라고 한다. 육신肉身이 생겨서 식신識神이 생긴 것이다.

    원신은 알음알이도 없고 지각도 없는 맑고 순수한 그 자체지만 능히 조화를 주재할 수 있다. 우리가 무의식적인 상태에서 사색에 잠기어 어떤 생각이 떠오르거나 행동이 있다면 이것은 모두 원신의 작용이다. 상대적으로 식신은 가장 두드러지고 가장 신령스러워 능히 반응하고 변화를 부림이 쉼이 없는데 우리가 의식적으로 한 행동이나 말 운동할 때의 순발력 등은 이 식신이 작용한 것이며 이 식신이 바로 사람의 사유를 좌지우지하는 주인노릇을 한다. 즉 배가 고프면 밥을 먹고 싶고, 추우면 두꺼운 옷을 입고 싶은 것들은 모두 식신의 작용이다.

갓 태어난 아기가 처음에는 보고 듣던 것을 몸을 이용하여 감응하다가 나중에 확실하게 볼 수 있고 들을 수 있을 때에는 식신의 능력은 더욱 더 커진다. 식신이 체외에 있을 때는 안신조규 수련으로 조정할 수가 있지만 체내에 들어오면 조절이나 공제는 불가능하다.

원신元神은 원래 무극에서 나온 것으로 도가에서는 철한이라 부르고 불교에서는 금강이라 부르며 유가에서는 혼령이라고 부르는데, 생함도 없고 멸함도 없으며 늘고 줄지도 않는다, 몸에 있으면 혼魂이라 하고 몸 밖으로 나가면 귀신이라고 하지만 만약 선善을 닦아서 공과功果를 얻으면 신선이나 부처가 되고 악惡을 지으면 죽어서 축생으로 변하는 성품을 가지고 있다,

원신은 몸이 있고 없음에 따르게 되는데 부모의 교접으로 태를 받을 때 그 생을 얻음으로써 무극의 중앙에 응결하여 막 생겨나는 몸의 조화를 주재하게 된다. 태가 열 달을 채우면 오이가 익어 꼭지가 저절로 떨어지듯 천지가 뒤집히듯 하나의 덩어리가 땅으로 곤두박질치면서 큰소리로 울부짖으니 니환궁(상단전)에 머물러 있던 원신은 무극의 선천에서 후천의 심장으로 내려오게 된다,

한편 후천세계에서 태아의 호흡을 따라 빨려 들어가 수태된 식신은

원신과 같이 심장에서 동거하게 된다. 그러나 이 식신이 마음을 주재하게 되어 주인노릇을 하다 보니 원신은 설 자리를 잃어버리게 되고 식신이 모든 권리를 잡아 7정(기쁨喜, 성냄怒, 슬픔哀, 두려움懼, 사랑愛, 미움惡, 욕심慾心)과 6욕(眼, 耳, 鼻, 舌. 身, 心)을 행사한다. 처음 영에게 받을 때의 원신은 거울처럼 맑고 순수했으나 식신의 작용에 의해 7정6욕의 티끌에 가려져 거울은 때가 끼고 마음은 순조롭지 않으니 이것이 사람의 행동에 나타나게 된다. 원신은 식신의 활동이 없는 잠든 후에라야 활발하게 작용을 하게 된다. 도가에서는 원신을 음으로 보고 식신을 양으로 보는데 원신이 식신을 감싸고 있으면 많은 지혜가 생기지만 식신이 원신을 감싸고 있으면 즉 양이 음을 감싸면 죽음에 더 가깝다고 보고 있다.

도가의 수련은 이 식신을 몰아내므로 때가 낀 거울을 맑고 순수함을 되찾아서 원신을 회복하여 선천으로 돌아가자는 데 있다. 그럴 때만이 마음도 거울처럼 맑고 순수해지므로 저절로 선을 닦아 공과를 얻게 될 것이다. 그러면 어떻게 하면 식신을 몰아낼 수 있을까? 하는 수련방법이 궁금해진다. 8선仙 중 한 분인 여동빈呂洞賓 조사祖師는 다음과 같이 재미있는 표현으로 그 방법을 드러내었다,

"심장에 있는 식신識神이 마치 변방의 세력이 강한 나라의 사나운 장군과 같아져서 귀, 눈, 입, 코, 피부 같은 기관을 주재하면서 임금에 해당하는 심장을 속이고 그를 외롭게 몰아세워서 멀리 떨어져 있게 하고는 식신이 한 몸의 법도를 잡고 있기를 오래 계속하게 되면 마침내 임금을 보좌하던 보검의 칼끝이 거꾸로 임금에게로 향하는 반역이 일어난다. 이 때 빛을 돌려 (안신조규 때 빛을 돌리는 수련으로) 엉기게 한 다음 천심天心(상단전, 수련을 하면 원신은 상단전으로 올라간다)이 있는 궁궐을 향해 비추면 밝은

48

빛이 임금을 돕는 것과 같고 날마다 빛을 돌려 비추면 마치 왼쪽 문신文
臣과 오른쪽 무신武臣이 마음을 다하여 보필하는 것과 같아진다.(이때의 빛
은 순양의 기운이다) 이렇게 안으로 다스림이 엄숙하게 이루어진 뒤에는 모
든 간사한 무리(식신)들이 저절로 창끝을 아래로 향하여 내려뜨리고 임금
의 명령을 듣지 아니함이 없게 된다."

이렇게 원신의 입지를 넓혀 나가면서 식신의 영역을 좁히는 것이 도가
수련이다. 요즘말로 쉽게 표현하자면 무의식이 원신이고 의식적인 것이
식신이다. 도가 수련은 의식(有爲)을 빌려서 무의식(無爲)으로 들어가는 고
도의 수련이다.

道可道章 第一

體道（도의 몸체）

道, 도
可道, 非常道. 가도, 비상도

名, 명
可名, 非常名. 가명, 비상명.

無名, 天地之始. 무명, 천지지시
有名, 萬物之母. 유명, 만물지모.

故常無欲以觀其妙. 고상무욕이관기묘
常有欲以觀其徼. 상유욕이관기요.

此兩者, 同出而異名. 차양자, 동출이이명.
同謂之玄, 동위지현.
玄之又玄, 衆妙之門. 현지우현, 중묘지문.

도(무극에서의 도)
말할 수 있는 가도(태극에서의 도)는, 늘 도라고 하는 도가 아니고

이름(무극에서의 명)
이름 지워진 가명(태극에서의 명)은, 늘 이름 지어지기 전 이름이 아니네.

이름이 없음은 천지의 시초이고
이름이 있음은 만물의 어미이네.

그러므로 늘 이름을 붙이고자 하지 않으면 그 묘함을 보고
언제나 이름을 붙여 놓고자 하면 그것의 요를 보네.

이 두 가지는 같은 곳에서 나왔으나, 이름을 달리한 것이고
같다고 말할 수 있는 것은 현묘하기 때문이고
현묘하고 또 현묘하니
온갖 묘함이 들고 나오는 문이네.

道.

'도道'라는 것은, 무극無極의 홍몽鴻濛한 기운이 혼원混元으로 아직 갈라지지 않은 즈음이고 선천에서 후천으로 아직 나타지지 않은 때이고 하늘과 땅의 형상이 없었던 때이고 해와 달의 밝음이 없었고 음양陰陽의 2기氣가 분판되지 않았고 만물의 조화造化가 이루어지지 않았던 때의 조짐兆朕이 '도道'이다. 이것은 우주가 생성되기 이전의 원기元氣이고 천지만물의 근본이며 모든 조화의 중추가 된다.

대도란 하늘과 땅을 낳아 기르면서도 형체가 없어, 보이지도 않고 만질 수도 없다, 대도란 해와 달을 운행하기에 어디에나 존재하고, 또한 성품이 원만하여 그 깊이를 잴 수도 없고, 폭도 헤아릴 수 없다. 대도란 만물을 낳고 기르기 때문에 있는 것 같지만 없고, 없는 것 같으나 존재한다. 위와 아래도 없고, 머리와 꼬리도 없고, 좌우 역시 따로 없다. 변하거나 바뀌지도 않고 밝지도 어둡지도 않다. 천지보다 먼저 생겼지만 시작과 종말이 없고, 죽은 듯 살아 있는 듯, 끊임없이 활동하며 영원히 멈추지 않는다. 그리고 전할 수는 있되 주고받을 수가 없으며, 터득할 수는 있되 볼 수는 없다. 태극 위에 있어도 높은 척하지 않고, 육극 아래에 있어도 깊다고 하지 않는다. 색깔도, 순서도, 거리도, 소리도 없다. 한마디로 도는 형상이 없고 색깔이나 냄새도 없으며 우주에 가득하여 늘거나 줄어들지 않고 영원히 존재한다, 그래서 이 '도道'라는 것은 '도道'라는 문자에 국한하지 않고 선천무극先天無極의 무위無爲 상태인 형이상학적形而上學的으로 표현한 용어이다.

『도덕경』 제25장에서는 "혼연하게 이루어진 하나의 형상이 있는데 천지보다 먼저 생겼다. 고요하고 쓸쓸하여 소리도 없고 형체도 없이 변함없이 쉬지 않고 운행하니 나는 그 이름을 알지 못하지만 글자로 나타내기 위하여 '도道'라고 말한다."고 했고, 도교 경전인 『태상노군설상청정경太上老君說常淸靜經』에서는 "대도는 형상은 없으나 하늘과 땅을 낳고 자라게 하며, 대도는 정情이 없으나 해와 달을 운행하고 대도는 이름이 없으나 늘 만물을 길러낸다. 나는 그 이름을 알지 못해 억지로 도라고 하였다(大道無形 生育天地, 大道無情 運行日月, 大道無名 長養萬物, 吾不知其名 强名曰道)."고 했다.

이로써 알 수 있듯이 노자老子가 말한 '도道'는 실제로 혼원混元 이전의 무극無極의 상태에서 형상도 없고 색깔이나 냄새도 없으며 있지 않은 곳이 없고 갖추지 않은 것이 없으며 항상 가득 차 있어 늘거나 줄어들지 않고 영원히 진실로 존재하는 것이다.

노자는 사람들이 편히 쓸 수 있도록 '도道'라는 글자를 만들어 주셨으니 이것을 인정하고 연구하고 활용하는 것은 후세 후학들의 몫이다.

可道, 非常道.

'도道'가 무극無極의 무의無爲 상태인 형이상학적形而上學的으로 표현한 용어라면 '가도可道'는 태극太極의 유의有爲 상태인 형이하학적形而下學的으로 표현한 용어이다.

무극無極의 홍몽鴻濛한 기운이 열려 태극太極이 이어받아 음陰과 양陽으로 비로소 분열을 시작했는데 가볍고 맑은 것은 위로 떠서 하늘이 되었으며 그 질성質性은 양陽이다. 무겁고 탁한 기운이 아래로 내려와 엉긴 것을 땅이라 하였는데 그 질성質性은 음陰이다. 하늘에는 해와 달, 그리고 여러 별들과 바람과 구름과 우레와 비가 있으며, 땅에서는 동서남북의 사방이 있으며 산과 바다가 있고, 하늘과 땅 사이에는 날아다니고 헤엄치는 동물과 식물, 그리고 인간이 있게 되었다. 이와 같이 형상이 있는 사물은 모두 생생과 멸멸滅이 있어 영원히 존재할 수가 없다. 이렇게 생멸하는 모든 사물은 모두 가도可道의 범위에 속한다.

'가도可道'라고 하면, 그 가도可道 속에서도 도道라고 하는 그 묘妙를 말할 수 있어야 한다. 그러나 그 미세한 도道를 도라고 말하기 어려움이 있다는 것은 사실이다. 주의할 점은 도道라는 것은 늘 쓰려고 찾는 인륜人倫의 도道도 아니고 치국안민의 도道도 아니지만 이 가도可道는 구함을 돕기 위해 앞에도 있고, 홀연히 뒤에도 있고, 좌우에도 있고, 높이 우러러 볼 수 있어서 우주만물 일월성신 모두 잠깐이라도 가도可道를 떠날 수 없이 견고한 것이다. 그러나 그 틈을 뚫는 것이 있으니 이것을 현玄이라고 한다. 현玄은 비어 있지 않고 가득 차 있는, 실로 현묘한 묘미가 있는데 이러한 상태를 즉 도道의 현상 내지는 작용이라고 말하는 것이다.

가도可道는 형질을 지니면서 변화하고 생멸生滅하는 가운데 있으므로 비상도非常道라고 한다.

名.

이름이 무엇이고 무엇을 이름이라 하는가? 이 이름이란 도道라고 이름 지은 것을 지칭한다. 움직임이 없고 형상이 없으며, 다함이 없고 틈도 없으며 모자람도 없고 상대도 없는 것 이것을 따르는 것이 '명名'이다. 무극대도는 형상이 없는 상태에서 도道라고 이름을 내세웠는데 이 이름은 영구불변한 이름이다. 그 이름이 하는 것을 알지 못하는 고로 명名이라 한다.

可名, 非常名.

'가명可名'이라는 것은 마음속에 있는 그 이름을 입으로 표현함으로써 그 이름을 가명可名이라고 한다. 이 마음속 이름은 형상도 있고 상대도 있어서 그 뜻을 취해 명名이라고 불렀다. 『노자老子』 제25장에서 도道라는 이름을 설명할 때 "나는 그 이름을 알지 못하나 억지로 '도道'라 할 수 있다."라고 규정하였듯이 결국 도道라고 이름 할 때부터 가명可名이 된 것이다. 가명可名으로 대표하는 모든 사물은 생멸하며 또 변화하면서 머무르지 못하므로 모든 가명可名은 비상명非常名인 것이다. 명名이 무위無爲였다면 가명可名은 유위有爲이다.

無名, 天地之始.

'무명 천지지시無名 天地之始'라는 것은 천지가 시작될 때 혼원(우주와 천지)에 잡된 것 하나 없이 순수한 한 덩어리의 성性이 밑으로 내려와 그 성性이 움직여 천지에 이어져서 살아 움직이면서 음양陰陽으로 나누어지기 시작했는데 가볍고 맑은 것은 위로 떠서 하늘이 되었으며 그 질성質性은 양陽이다. 무겁고 탁한 기운이 아래로 엉긴 것을 땅이라 하였는데 그 질성은 음陰이다. 천지에도 성性이 있는데 그중에서도 형상이 없는 고로 '무명'이라 하고 도道란 이름은 실제론 억지로 붙인 이름이다. 허무한 대도大道는 형체가 없고 이름이 없으며 그것은 천지보다 먼저 존재하고 있었으므로 무명천지지시無名天地之始라고 한 것이다.

有名, 萬物之母.

'유명有名'은 우주와 천지를 말함이다. '유명有名 만물지모萬物之母'는 천지가 생겼을 때의 도道이기 때문에 이름이 있다. 무명無名이 무위無爲라면 유명有名은 유위有爲이다. 유위有爲의 만물지묘는 묘妙한 곳에 있으면서 남에게 보이지 않고도 비어 있는 공간에 삼라만상森羅萬象을 지어서 내놓아 만물지모萬物之母의 역할을 다하고 있다. 천지天地가 그랬듯이 만물萬物도 도道의 화육지리化育之理에 의한 작용으로 생겨난 것이다. 천지는 형상이 있는 사물로서 가장 먼저 생겼기에 그 이름 역시 가장 먼저 생겨나고 따라서 만물萬物은 천지로부터 생겨났으므로 형상이 있고 이름이 있어서 모자母子관계를 이어오고 있다.

故常無欲以觀其妙. 常有欲以觀其徼.

여기서는 무욕無欲(先天의 無爲)=묘妙와 유욕有欲(後天의 有爲)=요徼의 대칭 되는 뜻을 알고 넘어가는 것이 관건이다.

'고상무욕이관기묘故常無欲以觀其妙'란 늘 무욕無欲으로써 도道의 오묘奧妙한 요체要諦 즉 묘妙를 볼 수 있는데 그 요체는 하나를 의미한다. 허무한 경지에서 어미로부터 물려받은 만물이 화생化生하여 그 속에서 비로소 삼라만상이 생겨났고, 그래서 항상 무욕無欲으로 그 오묘한 요체를 보고자 한다. 만물 가운데에서 오묘한 요체를 보고 또 얻는다면 그것은 아주 미미한 것이 아니며 또 얻은 것은 숨길 수 없게 된다. 천명天命을 성性이라 하고, 본성本性을 따르는 것을 도道의 작용이라고 한다면 항상 무욕無欲으로써 오묘한 요체를 보고자 하는 고로 상무욕이관기묘常無欲以觀其妙라고 말한다.

'상유욕이관기요常有欲以觀其徼'에서 요徼란 이목구비 즉 칠규七竅인 귀, 눈, 입, 코의 구멍을 말하는 요徼가 아니고 유욕有欲으로서 그 요徼의 문門을 볼 수 있다는 것이다. 생멸하는 사람들 모두 반드시 요徼를 남겨두는 데 관계되는 바가 심히 무겁고 결코 가볍지 않은 것이 바로 요徼이다. 내가 존재하면서도 내 몸이 득도하지 못하는 것, 이 역시 요徼의 문門

이다. 내가 하고 싶지 않은 것 같으면서 마음이 내키지 않았다면 이것은 도道의 묘妙이다. 사물이 처음 생기는 기미는 묘妙이고 사물의 끝을 이루는 체體는 요徼이다. 언제나 모두가 성性과 명命으로 도를 닦으니 처음 어머니로부터 태어나서 묘妙함을 얻고 이르러서 그 요徼를 알고 자연의 요徼를 알아 조작하는 요徼가 아니고 도의 몸체(體道)의 묘妙함을 아는 것, 이것이 도의 요徼를 아는 것이고 도의 요徼를 보고 느끼는 것이기에 상유욕이관기요常有欲以觀其徼라고 했다.

此兩者, 同出而異名, 同謂之玄.

'차양자此兩者'라 함은 첫 번째로 선천先天의 지극히 청정淸靜한 근본 성품으로서 허무하고 신묘한 기氣, 즉 묘妙를 말함이며, 두 번째로는 후천後天의 마음과 생각이 있는 정욕情欲으로서 천지만물 중의 요徼를 가리킨다. 이 둘은 한 곳에서 나왔으니 어찌 같은 문으로 드나들지 아니 하겠는가? 심중心中에 묘妙한 것과 요徼의 뜻이 와 닿으면, 그것은 현지우현玄之又玄의 경계와도 같다 할 것이다. 그 온전함이 용화溶化되는 때에, 가도可道가 아닌 그 도道가 현玄이고 가명可名이 아닌 그 명名이 현玄이다.

玄之又玄, 衆妙之門.

아무런 징조나 단서도 없으며 형상이나 한계가 없는 지극히 심원한 것을 '현玄'이라고 한다. 지극히 미묘하고 또 미묘하며 지극히 멀고 또 멀며 또 지극히 은밀하여 헤아려 규정지을 수 없는 것을 가리켜 '우현又玄'이라 한다.

도道의 현玄과 명名의 현玄은, 무위無爲에 이르러서는 무성무취無聲無臭의 세계이므로 유정유일唯精惟一의 체도體道를 알아야 하며, 이것 말고는 신중하고 독실한 사람들이 아니고서는 어찌 뭇사람이 묘妙의 문門을 얻을 수 있겠는가? 성실히 지키고, 하나로 안아서 무위無爲로 시작함으로써 그 마음의 도道는 그 마음의 이름으로 하고, 비로소 사람이 그 문門을 얻고, 그 묘妙를 알게 되어, 혼원混元의 어머니를 깨닫게 되니 바로 묘妙와 요徼가 이르게 되고 비로소 이것이 바로 그 도道라고 하는 것이다.

'중묘지문衆妙之門'이란, 현묘하고 또 현묘하고 깊어서 이곳으로 우주의 삼라만상이 들고 나는 문이다. 허공중에 생육하는 기틀과 온갖 변화의 신묘함을 품고 있으면서 모든 사물의 변화가 이것을 거치지 않고서는 생겨날 수 없으므로 이러한 진공眞空의 현묘한 모양으로 들고나는 것을 가리켜 중묘지문衆妙之門이라 한다.

체도體道(도의 몸체)

요徼 자字의 의미

이 요徼 자에 대한 다양한 주석이나 번역들을 비교한 것을 참고해 보기로 한다.

★ 하상공장구河上公章句 : 徼, 歸也, (徼는 되돌아간다)는 의미로 풀이하였다.

★ 백옥섬白玉蟾 진인眞人 : 常有(守中抱一, 하나를 안아서 그 가운데를 지키고) 欲以觀其徼(身有生死, 心無生死, 몸은 삶과 죽음이 있고, 마음은 삶과 죽음이 없다)라고 풀었다.

★ 임법융任法融 대사大師 : 常有欲以觀其徼(후천적인 정욕으로 변한 사물의 조잡한 형체와 껍데기, 즉 徼는 '끝'에 속할 뿐이다)라고 했다.

★ 왕필王弼 : 徼, 歸終也. 凡有之爲利, 必以無爲用. 欲之所本, 适道而後濟. 故常有欲可以觀其終物之徼也.(徼란 종말로 돌아가는 것이다. 무엇이든지 이익을 위해 반드시 무위로 써야 하며, 하고자 하는 바는 본래 적당한 정도에서 좋은 결과가 있을 것이다. 그러므로 항상 하고자 하는 것이 있음으로써 그 종물을 볼 수 있는 것이 요이다)라고 했다.

★ 여동빈呂洞賓 조사祖師 : 徼, 非耳目口鼻之徼(徼란 칠규七竅의 요徼가 아니다)라고 했다. (七竅: 사람의 얼굴에 있는 일곱 개의 구멍)

『옥편』에는 요徼를 다음과 같이 설명하고 있다.

요徼, 구할 요; 돌 요, 변방 요, 구하다, 훔치다, 순찰하다, 순행하다. 미묘하다. 막다. 훔치다. 샛길 요 등인데 규竅와 같은 뜻으로도 쓰인다.

그래서였을까? 요徼 자와 규竅 자를 동의어로 해석한다면 여동빈呂東賓 조사가 풀이한 '비이목구비지요非耳目口鼻之徼'라는 표현이 더욱 다가온다.

『도덕경』을 읽다 보면 번역이 안 되는 글자들이 있다. 도道와 이夷, 희希, 미微, 황홀恍惚 등이 그것이다. 도道를 영어로 진리眞理라고 번역해 놓은 것을 읽으면서 뭔가 어색한 느낌을 지울 수 없었다.

나는 이 장에서 요徼의 번역을 놓고 고민을 했다. 흐름으로 보아서는 무위無爲의 한가운데에 있는 오묘(妙)함의 대칭어가 되는 유위有爲의 그 무엇이어야 하는데 그것을 표현하는 말을 찾지 못했다. 그래서 번역 없이 원문의 요徼 그대로 사용했다. 중국의 불경佛經에도 번역할 말이 없으면 범어梵語 그대로 사용한 예는 허다하다.

衆妙應須無以觀 많은 묘함은 마땅히 없어 보이지만 응해오고
更將有向竅門看 향하는 곳이 있어서 다시 규문을 바라보니
可名物母明明說 가명인 만물의 어머니는 밝고 밝음을 설하고
兩顆明珠轉土盤 두 밝은 구슬이 굴러서 토반에 서리네.

天下皆知章 第二

養身(몸을 기름)

天下皆知美之爲美. 斯惡已. 천하개지미지위미. 사악이.

皆知善之爲善. 斯不善矣. 개지선지위선. 사불선의.

故有無相生. 고 유무상생.

難易相成. 난이상성.

長短相形. 장단상형.

高下相傾. 고하상경.

音聲相和. 음성상화.

前後相隨. 전후상수.

是以聖人處無爲之事. 시이성인처무위지사.

行不言之敎. 행불언지교.

萬物作焉而不離. 生而不有. 만물작언이불리. 생이불유.

爲而不恃. 위이불시.

功成而弗居. 공성이불거.

夫唯弗居, 是以弗去. 부유불거, 시이불거.

천하가 다 아름답다고 알고 있는 것이 꾸며진 아름다움이면 이것은 추함일 뿐이고

천하가 다 선하다고 알고 있는 것이 꾸며진 선이면 이것은 불선이라네.

그러므로 유와 무가 서로 생하고

어려움과 쉬움은 서로를 이루며

긺과 짧음은 서로 견주어지고

높고 낮음에 따라 서로 기대어보고

음과 소리는 서로 어우러지고

앞도 뒤도 서로 따르네.

이렇기에 성인은 일에 처하여 꾸밈이 없고

가르침을 행하는 데 말이 없으며

만물을 만들었다 해도 자랑하지 않아서 있어도 없는 듯하네.

꾸밈에 의지하지 않으며

공을 이루어도 쌓아두지 않으므로

이렇기에 공이 사라지지 않는다네.

天下皆知美之爲美. 斯惡已. 皆知善之爲善. 斯不善矣.

세상 사람들이 모두 아름다운 것을 아는 것은 나쁜 것도 있고 다 아는 것도 있기 때문이다. 세상 사람들은 모두 아름다운 것을 알고 행한다고 하지만, 이미 나쁜 짓을 저지르고 있다는 것도 알아야 한다. 도道를 품고 있는 사람이나 성인聖人은 다 알 수 있다. 이 아름다움의 요체要諦를 인정 하려면, 아름다운 곳에 이르러서, 아름다움을 위해서, 극히 아름다운 곳 에 이르러서, 맨 끝에 가서는 고요함을 알아야 한다. 아름다움을 알았어 도 고요함을 알지 못하면 그것은 아름답지 못하니, 악惡은 이로부터 이 미 살아난다고 보는 것이다,

모두가 선善을 선善으로 알고 있는데, 이 또한 선善을 선善으로 여기지 않는다,

선善을 행함은 도道를 통달하여야 비로소 선善을 알 수 있는데 그러하 지 못한 자가 어찌 선善을 얻고 알 수 있으리오. 선善을 알지 못하는 때로 부터 이미 악惡의 씨는 살아나니 미美와 선善은 그 기미幾微를 아는 것이 다. 미美가 미美를 위하고 선善이 선善을 위한다는 조짐이 있다면 고요하 게 하여 다시 가름하여야 한다. 지극한 아름다움에 도달하면 그 극미極 美를 알고, 지극한 선善에 이르면 그 극선極善을 안다.

천하의 사물은 선하고 아름답거나 혹은 악하고 추한 이중성과 가변성 을 갖추고 있다. 이런 현상은 모두 상대적인 것으로 절대적일 수 없다는 것이다. 일체의 사물은 운동 변화하는 과정에 처하는 가운데 아름다운 것은 아름답지 못한 것으로 전환하며 선한 것은 전환하여 선하지 않게 되는데 이것은 '대도'의 필연적인 과정이며 또한 사물이 발전하는 법칙이 고 과정이다. 그래서 '사람도 완전한 사람은 없다'고 한다.

故有無相生, 難易相成, 長短相形, 高下相傾, 音聲相
和, 前後相隨.

'고유무상생故有無相生'에서 '대도'는 한 가지 상태를 유지하지 않고 끊임없이 순환하며 빈 공간에서 만물이 생겨나니 만물은 또 흩어져서 허공으로 다시 돌아간다. 유有는 무無에서 온다. 무無는 변화하여 유有가 되고 유有는 변화하여 무無로 돌아가게 된다. 그러므로 유有와 무無는 영원히 서로 전환하는 가운데 있는 것이다. 사람의 천성天性은, 중심이 비어 있는 것 같아도 그 안에 무위無爲의 도道를 안고 있다. 그로부터는 중심이 안전하여 미美와 선善을 알지 못하고 행동하는 것이 유무상극有無相克이라면, 그 선善과 그 미美를 다하고 그것을 이어간다면 유무상생有無相生이라고 할 것이다.

'난이상성難易相成'에서 대도의 어려움은 강철같이 단단하고 견고하지만, 이뤄내기는 쉬운 것이다. 어렵게 얻느냐보다는 쉽게 얻을 수 있는 것을 함께 상생한다면 어찌 서로 이루지 못하겠는가!

'장단상형長短相形'에서 긴 것과 짧은 것은 서로 비교하는 데서 나타나는 현상이다. 긴 것이 없으면 짧다 할 것이 없으며, 짧은 것이 없으면 긴 것 또한 없을 것이다. 장단이 있으므로, 올바른 사람이 행하는 것은 이 역시 올바르고, 간사한 사람이 올바른 일을 행하면 올바른 것도 간사한 것이 된다. 왜 길고 짧은 형상만을 보는가!

'고하상경高下相傾'이란 물이 높은 데서 아래로 내려가는 것이 이치이니 높은 데 이르러도, 아래에 이르러도 두 개의 법문이 있는 것이 아니다. 높은 것은 아래에 있는 것으로 기반을 삼으며 귀한 것 역시 천한 것으로 기본을 삼으니 아래가 없으면 높은 것도 없고 높은 것이 없으면 아래도 없다. 그래서 이 두 가지는 서로 대립하고 서로 도우면서 생성해 나간다.

'음성상화音聲相和'란 목소리가 서로 잘 어울리면 도를 품은 사람이니, 내가 노래를 부르면 상대방이 화답하고, 그 마음이 서로 화합하면, 하나의 마음을 품게 되므로 이것이 자연스럽게 이루어진 화합이다.

'전후상수前後相隨'에서도 앞과 뒤가 서로 따르는 것 역시 앞에서 지적한 것과 같은 이치이다.

是以聖人處無爲之事. 行不言之敎.

이렇게 진실로 지극한 무위無爲의 도道를 품은 성인聖人은 천지자연의 이치를 밝게 깨닫고 자연의 변화 생성하는 기틀을 깊이 알아내어 자기의 본성本性을 '대도大道'와 함께하고 덕으로써 백성을 교화하니 백성 스스로 온후하고 순박한 풍속을 만들어 가면서 따르게 된다. 그래서 '말하지 않는 가르침을 행한다'고 한다.

萬物作焉而不離, 生而不有, 爲而不恃, 功成而弗居, 夫唯弗居, 是以弗去.

대도大道는 허무자연虛無自然하고 청정무위淸靜無爲하여 만물을 생육하는 일을 거절하지 않으며 만물을 창조하고도 자기의 것으로 소유하지도 않으며 그렇다고 자기의 능력을 자랑하지도 않고 공을 이루고도 자만에 빠지지 않는다. 공에 머무르지 않기 때문에 그의 공적은 영원하여 매몰되지 않는다. 대도大道는 이 같은 위대한 성질을 갖추고 있다. 아울러 천지자연의 도道를 본받은 성인聖人 역시 응당 이와 같은 성질을 갖추고 있어서 사람들에게 베풀면서도 보답을 바라지 않는다.

봄이 되어도 동식물은 저절로 나고 거짓 없이 작위作爲하고 자생自生을 하고도 그 생생을 알지 못하니 그런 고로 살아 있으나 살아 있지 않은 것 같은 것, 이것이 도道이다.

이 도道라는 이름만 있고 질은 없는 비밀스런 물건은 비로소 스스로 그 아름다움과 그 선함을 알고 그것을 알기에 본성本性에 도달하여 만물과 그 몸을 섞었으나 그 질도 없고, 이미 그 질도 없으니 거처할 곳이 없어 정착할 수도 없다. 사람이 하나를 얻으면 영원히 살 수 있는데, 그 하나를 얻기 위해서는 자기 원신元神을 기르는 것이다. 원신을 기르는 것은 고요함 속에서 이루어진다.

무위無爲의 경지에 이르면 비로소 그 모든 아름다움과 선함을 알 수 있기 때문에 난이難易, 장단長短, 고하高下, 음성音聲, 전후前後, 상성相成, 상형相形 상경相傾, 상화相和 상수相隨의 경상景象이 있거나 없거나 상생相生하는 것이다.

그래서 성인은 일을 처리함에 무위로 하고(是以聖人處無爲之事) 또 말이 없이 무위로 행하니(行不言之敎) 이것은 양신養身의 과정이다.

양신養身(몸을 기름)

음성상화音聲相和

음音 자체에는 소리가 없는 무성無聲이다. 음音에는 율律이 있을 뿐이다. 음音은 소리가 없고 율律이 있지만 성聲에는 향響(울림)을 내는 소리가 있다. 음音이 수평선으로 아무런 변화가 없이 움직인다면 소리가 없다. 율律이 하나의 선이라면 소리가 나지 않는다. 율律이 비정상적이거나 흐트러짐이 있을 때 소리가 난다. 율律의 변화에 의하여 성聲이 생기고 성聲을 순서에 따라 배열하면 음악이 된다.

그러면 음음은 어디에서 발생하는가?

체내體內에서 오장五臟의 기화氣化 현상이 발생하고 나면 여기에서 음음이 생긴다. 음음은 소리가 없고 율律만 있을 뿐이고 음률音律이 정상적이지 않은 상황에서 성성聲 즉 소리가 나타난다. 즉 음음과 율律의 변화에 따라 성성聲이 나타나는 것이다. 이후로 소리가 생기고 그 소리는 우리 귀에도 들릴 수 있다.

체내에서 기화된 소리가 나타날 때 다섯 가지의 기본음으로 소리가 나게 된다. 이것을 5정음五正音이라고 하고 5정음 외에 6번째 음을 합쳐 6자결六字決이라고 한다.

5정음五正音과 오장五臟과의 관계 발성發聲 등을 도표로 만들어 보면 다음과 같다.

5음五音	음음의 근원根源	오장五臟	발음發音	작용作用
宮 궁	喉音 후음	脾臟 비장	呼 호:후	呼可以 去風
商 상	齒音 치음	肺臟 폐장	呬 희:쓰	呬可以 靜虛
角 각	牙音 아음	肝臟 간장	噓 허:호	噓可以 散寒
徵 치	舌音 설음	心臟 심장	呵 가:크	呵可以 下氣
羽 우	脣音 순음	腎臟 신장	吹 취:취	吹可以 去熱
오정음 외에 6번째 음		三焦 내강	嘻 희:시	嘻可以 去煩

★ 발음發音은 중국식 발음이어야 하며 우리말로 번역을 하면 발음이 달라지기 때문에 불가하다.

경지에 이른 선인은 소리만 듣고도 오장五臟 어느 곳에서 음이 발생하고 그 상태에서 어떤 병의 원인을 알 수 있으며 그에 상응한 치료까지도 가능하다고 한다.

美中有喪惡能成 아름다움 속에도 상이 있고 악은 이루어져서
前後相隨高下形 전후에 따르고 고하에 형상을 이루네.
眞道無爲方了了 진도는 무위로서 끝이 없으니
不言之敎始分明 말없는 가르침도 시작은 분명하다네.

不尚賢章 第三

安民(백성을 편안하게 하는 법)

不尙賢. 使民不爭. 불상현. 사민부쟁,

不貴難得之貨. 使民不爲盜. 불귀난득지화, 사민불위도,

不見可欲, 使心不亂. 불견가욕, 사심불란.

是以聖人之治. 시이성인지치

虛其心, 허기심,

實其腹, 실기복,

弱其志, 약기지,

強其骨, 강기골.

常使民無知無欲. 상사민무지무욕.

使夫知者不敢爲也. 사부지자불감위야.

爲無爲. 則無不治. 위무위, 즉무불치.

현명함을 숭상하지 않으면 백성이 다투지 않고
갖기 힘든 재물을 소중히 여기지 않아 백성이 도둑질을 하지 않게 하고
욕심낼 만한 것을 드러내지 않으니 백성의 마음이 어지럽지 않네.

그러므로 성인의 다스림이란
백성의 마음을 비우게 하고
그 배를 채워 주며
그 의지를 약하게 하고
그 뼈를 굳세게 하네.

항상 백성들로 하여금 무지 무욕하게 하고
무릇 식자들로 하여금 꾸미지 못하도록 하니
꾸밈이 없다면
다스려지지 못할 것이 없을 것이네.

不尚賢. 使民不爭.

현명하고 능력 있는 사람을 숭상하는 것은 자연스러운 것이다. 만약 의도적으로 표방하고 인위적으로 부추긴다면 반드시 사람들로 하여금 명예와 이익을 위해 앞 다투어 좇아가게 하여 실제에 힘쓰지 않고 앉아서 성공을 누리려고 할 뿐 모두를 위해 공헌하지 않은 것을 경계한 것이다.

어질고 덕이 있는 사람은 겉으로는 현현賢을 숭상하는 것 같지만, 일반 백성에게는 경쟁의 단초가 되고 백성들도 현현賢을 숭상하는 것 같지만, 마음은 남과 나의 생각을 비교한다. 안팎으로 어질고 어질지 못하고, 백성의 다툼이 가라앉지 않으면, 법이 있으나 없으나 마음은 다투니, 오직 그것을 다스리는 것을 숭상할 수 없다는 말이다.

不貴難得之貨. 使民不爲盜. 不見可欲. 使心不亂.

얻기 어려운 재화는 금은보화를 뜻한다. 그 진귀한 것을 다시 귀하다고 주장한다면 필연적으로 사람들로 하여금 도둑질하려는 마음을 키울 수밖에 없다. 이는 인위적으로 어떤 물건을 귀하다고 선전하면 반드시 뒤에 좋지 않은 결과를 초래할 수 있다. 이러한 맥락에서 본다면 현인이라는 사람이 부귀영화를 누리고 헛된 명성을 떨치면서 사치와 낭비로 방탕한 생활을 일삼는다면 민심은 어지러워지고 이것을 아랫사람이 본받아 그 폐단이 질병처럼 사방에서 일어나 기강이 문란해지면서 나라는 부패해지니 경계하지 않을 수 없다.

사람들의 마음은 보기만 하여도 욕심이 생기고, 그것을 보지 않으면 욕심도 없다. 그러므로 그것을 보지 않으면 마음은 어지럽지도 않고 굽실거리지 않는다. 내가 본 것이 없으면, 밖으로는 그것을 취하고 싶은 욕심도 없고, 안으로는 오직 유정유일惟精惟一 한 것을 지킨다.

是以聖人之治. 虛其心, 實其腹, 弱其志, 強其骨.

성인은 나라를 다스리는 것이나 몸을 다스리는 것이 다르지 않다고 말하는 것이다. 성인의 마음은 순수하고 소박하며 마음속에 한 물건도 머무르지 않아 성품도 텅 비고 밝아서 세상의 부귀를 드러내놓고 영화에 빠지는 것을 경계하는 것이다. 그러기 위해서는 '허기심虛其心', 마음은 텅 비고 생각은 고요하며, '실기복實其腹', 도를 품고 있는 것이 한결같으니 오장의 신神이 조화를 이루어 실하게 되고, '약기지弱其志', 그 겉치레의 의지를 부드럽게 하니 겸손하고 사양하는 조화를 이루니 권력의 자리에는 머물지 않고, '강기골強其骨', 신神을 모으고 기氣를 모으며 정精을 온전히 하며 정수精髓를 아껴 애정의 표현을 절제하니 골수骨髓가 충만하여 튼튼하니 자연히 모든 병이 생기지 않아서 신체는 건강해진다.

대개는 도가 있다는 것만 알고, 욕망이 있다는 것을 모른다. 어찌하여 남과 다투지도 않고 도둑질하지도 않을 수 있고, 날뛰지도 않고, 비로소 그 마음을 가라앉힐 수 있는지, 이와 같은 것은 성인의 다스림이다. 성인의 다스림은 날뛰기 좋아하고 제멋대로 행동하는 원숭이나 말을 밖으로 나가지 못하게 하는 것과 같은 것이다.

常使民無知無欲. 使夫知者不敢爲也.

욕망을 품지 않으면 비로소 비어 있는 그 마음을 얻게 되니 이것이 허심이다. 배불리 먹고 따뜻한 옷을 입을 줄만 알 뿐 그 밖에는 왜 잡념이 생기는지 생각해 보지도 않는다. 우리 몸을 보양하기 위해서는 후천의 약을 길러내야 하고 선천先天적인 영靈을 보충하는 것은 항상 나를 무지無知 무욕無慾하게 만들고, 정精 가운데에 한 가지 생각을 품게 하므로 신神을 길러서 무위자연無爲自然의 삶을 살아야 하는 것이 성인(神仙)들의 삶이다.

만약 사람들로 하여금 순박한 자연의 본성으로 되돌아가 부귀와 귀천을 잃어버린다면 소수의 교활한 자들도 자연히 망령된 행동을 감히 하지 못할 것이니 이것이 덕으로 백성을 교화하는 방법이라 할 것이다.

爲無爲. 則無不治.

무위無爲로 하면 다스려지지 않는 것이 없다. 도道의 본성本性은 '무無'이다. 형체와 색깔이 없고, 소리와 냄새도 없으며, 음도 양도 아니고 위도 아래도 아니다. 텅 비고 그윽하며 있는 것 같으나 있지 않고 없는 것 같으나 없지도 않으니 일체가 모두 무無이다. 그러나 천지만물 모두는 도道에 힘입어 무無에서 만들지 못하는 것이 없다. 이것은 곧 도道의 근본 성품과 기능이 함(爲)이 없으면서 하지 못함(無爲)이 없는 것을 증명한 것이다. 이와 같이 미루어 볼 때 사람도 도를 본받아 텅 비우고 또 비워서 그 체성體性이 대도에 합하게 되어 허무자연의 세계에서 인위적이지 않는 무위에 삶을 다스린다고 하면 반드시 이루지 못할 것이 없을 터이니 사람들은 부지런히 몸을 닦고 연마해야 한다는 것이다.

안민安民(백성을 편안하게 하는 법)

정자시正子時와 활자시活子時 (1)

인체에도 그러하지만 대자연도 마찬가지로 일양시생一陽始生 즉 양이 처음 생겨나서 살아 나오는 때가 있다. 이러한 일양시생은 음陰이 극極에 달해 고요함의 극치에서 즉 극음極陰에서 살아 나오는 진양眞陽이다. 대자연의 예를 들자면 년年의 시작은 동지冬至부터이다. 이때는 일출이 오전 7시 50분이고 일몰은 오후 4시 50분이어서 하루 중 낮이 제일 짧다. 음의 절정인 극음에서 하나의 양이 생겨 살아 나오면서 일출과 일몰을 거듭하여 남에서 북으로 이동하면서 음의 계절인 겨울에서 차례로 양의 계절인 여름에 이르니 따라서 추위가 더위로 되어 가는 과정이다. 또한 동지에서 생긴 하나의 양陽이 점차로 발전해 가는 과정이기도 하다.

이렇게 동지冬至에서 일양一陽이 생겨서 살아 나와서 비로소 미미한 움직임을 보일 때를 가리켜 정자시正子時라고 한다. 이러한 경향을 월月로 말하면 초하루가 될 것이며 하루로 말하면 자시子時가 될 것이다.

인체로 말하자면 수련자들이 자시에 자시공子時功을 하는데 이때 극음極陰에서 끌어 올린 하나의 진양眞陽을 하전下田에 모아서 공양을 하는 것이다. 이때 진양眞陽이 미미한 움직임을 보이는 현상을 정자시正子時라고 한다.

弱志先須以骨强 모름지기 약한 뜻은 먼저 뼈를 강하게 함으로써
虛心實腹要當陽 마음은 비우고 배는 양 기운으로 실하게 채우네.
共君說段爐中事 그대와 함께 정로鼎爐 속의 일을 말하니
一雜鉛花仔細詳 하나의 잡된 납이 자상한 꽃이어라.

道沖而用之章 第四

無源(없음의 근원)

道沖而用之或不盈, 도충 이용지혹불영

淵兮似萬物之宗. 연혜 사만물지종

挫其銳, 좌기예,

解其紛, 해기분,

和其光, 화기광,

同其塵, 동기진,

湛兮似若存. 담혜사약존.

吾不知誰之子, 오부지수지자,

象帝之先. 상제지선.

도는 깊어서 쓰고자 하면 채워져 있지 않을지 모르나
깊고 그윽하여 만물의 근원인 듯싶네.

그 날카로움을 무디게 하고
그 어지럽게 얽힌 것을 풀며
그 빛을 부드럽게 하여
그 하나하나의 티끌과 같으니
깊고 맑아서 있는 듯하나

나는 그가 누구의 자식인지 알 수 없지만
아마도 상제보다 먼저일 것이네.

道沖而用之或不盈, 淵兮似萬物之宗.

'도충道沖' 즉, 도체道体는 허무다. 그래서 노자老子는 도체가 허무하다고 지적했다.

'불영不盈'은 즉 가득 채워지지 않은 불만不滿이다. '연淵'은 곧 깊고 그윽함이며, '만물의 종宗'은 곧 만물의 근원으로 돌아간다는 말이다.

이것은 도의 실제를 보고, 그 맛을 알고, 그 이치를 깨닫고, 천지에 가득 차게 하고, 자기 몸속에 가득 차게 하고, 그것을 사용하게 되면 이미 도가 있다는 것을 알게 된다. 그 묘妙는 여러 가지가 있지만, 이미 정精이 있는데도 더욱 그 정精을 구하거나 이미 묘妙가 있는데도 더욱 그 묘妙를 구하여도 안 된다. 도를 지키고 넘치지 않으면 그 연원淵源의 묘를 알 수 있고, 도의 종지宗旨는 밝을 수 있다.

도는 눈에 보이는 구체적인 존재물이 아니고 그것은 모든 존재의 이면에 있는 가장 깊고 멀리 떨어진 곳에 있는 것 같아서 "연淵은 만물의 종宗과 같다."라고 말한 것이다. 만물의 근원을 알면 대성인도 약간이라도 차 있으면 넘치고, 또는 굳센 뜻이 있어도 차 있지 않아야, 비로소 도를 닦는 대성인을 만들 수 있으니, 그 종지宗旨를 알고 만물을 아는 자도 어찌 이쯤 되면 깊지 않겠는가! 그것은 심원하여 헤아릴 수 없으며 너무 넓어서 재어볼 수도 없다. 또 있는 것 같으나 있지도 않고 없는 것 같으나 없는 것도 아니어서 만물을 생육하고 주재하는 주인이 된다.

挫其銳, 解其紛, 和其光, 同其塵, 湛兮似若存.

그 예銳를 꺾고, 그 분紛을 풀고, 빛과 함께 진塵을 벗었다.

'예銳'는 행위자들의 돌출적 행동을 가리키며, '분紛'은 행위자의 모순을 가리킨다. '광光'은 빛이며 행위자의 의중과 정신이 주입되며 행위자가 눈길을 주는 것만으로도 신神이 그곳에 가 있으므로 영향력이 있다. 진塵은 행위자가 있는 사물의 세계를 가리킨다. 광光이란 그 빛을 부드럽게 하여 나의 정精 안에서도 빛이 생기니 비로소 그 묘를 알 수 있다.

'진塵'이란 그 티끌과 함께하니 이理가 밝아지고 그 오묘함이 흐르는 것을 얻고 비어 있음을 쓸 수 있다. 이는 모두 깊고 맑아서 있는 듯 없는 듯하다.

'담湛'은 물에 가라앉으면서 물에 녹으면 보이지 않는 흔적을 담湛이라고 한다. 그래서 맑고 투명하며, 깊고 깊으면 형체를 알 수 없다. 있는 듯 없는 듯하다.

吾不知誰之子, 象帝之先.

'나는 그 자식을 모른다' 즉 '그 아버지를 알 수 없다'는 이 말은 '만물의 종'이 되는 도道 위에 또 어떤 더 본원적인 존재가 있는지, 알지 못한다고 노자老子가 도를 설명한 것이다.

도道는 아무것도 없어 보이고, 그 역할은 마치 아무것도 없는 것 같으나 그것은 마치 모든 존재의 본원처럼 그윽하고 심오한 것이다. 그것은 뿔을 녹이고, 분紛를 풀어서 빛을 부드럽게 한 것은 세속의 티끌과 함께하는 것과 같다. 그것은 무형무적無形無迹이어서 매우 불확실한 존재 같다. 나는 그 위에 어떤 더 근원根源적인 원천이 존재할 수 있었는지 모른다. 단지 그것이 상제象帝(조물주造物主)가 존재하기 이전이라는 것이다.

무원無源(없음의 근원)

정자시正子時와 활자시活子時 (2)

규율적이고 규칙적으로 정해진 시기에 음양의 변화가 발생하는 경우가 있는가 하면 의도적으로 시도해서 발생하는 음양의 변화가 있다. 이것이 활자시活子時이다.

이것을 대자연에서 그 예를 찾아보자면, 하늘은 양陽이고 땅은 음陰이다. 유청有淸은 하늘의 기운이며 유탁有濁은 땅의 기운이다. 유동有動은 양기이며 유정有靜은 음기이다. 천청天淸은 순양純陽이며 지탁地濁은 순음純陰이다.

하늘은 본래 맑은 기운이 위로 떠오른 것인데 이 맑은 기운은 도리어 땅에서 생겨 피어 오른 것이다. 땅은 본래 음하고 탁한 몸체인데 음이 극에 달하면 양이 생기고 탁이 정하여 사무치면 맑음이 생기는 것이다. 땅에서 일어나는 극음極陰의 경우 그 극음極陰 속에는 진양을 감추고 있어서 그것이 기화氣化되면서 하늘로 올라가 양이 발전해 가다가 양陽이 극에 달한 상태에서는 그 속에 반드시 음陰을 감추고 있어서 그 음陰이 비나 눈이 되어서 땅으로 내려오는 수승화강水昇火降의 순환을 하게 된다.

사람도 소우주이다. 몸 안의 심장이 하늘이라면 신장은 땅이다. 신장에서 정기精氣가 기화氣化되어 간을 거쳐 심장으로 올라가서 폐에서는 기氣가 액液이 되어 다시 신장으로 내려온다. 이것을 금액金液이라고 한다.

象帝之先萬物宗 상제보다 먼저는 만물의 종이 되는 도이고
解紛剉銳闡高風 분을 풀고 예리함을 무디게 하여 고풍을 밝혔네.
蒼顔老子垂雙手 창안의 노자는 두 손을 드리우고 아무 일 하지 않아도
湛似淵兮道乃中 맑고 깊은 것 같아라, 너의 가운데 있는 '도道'가.

天地不仁章 第五

虛用(빔의 쓰임)

天地不仁. 천지불인.

以萬物爲芻狗, 이만물위추구,

聖人不仁, 성인불인,

以百姓爲芻狗. 이백성위추구.

天地之間, 천지지간,

其猶橐籥乎! 기유탁약호!

虛而不屈, 動而愈出. 허이불굴, 동이유출.

多言數窮, 다언수궁,

不如守中, 불여수중,

천지는 어질지 않아
만물을 추구와 같이 여기고
성인도 어질지 않아
백성을 추구와 같이 여기네.

하늘과 땅의 사이는
마치 풀무와 같다고나 할까!
텅 비어 있는데도 없어지지 아니하고 움직여 끝없이 나오네.

말이 많으면 자주 막히게 되니
가슴속에 담아둠만 못하네.

天地不仁, 以萬物爲芻狗, 聖人不仁, 以百姓爲芻狗.

천지에는 아무런 감정이 없으며 어떤 독단적인 의식도 없고 만물에 대하여 인자하다거나 편애를 갖고 있지 않으며 순수하게 만물이 스스로 움직여 변화하고 스스로 생멸하는 데 맡겨두고 있다. 그래서 인애심仁愛心이 없는 고로 만물을 모두 아무 감정이 없는 '추구芻狗'처럼 여긴다는 것이다. 하늘이 만물을 태어나게 하는 것은 사랑에 기인하는 것도 아니며, 하늘이 만물을 죽이는 것도 원한이 있기 때문이 아니라, 자연스럽게 운동 변화하는 법칙에 지나지 않다는 것을 말하고 있는 것이다. 우리가 의도하지 않아도 사계절이나 24절기가 있어 스스로 그때그때의 환경에 맞게 운행되고 변화를 가져오는 것이지 그 무엇의 감정이나 의도대로 되는 것은 아니다.

성인들도 천지자연의 도를 본받아 천지자연과 가장 가까이 있기 때문에 의지대로 하는 것이 아니고, 자연의 이치로 생을 살고 백성을 다스리기 때문에 인仁에 너무 연연하지 않는다는 말이다. 반대로 인仁에 너무 집착하면 덕을 잃어가고 사사로운 감정에 빠지게 된다는 것을 설명한 것이다.

天地之間, 其猶槖籥乎! 虛而不屈, 動而愈出, 多言數窮, 不如守中.

하늘과 땅의 텅 빈 공간, 그것은 텅 비었지만 무너지지 않는다. 텅 빈 공간에서 운행이 끊임없이 지속되며 발전한다. 이 현상을 대장간에서 쓰는 풀무와 비교했다. 풀무와 피리라고 표현한 이 '탁약槖籥'은 속이 비어 있는 바람 상자를 가리킨다. 풀무와 피리는 속이 비어 있는 까닭에 그 속에 자연스런 묘용이 있다. 움직이면 무궁무진한 변화를 만들어져 소리가 나는 작용을 하고 가만히 있으면 작용이 멈춘다. 천지간에 속이 텅 빈 것이 풀무와 피리 같아서 조용히 있으면 생명이 멈추고 일단 움직이면 만물을 낳고 천변만화하는 묘용이 끝이 없는 것이다.

이러한 이치를 안다면 내 몸 안을 텅 비우게 하고 공허空虛에 이르러 고요함을 지키고 중을 지켜서 자연에 맡겨야 한다는 것을 말한 것이다.

허용虛用(빔의 쓰임)

천天·지地·인人 삼재三才와 만물이 한 물건도 있기 전에는 혼돈의 세계에서 다만 허공만 있고 항상 아무것도 이루어진 것이 없는 것이다. 그러므로 다만 본다는 것은 밖으로는 바로 이 허공을 말하는 것이고, 안으로는 바로 이 진공眞空을 말하는 것인데 이 진공이라고 하는 것이 곧 자기 자신의 현관玄關인 것이다. "공한 바가 이미 없고 없음이 없다는 것도 또한 없으며 없음이 없다는 것조차 이미 없어야 물이 괴여 있는 것 같이 항상 고요할 것이다(所空旣無 無無亦無 無無旣無 湛然常寂)."라는 말이 있는데 이 말은 '진공眞空도 없고 태공太空도 없고 욕계慾界도 없고 색계色界도 없고 상계想界 없고 사계思界도 없이 허공虛空마저 분쇄粉碎되었다'는 것이다. (『청정경』에서)

★추구芻狗 : 옛날 제사 때 마른 풀로 엮어 만든 상징적인 개. 상고시대에 사람들은 제사를 지내면서 개로 대접했다. 그러나 제사를 지낸 뒤에는 그것을 내버리므로 한 무더기의 풀이 되어 버리고 개가 된 '추芻'는 본래의 것으로 돌아간다. 사람들은 그것에

대해서 좋아하는 감정이나 싫어하는 감정도 없었다고 한다. 그래서 소용이 있을 때는 이용하고 소용이 없을 때는 버리는 물건에 비유하였다. '추鄒'가 된 개는 바로 한 때의 인연이 모인 것이라고 믿었을 뿐이다.

★탁약橐籥 : 대장간에서 불을 일으키는 도구. 풀무.

 약籥 ; 피리 약, 피리, 아악기에 속하는 피리의 하나. 단소와 비슷하며 구멍이 세 개 또는 여섯 개가 나 있음. 황죽黃竹으로 만든 중국 고대의 악기. 고려 때 우리나라에 들어왔음.

不仁乃是大仁人 어질지 않다는 것은 크게 어진 사람이고
芻狗生民物化淳 추구는 백성의 생활에 사물을 순화했네.
橐籥之中能不屈 탁약 속에는 오므라드는 것이 없으니
當知愈出愈精神 마땅히 나가는 것이 많으면 정신은 좋아지네.

谷神章 第六

成象(상을 이룸)

谷神不死, 곡신불사,
是謂玄牝, 시위현빈,
玄牝之門, 是謂天地根. 현빈지문, 시위천지근.
綿綿若存. 면면약존.
用之不勤. 용지불근.

신이 죽지 않는 계곡이 있으니
이를 현빈이라고 하네.
현빈의 문은 천지의 뿌리여서
그 이어짐이 실낱같아서
아무리 사용해도 마르지 않네.

谷神不死, 是謂玄牝, 玄牝之門, 是謂天地根.

'곡谷'은 원래 움푹 패어 있는 산골짜기의 빈 공간을 인체에 비유했다,

곡신은 죽지 않는다는, 하늘과 땅을 낳아 만물을 장양하고 있는 도는 생하지도 멸하지도 않고 영원토록 그 묘용이 멈추지 않으므로 죽지 않는다고 말하는 것이며, 이것을 '현빈玄牝'이라고도 한다. 곡신은 허무의 신神이고 허무의 도혼道魂을 가리킨다. 허무한 도가 있으면 쓰임이 있다고 하여 곡신이라 하였다.

'현빈지문玄牝之門'은 신神의 어머니가 출산하는 근원이다. 하늘과 땅을 낳고 기르는 근원이다. 인체에 비유하면 여자의 생식기이다. 빈牝, 즉 암컷 동물은 생식기관이다. 현빈은 심오한 생식의 근원이고 하늘 아래 어머니다. 만물의 근원과 같다. 모두 우주의 근원에 대한 비유이다. '곡谷' + '신神'+ '잉생孕生'+ '생명生命' 이것이 '현빈玄牝'이다.

綿綿若存, 用之不勤.

'면면綿綿'이란 연속하여 끊어짐이 없는 것을 말한다. '약존若存'이란 있는 것 같으나 있지 않고 없는 것 같으나 없지 않은 것, 이것이 약존이다. 살아 있으면서도 면이 끊어지지 않으면, 바로 이런 존재는 쓰임새가 끝이 없다. 사용하기 시작하면 무궁무진하다.

'불근不勤'이란 조화의 기틀이 저절로 그렇게 되는 것으로서 구하지 않아도 얻어지며 행하지 않아도 이루어지는 것을 말한다.

무無에서 무극無極이 한번 움직이니 한 점의 태극太極이 되어 세상에 나와 다시 음양陰陽의 양의兩儀로 나뉘고 다시 사상四象으로, 사상에서 팔괘八卦로 발전되는 조화 속에서 또한 천지만물은 무無에서 태어나서 유有로 나가며 다시 유에서 무로 돌아가는 변화의 체계를 이야기하고 있다.

성상成象(상을 이룸)

본 장은 제4장에 확립된 허무도체虛無道體에 대한 진일보한 서술이다. 행위방식行爲方式 대對 사태결과事態結果적 촉성促成 작용은 성姓의 태어나고 성장하는 작용에서 발전할 수 있다. 노자는 도체道體와 출산의 모체母體를 동일시하고, 그가 확립한 이상적인 패러다임이 잉생孕生임을 강조했다.

곡谷은 원래 움푹 패인 산골짜기의 빈 공간을 인체에 비유했다, 허공을 비어 있는 그릇에 비유했고, 하늘과 땅 사이에는 '탁약橐籥'의 비어 있음으로 비유했으나 서로 같아 보이지만 비어 있는 몸체는 같지 않다. 신神은 변화무쌍하여 구체적인 짜임이 효과로 반응한다.

빈牝은, 암컷 동물의 생식기관이다. 현빈玄牝은 심오한 생식의 근원이고 하늘 아래 어머니다. 만물의 근원과 같다. 모두 우주의 본원에 대한 비유이다.

불사不死의 도道는 현玄과 빈牝에 있는데, 현玄은 하늘로서 사람에 있어서는 코가 이에 해당되고, 빈牝은 땅으로 사람에 있어서는 입이 이에 해당된다.

하늘은 사람에게 오기五氣를 먹이는데 오기五氣는 코를 통해 심장에 저장된다. 오기는 가볍고 세밀한 것으로 정精, 신神, 귀 밝음, 눈 밝음, 음성, 오성五性이 된다. 그 귀신을 혼魂이라고 하는데 혼은 수컷이고 그것은 주로 사람의 코로 출입하며 하늘과 통한다. 그러므로 코는 '현玄'이 된다.

땅은 사람에게 오미五味를 먹이는데 오미는 입을 통해 위胃에 저장된다. 오미五味는 혼탁한 것으로 형체, 뼈, 골, 살, 피, 맥, 육정六情이 된다. 그 귀신을 백魄이라 하는데 백은 암컷이고 그것은 입을 통해 출입하면서 땅과 교통한다. 그러므로 입은 '빈牝'이 된다.

穀神無死立天根 곡신은 죽음이 없어 하늘에 뿌리를 세우고
上聖强名玄牝門 성인은 억지로 그 이름을 현빈문玄牝門이라고 했네.
點破世人生死窟 세인들이 점점 깨트리고 있는 생사의 공혈孔穴에
神仙只此定乾坤 신선은 여기서만 건곤이 정해진다고 하네.

★ 원문에 '穀神無死'라고 되어 있어서 그대로 표기했다.

天長地久章 第七

韜光(빛을 감춤)

天長地久, 천장지구,

天地所以能長且久者, 以其不自生, 천지소이능장차구자, 이기불자생,

故能長生. 고능장생.

是以聖人後其身而身先, 시이성인후기신이신선.

外其身而身存非以其無私邪? 외기신이신존비이기무사사?

故能成其私. 고능성기사.

천지는 길고도 오래가는데

천지가 능히 장구할 수 있는 것은 그 스스로 살려고 하지 않기에

그런 고로 능히 오래 사는 것이네,

이런 까닭에 성인이 몸을 뒤에 두어도 앞세움을 삼고

몸을 밖에 두어도 그 몸을 보존하는 것은, 사심이 없기 때문이 아닌가?

그러므로 능히 이룰 수 있는 것은 그 사사로움이라네.

天長地久, 天地所以能長且久者, 以其不自生, 故能長生.

하늘과 땅은 영구히 존재한다. 그것은 하늘과 땅이 사사로운 감정이나 욕망이 없기 때문이며 편안하고 고요히 하여 베풀면서도 그 보답을 바라지 않기 때문이다. 우주자연을 운행하면서도 자기만을 위하지 않으면서 스스로 생을 구하지 않기 때문에 능히 장생하는 것이다.

是以聖人後其身而身先. 外其身而身存非以其無私邪? 故能成其私.

성인은 천지를 본받아 자신을 드러내지 않고 자신의 개인적인 이익을 추구하지 않는다. 그러나 성인은 이러한 행위, 즉 자기 자신을 감추는 행위로 인해 오히려 세상에 더 높이 드러나게 되는 영광을 얻게 된다고 하였다.

그러므로 성인은 자기 몸의 이익을 뒤로 하고, 도리어 사람들의 으뜸이 되었다. 몸소 솔선수범하면서 자신을 도외시하고 다른 사람에게는 덕을 베푸니 그 몸이 보존될 수 있는 것이다. 그것은 자신만을 위한 사사로움이 없기 때문이 아닌가? 사람들이 사사롭다고 여기는 것은 자기만을 생각하는 이기심 때문이니 성인은 사사로움을 부리지 않아도 후덕해지기 때문에 나중에는 자신의 사사로움도 이룰 수 있는 것이다.

도광韜光(빛을 감춤)

정좌靜坐

현실의 구체적인 생명으로부터 정신과 육체를 단련하여 우주 생명의 근원적 비밀을 밝히고자 도가의 수련이 있다면 그 수련의 시종始終은 정좌靜坐이다.

그러면 정좌靜坐는 무엇을 말하는가? 지구는 일각도 쉬지 않고 움직인다. 사람도 지구가 움직이는 대로 따라서 움직이지만 이것을 느끼지 못하고 있을 뿐이다. 뿐만 아니라 사람 스스로도 쉼 없이 움직이지만 이것을 느끼지 못하고 있다. 그 예로 수면을 취하고 있을 때도 심장의 박동은 계속되며 잠시의 정지도 허용하지 않는 것이 그것이다. 이러한 움직임과는 상관없이 자신 스스로 심신心身을 움직여 활동하는데 이것을 동작動作이라고 한다.

이러한 동작을 그치고 지구의 움직임에만 적응하고 있다면 이것을 정靜이라고 할 수 있다. 인간은 낮에는 일하지만 밤에는 수면을 통해 휴식을 취한다. 이 휴식이 곧 정靜이다. 문제는 이러한 상태의 정靜은 마음과 몸에서 하나가 되어 나온 것이 아니고 몸 따로 마음 따로이다. 몸은 비록 쉬고 있을지라도 마음은 천리를 달리고 있어서 지구의 움직임에 적응하지 못하므로 정靜의 진정한 효과를 보지 못하고 있다.

정좌靜坐는 정靜의 진정한 효과를 극대화시키기 위해서 창안된 수련 방법이다. 정좌는 자신의 몸과 마음을 근거로 해서만 가능하다. 불교의 선정이나 도교의 반좌수련은 똑같이 정좌를 차용하였으나 수련이 깊이 들어가면서 세부적인 기교技巧의 차이 때문에 결과는 달라진다. 비유컨대 소나무를 키우면서 소나무 본래 생명 조직 등 성장 작용 등은 변함이 없이 자라게 하면서 그 형태는 인위적인 힘을 가해 다양한 모습으로 변형시킬 수 있는 것과 같다. 정좌의 중요성을 말해주는 부분이다. 또한 지구의 움직임과, 정좌를 하고 있을 때 나의 정적靜的 상태의 주파수가 맞아 떨어져 지구의 움직임과 나의 움직임이 똑같을 수 있다면 시간을 정지시켜서 내가 늙어지지 않는 효과가 있다고 한다. 이러한 정좌를 통해 역행하는 수련을 거쳐 선천先天의 나로 재탄생되었을 때 이미 모든 경계의 공부를 마치고 소요자적 하는 것이다.

聖人妙處出無私 성인은 사사로움을 없애기 위해 묘처로 나가고
能外其身誰得知 능히 그 몸 밖에서 얻는다는 것을 누가 알리오.
順則凡兮逆則聖 순리를 따르면 범인이 되지만 역행이면 성인 된다네.
由來此處定根基 본디 이곳이 뿌리 내린 터임을 알겠네.

上善若水章 第八

易性(평온한 본성)

上善若水. 상선약수.

水利萬物而不爭. 수리만물이부쟁,
處衆人之所惡, 처중인지소악,
故幾於道矣. 고기어도의.

居善地. 거선지,
心善淵, 심선연,
與善仁, 여선인,
言善信, 언선신,
政善治, 정선치,
事善能, 사선능,
動善時, 동선시,

夫唯不爭, 부유부쟁,
故無尤. 고무우.

가장 선한 것은 물과 같네.

물은 선하여 만물을 이롭게 하지만
다투지 않고 사람들이 싫어하는 곳에 머무르니
그러므로 물은 도에 가깝네.

머무는 곳은 땅처럼 낮고
마음 쓰는 것은 연못처럼 깊으며
주는 것은 매우 자애롭고
말하는 것은 매우 믿음이 있으며
정치에 있어서는 잘 다스리고
일을 할 때는 매우 유능하며
움직이는 것은 때에 잘 맞추네,

오직 다투지 않으니
그러므로 허물이 없네.

上善若水.

이 장은 사람이 도를 닦으면 물 같다고 했으나, 물은 마음이 없는 물건이다. 선善은, 만복의 뿌리이다. 물의 성질은 평온하다. 높은 곳에서 낮은 곳으로 흐르고 웅덩이가 있으면 가득 채운 이후에 흘러가며 앞을 가로막는 장애가 있으면 순순히 돌아간다. 이처럼 평온하고 자연스런 형세를 좇아 물을 따라 살 것을 말하고 있다.

水利萬物而不爭. 處衆人之所惡, 故幾於道矣.

상선上善의 물은 밑바탕에서 아무런 감응도 없이 사물을 번성하게 하고 서로 다투지도 않는다. 사람은 선을 지을 수도 있고, 선을 행하지 않을 수도 있다. 그 선은 사람이 선하면 몸도 안정되고, 마음이 선하면 마음도 공평하고, 공평하면 마음이 바다의 깊은 곳처럼 고요해진다. 도道는 무無이고 물은 유有이다. 물의 성품은 도와 가깝다.

居善地, 心善淵, 與善仁, 言善信, 政善治, 事善能, 動善時.

'사람은 높은 곳을 향하여 달려가고 물은 낮은 곳을 향해 흘러간다'고 한 것은 그만큼 선하게 살고 있다는 것이다. 뿐만 아니라 물이 고요하면 바닥까지 보일 만큼 깨끗하고 무색으로 투명하여 만물을 거울처럼 비춰볼 수 있다는 것이다. 물은 만물을 잘 기르며 동식물에게 살아갈 수 있는 은혜를 베풀었으니 이것이 인자함이요 온화유순하면서 거짓 없이 겉과 속이 한결같으니 신의가 있는 것이다. 또한 물은 높낮이의 수평을 고르게 하여 어느 한쪽으로 기울지 않으니 공평한 정치를 한다는 것이고, 더러운 것은 제거하고 탁한 것은 씻어 주며 배나 뗏목은 다니게 하고 구름을 일으켜 비를 내리게 하여 만물을 생육하는 등 그 기능은 헤아릴 수가 없다. 이를 일러 일을 잘 처리한다고 하는 것이다. 일 년 열두 달 사계절의 때에 맞추어 풀어주고 열어주면서 만물을 생육하고 보호하니 움직임에 때를 맞추고 있는 것이다. 이것이 물이 가지고 있는 7구七句의 7선七善이다.

夫唯不爭, 故無尤.

물이란 막으면 멈추고 터놓으면 흘러가니 사람의 의도를 잘 따를뿐더러 자연의 현상에서 나와 만물과 다투지도 않으니 이러한 성품 때문에 천하에 허물이 없는 것이 물이다. 이 장은 물로써 도道에 비유한 것이다.

이성易性(평온한 본성)

몸속 탁기濁氣 배출에 물의 쓰임

사람이 생활하는 데 삼대요소를 말하라고 한다면 나는 기, 빛, 물이라고 정의하고 싶다. 기와 빛은 만져지지 않는 그 무엇이지만 물은 우리의 일상과 함께 만물에게 생을 이어가게 하는 근원을 제공하면서 생명을 위협하는 병질을 예방 내지 치료한다는 것을 도가 수련과정에서 터득하였다. 그 원리는 뜨거운 물의 작용 효과이다. 뜨거운 물이라야 차, 사골 등을 우려내고, 뜨거운 물은 걸레 등 때 묻은 것들을 쉽게 빨아내는 등 뜨거운 물의 성능을 인체의 탁기 배출에 도입한 것이다. 방법은 뜨거운 물로 샤워를 하는 것이다. 물의 온도는 견딜 만큼 뜨거울수록 좋다. 사람들은 나이가 들

수록 몸속에 탁기가 차 있어 이것이 병을 만들고 노화시키고 각 기관의 기능을 약하게 만든다.

지면상 한 가지만 예를 든다면 노인들이 대소변을 지르는 상황에서는 그것들을 관장하는 괄약근에 탁기가 끼어서 작용을 할 수 없게 된 것이다. 마치 잘 보이던 거울이 때가 끼면 잘 보이지 않은 것과 같다. 이 거울에 때를 제거하면 다시 잘 보이듯이 괄약근의 탁기를 제거해 주면 젊었을 때 의 몸이 된다. 서양의학은 대소변 지르는 데 특별한 약이 없는 것으로 알고 있다. 방법으로는 큰 용기에 뜨거운 물을 어느 정도 채우고 엉덩이를 그 속에 담그고 손으로 항문을 씻어주면 괄약근이 제 역할을 하지 못하면 손가락이 저절로 항문 속으로 들어간다. 그럴 때 뜨거운 물을 항문 속으로 주입시켜 주면 몸 안의 탁기는 방귀가 되어 계속 나오게 되는데 소리나 손가락 감지로 그 느낌을 알 수 있다. 이것을 계속하면 항문이 손가락을 꼭 무는 압력을 가하는데 더 계속하면 이제는 항문이 손가락이 들어가지 못하도록 문을 닫아버린다. 항문의 괄약근이 되살아난 것이다.

이것은 한 가지 예일 뿐이고 샤워로 몸 전체의 탁기를 제거해 주면 360혈과 12경락 기경 8맥, 84000모공까지 모두 정상으로 되면서 젊었을 적 몸 상태로 되돌아오게 된다. 이런 효과를 확인할 수가 있는데 첫째로 탁기가 몸 밖으로 나올 때는 희열감을 동반하게 되어 탁기가 나오는 것을 알 수 있고, 다음으로 욕조나 용기에서 물이 흘러가지 않게 하면 거품이 뜨게 되는데 그것이 탁기이므로 눈으로 확인할 수 있다. 또 다음으로 뜨거운 물로 몸을 씻고 수건

으로 닦으면 수건에서 냄새가 엄청나게 나지만 계속하여 탁기가
어느 정도 빠지면 수건에서 냄새가 나지 않는다. 또한 뜨거운 물로
눈을 적셔주는 것을 반복한 뒤에 수건으로 닦고 안경을 쓰면 안경
이 뿌옇게 서리는데 이것이 눈을 통해 나오는 탁기이다. 이런 방법
으로 탁기 배출을 검증할 수 있고 이 방법은 전신의 만병을 예방
내지 치료할 수 있다.

　인체의 자정능력으로 탁기가 배출되기도 하는데 이때는 가려
움증을 동반한다. 그 가려운 곳에 뜨거운 물을 적용하면 효과는
배가된다.

衆人所惡尙賢明 사람들의 악이 있는 곳에 현명함을 밝혀
動善其時故不爭 움직임에 좋은 때를 맞춤으로 다투지 않네.
一點靈光君未識 조금의 영광도 그대는 인식하지 못하고
却將水火煮空鐺 물과 불을 멈추게 하고 허공을 꿰어서 삶네.

持而盈之章 第九

運夷(고르게 함)

持而盈之, 不如其已. 지이영지, 불여기이.

揣而銳之, 不可長保. 췌이예지, 불가장보.

金玉滿堂, 莫之能守. 금옥만당, 막지능수.

富貴而驕, 自遺其咎. 부귀이교, 자유기구.

功成. 名遂, 身退, 天地道. 공성. 명수, 신퇴, 천지도.

지니고서도 더 채우는 것은 그만두는 것만 못하고
날카롭게 간 칼은 오래 보존할 수 없네.
금과 옥이 집안에 가득하면 이를 지킬 수 없고
부귀하여 교만해지면 스스로 그 재앙을 남기네.

공과 명을 이루고 나면 몸이 물러나는 것이 천지의 도이네.

持而盈之, 不如其已, 揣而銳之, 不可長保.

'영盈'은 가득 채운다는 것이며 '이已'는 그친다는 의미이다. 그릇에 물건이 가득한데 더욱 넘치게 채우려고 하면 반드시 넘쳐 쏟아지니 넘칠 정도로 가득하면 잃기 쉽다는 것이니 적당한 수준에서 그만두는 것만 못하다. '췌揣'는 금속을 불려서 단련한다는 뜻인데 쇠를 불리고 단련해서 날카롭게 되었다면 반드시 칼날이 쉽게 무디게 되며 오래 보관하지 못한다는 것이니. 사람들도 지나치게 뽐내어 자신을 과시하면 반드시 오래가지 못하고 꺾인다는 것을 비유한 말이다.

金玉滿堂, 莫之能守, 富貴而驕, 自遺其咎.

사람이 먹고 사는 것도 아닌 지나친 기호품이나 욕심은 보는 신神을 상하게 하기도 하지만 금과 옥으로 가득 채운다면 몸 또한 자유롭지 못할 것이다. 부유한 사람은 당연히 가난한 사람을 도와야 하고 신분이 귀한 사람은 마땅히 신분이 낮은 사람을 가엾게 여겨야 하지만 도리어 교만하고 방자함을 부린다면 반드시 스스로 불행의 허물을 남기게 될 것이다. 금옥과 부귀를 스스로 힘들이지 않고 얻었다면 그것은 교만과 방자로 이어지고 여러 사람의 미움을 받게 되어 재앙이 저절로 생긴다는 것을 알아야 한다.

功成. 名遂. 身退. 天地道.

사람이 하는 일이나 사업에 공을 이루고 명예가 따르고 칭송을 받았을 때 몸을 물리거나 어느 지위를 사양하지 않는다면 자신에게 득보다는 해가 된다는 것이니 이것이 곧 천지자연의 정상적인 '도道'라는 것이다. 달도 차면 기우는 것이고 초목도 번성했다가 쇠퇴하게 되고 즐거움도 극에 달하면 슬픔이 다가오는 이치이니 '지나침은 모자람 같지 않다'는 속담이 실감이 난다.

운이運夷(고르게 함)

정기신精氣神 (1)

『황정경黃庭經』에서는 "최고의 약에는 세 종류가 있는데 신神과 기氣와 정精이다."라고 했다. 정精·기氣·신神은 사람에게만 있는 것이 아니다. 우주에도 있으며 모든 만물에 정·기·신은 존재한다, 정·기·신은 모든 생명을 유지하기 위해 구성된 3개의 요소다.

정·기·신을 쉽게 설명하자면 정精은 생명의 열에, 기氣는 힘에, 신神은 빛에 비유될 수 있다. 만약 인간의 생명에서 빛과 열과 힘의 작용을 제거한다면 이는 곧 죽음을 의미한다. 이 정·기·신에서 신神의 작용은 두뇌 부분에서 일어나며, 기氣의 주요 작용은 가슴 부분에서, 정精의 주요 작용은 신장과 아랫배 부위에서 일어난다. 이 정·기·신의 이론 중 정精을 팽련하여 기화氣化시키고 기를 신화神化시킨다고 하지만 빛, 열, 힘의 원리에 입각해서 보면 열과 힘은 모두 빛의 작용에 의해서 생기듯이 상호 혼합되어 보완해 가는 것으로 보아야 할 것이다. 인체 내의 쾌감은 정精으로부터 생기며, 의지와 결단력은 기氣가 충만해짐으로써 생기며, 지혜는 신神의 고요함으로부터 생긴다. 선도에서는 정·기·신을 인체의 삼보三寶라고 한다.

태어날 때 타고나는 선천의 정은 무위 상태에서 자연히 본능적으로 생산하는 원정元精, 또는 진정眞精이다, 후천적 정精이란 체내의 매우 정밀한 물질로서 우주에서 채취하는 기와 섭취하는 음식물 등에서 만들어지는데 유년기 및 청소년기의 성장발육도 본질적으로 이 정精의 작용이다, 만질 수 없고 보이지도 않지만 우리 체내에서 움직이면서 생명을 유지시켜 준다. 만약 정精이 부족하거나 없다면 체내에서는 당연히 정밀한 물질이 운행되지 않으므로 무력해지고 몸에 있는 털도 윤기가 없고 빠지게 된다, 마치 몸의 활력을 주는 건전지와 같은 역할이라고 할 수 있다. 정精은 신장腎臟에 저장되어 있으며 오행으로는 수水에 속하고 삼전三田 가운데는 하단전에 해당한다.

滿堂金玉要長存 금옥이 가득한 집이 오래 존재한다면
火候工夫細細論 호흡의 공부는 얼마큼 세세함을 논하네.
筌在得魚蹄在兎 통발이 있어 고기를 얻듯이 발굽을 걷어낸다면
塞其兌則閉其門 그 구멍이 막힌즉 그 문도 막히네.

載營魄章 第十

能爲(꾸밀 수 있는가?)

載營魄抱一, 能無離. 재영백포일, 능무리.

專氣至柔, 能嬰兒. 전기지유, 능영아.

滌除玄覽, 能無疵. 척제현람, 능무자.

愛民治國, 能無爲, 애민치국, 능무위.

天門開闔, 能爲雌. 천문개합, 능위자.

明白四達, 能無知. 명백사달, 능무지.

生之. 畜之. 생지, 축지.

生而弗有, 생이불유,

爲而不恃, 위이불시,

長而弗宰, 장이불재,

是謂玄德. 시위현덕.

혼과 백을 지니고서 한 곳에 온전하여 떠나지 않게 할 수 있는가?

기를 오롯하게 하고 부드러워져서 갓난아이처럼 될 수 있겠는가?

현묘한 마음의 거울을 닦고 닦아 티끌이 없게 할 수 있는가?

백성을 아끼고 나라를 다스림에 무위로 할 수 있는가?

숨을 들이쉬고 내쉼에 있어 암컷처럼 유순하게 할 수 있겠는가?

명백하게 알아 막힘이 없지만 모르는 듯이 할 수 있는가?

낳아주고, 길러 주고

낳고도 소유하지 않으며

일을 하고도 자랑하지 않으며

장성하였어도 부려먹지 않으니

이를 일러 현덕이라 하네.

載營魄抱一, 能無離.

'영백營魄'은 혼魂과 백魄으로서 인체의 신神과 정精이다. 신神은 상전 上田(니환궁)에 정精은 하전下田에 자리를 잡고 있는데 중전中田의 기氣와 함께 인체의 정기신精氣神을 이루고 있다. 이 정기신이 몸 안에서 어떻게 생성되는지 그 연유를 본다면 탁정濁精으로 말미암아 변하여 양정陽精이 생기고, 이 정精으로 말미암아 기氣가 생기며 이 기氣로 말미암아 신神이 생긴 것이다. 이 정기신을 정기鼎器(솥. 인체의 하전)에 넣고 기화氣化시켜 결 단結丹이나 결태結胎의 재료 즉 약으로 삼는다. '재載'란 신과 정이 한 수 레(솥)에 실려서 하나가 되어 온전하게 하여 떨어지지 않게 할 수 있는가? 하고 묻고 있는 것이다. (인체의 상전, 중전, 하전은 단丹이 형성되면 상단전, 중단전, 하단전으로 부른다.)

專氣至柔, 能嬰兒.

정기신精氣神에서 빼놓은 기氣에 대해 언급했다. 사람들은 사사로운 욕심과 망령된 생각에 사로잡혀 무의식중에 그 기氣를 거칠게 하므로 정 기신精氣神이 오롯하지 못하니 음과 양이 조화를 이루지 못한다. 이것을 다스리는 것이 호흡이다. 몸이 안정되고 고요함 속에서 처음에는 조잡하 고 얕은 데서부터 점점 깊고 세밀하고 균일하게 화후火候를 조절하는 호 흡은 몸과 마음이 안정되면서 유연해지므로 결국에는 갓난아이처럼 될 수 있게끔 할 수 있겠느냐? 하고 묻고 있다.

滌除玄覽, 能無疵.

도道를 수련함에 있어 '척제滌除'란 그 마음을 씻어내어 고요하고 깨 끗하게 하는 것이고, '현람玄覽'이란 훤히 꿰뚫어 보아 막힘이 없는 것을 뜻한다. 마땅히 그 마음을 씻어내어 고요하고 안정된다면 마음은 그윽하고 깊숙한 곳에 머물면서도 모든 사물을 살펴 알게 되니 그러므로 현묘하게 바라보는 현감이 되는 것이다. 그렇게 함으로써 음란하고 사악하지 않을 수 있겠는가? 하고 묻고 있는 것이다.

愛民治國, 能無爲.

'도道'의 측면에서 보아 우리의 몸을 국國으로 본다면 민民은 우리 몸의 각 장기臟器 및 각 기관器官이라고 볼 수 있다. 이러한 장기 등을 잘 다스리기 위해서는 정기신을 오롯이 하고 호흡을 통해 기氣를 드나들게 하는 것인데 그 호흡 소리가 들리지 않을 만큼 무위자연으로 할 수 있는가? 하고 묻고 있는 것이다.

天門開闔, 能爲雌.

도道를 수련하는 입장에서 천문은 콧구멍(鼻孔)을 말함이다. 개천문開天門은 콧구멍을 여는 것이고 폐지호閉地戶는 입을 닫음을 이른 말이다. 또한 천문은 정신의식 활동을 가리키기도 한다.

『하상공장구』에서는 몸을 다스림에 있어서 천문은 인체의 콧구멍을 말하며 개開는 입을 열고서 하는 거친 호흡이고 합闔은 입을 다물고서 하는 고요한 호흡을 말한다고 하였다.

도가 수련에는 코로 하는 호흡, 즉 비호흡鼻呼吸이 3가지가 있는데 하나는 코로 비강鼻腔까자 들이쉬고 비강에서 호기하는 것이고, 두 번째는 코로 비강까지 들이쉬어서 위의 상전(니환궁)까지 끌어올려 상전 안에서 호기하는 것을 말하며, 세 번째는 코로 들이쉰 기를 비강을 거쳐 내강內腔까지 내려가고 호기할 때는 심장을 넘지 않는 선에서 내강에서 확산하는 것이다. 일반적으로 알고 있는 입을 사용하는 호흡은 불가피한 경우를 제외하고는 없다고 보아야 한다. 이러한 호흡으로 몸의 다스림을 유순한 암컷과 같이 할 수 있는가? 하고 묻고 있다.

明白四達, 能無知.

도道를 수련함에 있어 어느 경지에 이르면 유형무질의 밝은 휘광이 마치 해와 달이 창공에서 비추는 것처럼 육합六合(동서남북 상하)에 비추지 않은 곳이 없으며 밝지 않는 곳이 없어서 이것을 '명백사달明白四達'이라고 하는데 이와 같은 도道는 아무도 알지 못하니 그렇게 할 수 있는가? 하고 묻고 있는 것이다.

生之, 畜之, 生而弗有, 爲而不恃, 長而弗宰, 是謂玄德.

도道는 만물을 낳고 길러주면서도 자기가 소유하려고 하지 않으며 자연에 따라 양육하면서도 자기의 공로로 삼지 않는다. 또한 만물을 장성하게 길렀어도 도구로 활용하기 위해 쪼개거나 주재하려 들지 않으니 이것은 도와 덕德이 형체를 드러내지 않아 볼 수는 없지만 사람들로 하여금 도와 같아지게 하려는 의도를 드러냈다고 보여 진다.

능위能爲(꾸밀수 있는가?)

정기신精氣神 (2)

기氣는 힘(에너지)이다, 선천적 기를 원기元氣 또는 진기眞氣라고 하고 후천적 기氣를 호흡지기呼吸之氣라고 한다. 기氣라는 것은 형

태는 없지만 분명하게 존재하면서 인체의 생명활동에 필요한 운동적 기능을 할 수 있도록 어떤 작용을 하는데 그것을 에너지라고 볼 수 있다. 기氣는 몸 밖의 에너지, 몸 안의 에너지, 그리고 몸 안에서 몸 밖으로 발산하는 에너지의 3가지가 있다,

몸 밖의 에너지는 천원지기天元之氣라고 하는데 우주만물을 운행하는 에너지로서 모든 기의 총칭이며 '기氣'라고 표기한다, 이 에너지가 몸속으로 들어와 생체내의 힘으로 변화된 것을 특별히 '내기內炁'라고 부르고 기氣 자와 구별하여 '기炁'라고 표기한다, 이 기炁는 정이 변환하여 생긴 것으로 정이 충실한 사람은 저절로 기炁도 왕성하다. 체내의 기炁를 발사하여 몸 밖으로 나오는 기気를 휘광이라고 하는데 '기気'라고 표기한다, 수련이 수승하면 이러한 기気가 충만하게 된다. 예수님이나 성인들의 영안을 보면 몸 주위에 밝은 휘광이 있는데 바로 이것을 말한다. 체내의 기를 발사할 때의 기는 특별 형태의 기気인데 치료에너지가 담겨 있다. 기공치료가 그것이다.

기氣는 오행으로는 토土에 속하고 삼전三田 가운데는 중단전에 해당된다.

사람이 일단 모태에서 나오게 되면 정精이 주主가 되지만 모태 속에 있을 때는 기氣가 주가 된다. 정좌수련을 할 때는 사람이 모태 속에 있는 태아처럼 사고활동思考活動도 줄어들고 정精과 신神을 사용하지 않게 되며 따라서 기氣가 주가 되는 태아상태를 유지하게 된다. 이런 경지를 황홀하다고 한다.

專氣致柔生畜之 기가 오롯하여 유연해지니 낳고 길러지고
積功累行保嬰兒 공을 쌓은 행실로 영아처럼 보호하니
一觔只要十八兩 한 냥도 중요한데 열여덟 냥이 되니
莫向人前便好奇 사람들 앞에만 서면 곧 새로워지네.

三十輻章 第十一

無用(없음으로 쓰임이 되는 것)

三十輻共一轂, 삼십복공일곡,
當其無, 有車之用, 당기무, 유차지용.

埏埴以爲器, 연식이위기,
當其無, 有器之用. 당기무, 유기지용,

鑿戶牖以爲室, 착호유이위실,
當其無, 有室之用, 당기무, 유실지용,

故有之以爲利, 고유지이위리,
無之以爲用. 무지이위용.

서른 개의 바퀴살이 하나의 바퀴통을 만드니
바퀴통의 텅 빈 곳에 의해 그 쓰임이 있네.

찰흙을 이겨 그릇을 만드니
그릇의 텅 빈 공간에 그 쓰임이 있네.

문과 창을 내서 방을 만드니
그 비어 있음으로 빈 공간에 그 쓰임이 있네.

그러므로 형체가 있음이 이로움이 되는 것은
없음으로 쓰임을 삼기 때문이네.

三十輻共一轂, 當其無, 有車之用.

옛날 수레의 바퀴살 30개는 한 달 30일을 본받은 것이라고 한다. '곡轂' 이란 수레바퀴 중심의 축軸을 꿰뚫는 구멍이다. 수레의 바퀴와 축은 그 축을 끼우는 곡轂이 있는 곳이 수레의 중요한 실용처가 된다. 하나의 바 퀴통으로 모인다는 것은 바퀴통 가운데에 구멍이 있기 때문에 바퀴살이 그곳으로 모이기 때문이다. '무無'는 텅 비움을 의미하는데 바퀴통 가운 데를 텅 비우게 함으로써 바퀴살이 모여 바퀴를 굴릴 수 있다. 즉 텅 비워 진 바퀴통이 수레의 쓰임이 있다는 것이다.

埏埴以爲器, 當其無, 有器之用.

'연식埏埴'이란 물과 흙을 섞어 만든 진흙인데, 진흙을 빚어서 그릇을 만든다. 이 그릇 안의 비어 있는 곳이야말로 담을 수 있는 실용적 공간이 다. 만약 비어 있지 않았다면 그릇으로써 쓸모없게 된다. 그릇도 마땅히 비어 있으므로 그릇의 쓰임이 있는 것이다.

鑿戶牖以爲室, 當其無, 有室之用.

'호戶'는 문을 가리키며 '유牖'는 창을 가리킨다. 방의 벽과 천장 등은 실 체이며 그 방의 창문과 비어 있는 방안이 실용처이다. 문과 창문이 비어 있어서 들고 날 수 있으며 방안이 텅 비어 있어서 사람들이 거처할 수 있 으니 이것은 비어 있음에 마땅히 방의 쓰임이 있다는 것을 말한 것이다.

故有之以爲利, 無之以爲用.

'이利'는 의지가 되어 형체의 쓰임을 이롭게 하는 것을 말한다. 사물은 있는 것과 없는 것의 두 부분으로 구성되어 있는데 그 가운데 비어 있는 부분은 오로지 실제로 있는 부분, 즉 방의 벽과 천장 등 의지가 되어줄 형체를 거쳐서야 비로소 쓰임이 있게 된다. 이로써 알 수 있는 것은 유와 무라는 두 가지가 서로 이용한다고 볼 수 있으며 무의 보이지 않는 작용을 부인해서는 안 된다는 것이다. 우주는 텅 비어 있어서 천지 만물을 담을 수 있었지만 실제로 그것을 의지하고 담을 수 있는 울타리를 이利로 보는 것이고 울타리 안이 비어 있음으로 그 쓰임이 있다는 것을 말함이다.

무용無用(없음으로 쓰임이 되는 것)

정기신精氣神 (3)

신神이란 양신陽神과 음신陰神으로 나눈다. 그리고 이 둘 사이의 교착점에 중성中性이 있어서 영靈이 매개체 역할을 한다. 또한 체내의 신과 체외의 신으로도 구별한다. 선천의 신神은 원신元神이라고 하며 맑음이 극에 달해 사유가 없는 상태에서 신령스럽고 밝은 성性을 말한다. 후천의 신神은 사려의 신神이라고 한다. 신神은 정精이나 기氣를 통제하면서 사유의 중심을 잡아 주는데 만약 신神이 없거나 부족하다면 식물인간이거나 바보가 되는 것이다. 엄밀하게 말하면 신神이 없는 것이 아니고 신神이 몸에 깃들이지 못하는 경우다. 신神은 오행으로는 화火이고 삼전三田가운데 상단전에 해당한다.

신神은 일종의 능력의 표현이며 어떤 때는 형상에서 유형 무질의 상태로 출현하기도 한다. 인체 오장의 예를 들어 보면 간의 신(肝神)은 청룡青龍의 형상을 띠고 있으며, 심의 신(心神)의 형상은 주작朱雀, 비의 신(脾神)의 형상은 봉황鳳凰, 폐의 신(肺神)의 형상은 백호白虎, 신腎의 신신(腎神)은 현록玄鹿의 형상으로 나타난다.

영靈을 밝게 하고 지각을 깨우치는 것은 신神이 하고 운동을 충족시켜 주는 것은 기氣가 하고 자액을 윤택하게 해 주는 것은 정精이 한다. 신神은 통제하고 기氣는 작용하고 정精은 운화運化하여 각 전담하는 기능을 발휘한다.

신체가 순일하고 화평하게 하나로 통하는 것은 정·기·신의 역할이다. 순일하고 잡된 것이 없는 것이 정精이라 하고 혈맥이 막힘없이 잘 통하는 것을 기氣라고 이름하며 텅 비어 있는 영靈의 활동을 하는 것을 신神이라고 이른다. 셋이 하나이고 하나가 셋이다.

我轂能離三十輻 나의 바퀴에서 30개의 바퀴살이 떠나가서
間尋無處偷安軸 없는 곳의 틈을 찾아 눈앞의 안일을 탐하니
得便饒也落便饒 얻은 것도 넉넉한 편이고, 잃은 것도 넉넉한 편인데
君子惟當愼其獨 군자는 마땅히 혼자일 때 신중해야 하네.

五色章 第十二

檢欲(욕망을 단속함)

五色令人目盲. 오색령인목맹.

五音令人耳聾, 오음령인이롱,

五味令人口爽, 오미령인구상,

馳騁田獵令人心發狂, 치빙전렵령인심발광,

難得之貨令人行妨, 난득지화령인행방,

是以聖人爲腹不爲目, 시이성인위복불위목,

故去彼取此. 고거피취차.

화려한 색깔은 사람의 눈을 멀게 하고
현란한 음악은 사람의 귀를 멀게 하며
맛있는 음식은 입맛을 망치게 하고
격렬한 운동은 사람의 마음을 미치게 만들며
얻기 어려운 재화는 사람의 행동을 그르치게 하네.

이 때문에 성인은 뱃속을 위할 뿐 눈을 위하지 않는다네.
그러므로 성인은 '저것'을 버리고 '이것'을 취한다.

五色令人目盲, 五音令人耳聾, 五味令人口爽,

대도는 현묘하여 텅 비고 그윽하고 가물하며 소리와 색깔도 없으며 냄새와 맛도 없으니 이것이 도道의 진실한 바탕이다. 여기서 파생된 것이 색의 기본인 '오색五色'(靑, 赤, 黃, 白, 黑)과 음의 기본인 '오음五音'(宮, 商, 角, 徵, 羽)과 맛의 기본인 '오미五味'(辛, 酸, 醎, 苦, 甘)가 있다. 사람의 마음이 이렇게 파생된 가지에 가려진다면 그 뿌리인 근본을 알지 못하게 된다. 눈은 화려함만 보고 귀는 현란한 음악이나 달콤한 말만 듣고 입으로는 맛있는 음식만 찾게 된다면 눈과 귀를 멀게 하고 입맛은 망치게 된다는 것이며 근본인 '도道'와는 멀어진다는 것을 말하고 있다. 외부에서 파생하는 화려함이나 달콤한 말이나 맛있는 음식을 따르는 것은 내부에서 우러나오는 순수하고 소박하고 담박한 근본을 몸으로 체득하여 이를 지켜나가는 것만 못하다고 경계한 말이다.

馳騁田獵, 令人心發狂, 難得之貨令人行妨,

'치빙馳騁'은 말을 타고 종횡무진 거침없이 마구 달리는 것이고, '전렵田獵'은 사냥을 말하는 것이다. 사람이 수심收心하여 안정을 찾음으로써 정精과 신神이 깊고 고요하여 청정淸靜하게 되니 이것이 도道에 들어가는 길이다. 이와 반대로 말달리고 사냥하는 방탕함은 호흡이 불안정하고 정과 신이 흩어지고 망령이 거리낌이 없으니 마음은 미치게 된다.

'행방行妨'이란 그르친다는 것을 말한다. 얻기 어려운 재화는 금은보석 같은 것으로 사람에게 사특한 생각을 부추기고 사람의 마음이나 의지를 탐욕스럽게 만들게 되니 결국 정신마저 자극하게 한다. 만족함을 알지 못하면 자기를 욕되게 함은 물론 다른 사람에게도 해를 끼친다는 것이다.

是以聖人爲腹不爲目, 故去彼取此.

'복腹'은 소박한 의식주를 해결할 정도의 생활을 상징하는 말이다. '목目'은 눈으로 보이는 외면적 사치와 욕심을 추구하는 생활을 상징한다. 도를 터득한 성인은 모두 안으로 덕성을 닦는 것을 중시하며 의지와 기를 조절하고 신명神明을 기르는 것이고 눈으로는 망령되게 바라보지 않아야 되는데 망령되게 바라보았다가는 신神이 밖으로 나옴으로써 정이 누설되어 버리기 때문이다.

도가道家의 수련에서는 어떤 사물을 보고자 할 때는, 몸 안의 간장肝臟의 신神이 눈을 통해 나와서 그 물체에 도달해야 비로소 그 물체가 보인다고 말한다. 마찬가지로 신장腎臟에서 나온 신神은 귀를 통해 출입하면서 듣는 것을 주관하고, 폐肺에서 나온 신神은 코로 출입하며 냄새를 주관하고, 비장脾臟에서 나온 신神은 입을 통해 출입하면서 말하고 먹는 것을 주관하고, 심장心臟에서 나온 신神은 입안의 상악上顎을 통해 출입하면서 성내는 화를 주관한다. 도가 수련은 가능한 한 신神을 밖으로 내보내지 않고 몸 안을 보고 신神을 안정시켜야 하는데 이 방법으로 반관내시返觀內視한다고 한다.

검욕檢欲(욕망을 단속함)

오성五性
- ★ 喜, 怒, 欲, 懼, 憂를 다섯 가지 성정性情을 오성五性이라고 한다.
- ★ 仁, 義, 禮, 智, 信의 다섯 가지 규범規範을 오성五性이라고 한다.
- ★ 暴, 淫, 奢, 酷, 賊을 다섯 종류의 정신문란精神紊亂을 오성五性이라

고 한다.

★ 오성五性이 서로 상대를 해치지 않는 오장五臟의 특성을 본다면 간성정肝性靜, 심성조心性躁, 비성력脾性力, 폐성견肺性堅, 신성지 腎性智(간의 성품은 고요해야 하고, 심의 성품은 성급하여야 하며 비의 성품은 힘이 있어야 하며 폐의 성품은 굳건해야 하고 신의 성품은 지혜로워야 한다)가 있으며 이 장부臟腑는 오행五行의 상생相生을 이루고 있다.

★ 현대적 오성五性으로는 정직, 성실, 책임감, 예의, 신의의 다섯 가지가 있다.

이 모든 성품은 몸 밖으로 향해 발산하는 것보다는 반관내시返觀內視 하여 몸 안으로 끌어들여 가슴으로 녹여내는 자세가 바람직하다.

十字街頭認色聲 네거리의 색과 소리는 알겠지만
雙眸炯炯却無情 양 눈이 부셔서 정 없음이 멎었네.
聖人去彼寧取此 성인은 저것을 버리고 편안한 이것을 취하니
下士聞之疑轉生 하사가 듣고서 다른 것으로 태어나는 것을 의심하네.

寵辱章 第十三

馱恥(수치스러움을 멀리함)

寵辱若驚, 총욕약경,

貴大患若身, 귀대환약신,

何謂寵辱? 하위총욕?

辱若下, 욕약하,

得之若驚, 득지약경,

失之若驚, 실지약경,

是謂寵辱若驚, 시위총욕약경,

何謂貴大患若身? 하위귀대환약신?

所以有大患者, 爲吾有身, 소이유대환자, 위오유신,

及吾無身, 吾有何患? 급오무신 오유하환?

故貴以身爲天下者, 則可以寄天下, 고귀이신위천하자, 칙가이기천하.

愛以身爲天下者乃, 可以託天下. 애이신위천하자내, 가이탁천하.

총애를 받거나 욕됨을 당하거나 모두 놀란 듯 경계하고
큰 근심이 내 몸에 이르듯 귀하게 여기며 두려워하라.
무엇을 총애와 욕됨이라 하는가?

욕됨은 낮은 것이니
총애를 얻어도 놀란 듯이 하고
총애를 잃어도 놀란 듯이 하라.
이것이 총애를 받거나 욕됨을 당하거나 모두 놀란 듯이 한다는 말이니
'큰 근심이 몸에 이르는 것을 두려워하라'는 무슨 말인가?

큰 근심이 있다는 것은 내게 몸이 있기 때문이니
몸에 구애받지 않는 경지에 이르면 내게 무슨 환란이 있겠는가?

고로 자기 몸을 천하보다 귀하게 여기는 자에게는 잠시 천하를 맡기지만
자기 몸을 아끼는 태도로 천하를 위하는 사람이라야 천하를 맡길 수 있다.

寵辱若驚, 貴大患若身, 何謂寵辱?

자신이 총애를 받아도 경계해야 하고 지탄을 받아도 경계해야 한다는 것이다. 실제로 총애를 받는 것은 빛나는 일이기도 하지만 그만큼 부담과 책임이 따른다고 보아야 한다. 총애를 받거나 혹은 총애를 잃었을 때 놀라거나 당황하여 마음 둘 바를 모른다면 그것은 부담과 두려움으로 연결되고 다시 몸 안의 정과 기와 신이 안정을 잃어버리고야 말 것이기 때문이다.

'귀貴'는 두려워 경계하는 것이며 '약若'은 이르다는 의미이다. 큰 환란이 자신에게 닥쳐온 것을 두려워하기 때문에 항상 놀라는 것처럼 조신해야 한다는 것이다.

무엇을 일러 사랑받고 무엇을 일러 지탄받는 것인가? 하고 묻는다면 사랑받는 것은 존경과 영화로움이 자신에게 이르는 것이며, 지탄받는 것은 수치와 욕됨이 자신에게 이르는 것이다. 만약 이러한 것들이 자신에게 미치게 될 때에는 자신을 돌이켜보며 스스로 묻는다면 다른 사람들에게 폐를 끼치는 일은 없을 것이다.

辱若下, 得之若驚, 失之若驚, 是謂寵辱若驚, 何謂貴大患若身?

'욕위하辱爲下'는 '총위상寵爲上'의 반대되는 대구對句이다. 당연히 사랑받는 것은 높은 것이며 지탄받는 것은 낮은 것이고 천대받는 것이다. 그런 것들을 얻었고 잃었다고 해도 항상 위험성은 상존하니 교만하지 말고 겸손하여 안으로 자기의 몸을 다스리라는 경계의 말이다. 그 중요성을 강조하기 위해 한 번 더 '어찌하여 큰 환란이 자신에게 닥쳐와도 두려워해야 하는가?'를 묻고 있다.

所以有大患者, 爲吾有身, 及吾無身, 吾有何患?

나에게 큰 환란이 닥쳐오는 것은 나라는 몸이 있기 때문이다. 몸이 있어서 늘 배고프고 춥고 덥고 몸 안에서 7정6욕이 발현되고 불행과 환란을 걱정하게 되는 것이다.

그러나 몸의 수련을 통해 어느 경지에 이르러서 자연스럽게 득도하게 된다면 그러한 몸의 걱정에 구애받지 않고 도와 함께 할 것이니 무슨 걱정거리가 있겠느냐 하고 묻고 있는 것이다.

故貴以身爲天下者, 則可以寄天下, 愛以身爲天下者乃, 可以託天下.

당시 왕도정치에서 왕이 자신의 몸을 귀하게 여기고 백성을 천박하게 대한다면 그런 왕에게는 잠시 천하를 맡길 수는 있지만 오래갈 수 없음을 말하고 있다. 만약 왕이 자기 몸을 아끼는 것은 자기만을 위하는 것이 아니라 온 백성의 어버이가 되기 위한 것이어야 함을 말하고 있는 것이다. 이러한 마음으로 천하의 주인이 된 왕은 온 백성의 어버이로서 그것을 맡기어도 오랫동안 허물이 없을 것이라고 말하고 있다.

염치猒恥(수치스러움을 멀리함)

수기修己

"吾所以有大患者 爲吾有身(나에게 큰 환란이 닥쳐오는 것은 나라는 몸이 있기 때문이다.)"『태상노군상청정경』에서 설파한 내용을 소개한다.

"권하나니 세상 사람들이여! 사람 몸 받기가 어렵고 명사明師가 있는 곳에 태어나기가 어렵고 불법佛法 만나기가 어렵고 대도大道 만나기가 어려운 것을 알라. 이제 사람 몸을 얻었으며 다행히 명사가 있는 곳에 태어났으니 절대로 어리석고 흐리멍덩하게 한평생을 허비하지 말라. 성명性命 두 글자의 중요함을 파악하고 식신識神과 원신元神을 마땅히 분간하고 진신眞神과 가신假神을 마땅히 밝게 하며 인심人心과 도심道心을 마땅히 밝히면 절대 인심이 도심을 당해내지 못할 것이고 식신이 원신을 당해내지 못할 것이며 가신이 진신을 당해내지 못하리라."

여동빈呂洞賓 조사祖師께서는 다음과 같은 시를 남겼다.

人身難得今已得: 사람 몸 얻기 어려우나 이미 사람 몸을 얻었고
大道難明今已明: 대도가 훤히 드러나기 어려우나 지금 이미 드러났는데
此身不向今生度: 이 몸을 금생에 제도하지 못하면
再等何時度此身: 다시 어느 때를 기다려 이 몸을 제도할 것인가.

大患秖爲吾有身 큰 환난이 익어서 내 몸이 있으니
分明得失總皆驚 분명히 득실이 있어서 다 동요하네.
沒身方是出身處 몸이 없는 사방이 몸이 나오는 곳인데
大患從來亦强名 큰 환난도 좇아오니 역시 억지 이름이네.

視之不見章 第十四

贊玄(현묘한 도를 찬양함)

視之不見 名曰夷. 시지불견 명왈이.

聽之不聞 名曰希, 청지불문 명왈희,

搏之不得 名曰微, 박지불득 명왈미,

不可致詰, 불가치힐,

故混而爲一, 고혼이위일,

其上不皦, 기상불교,

其下不昧, 기하불매,

繩繩不可名, 승승불가명,

複歸於無物, 복귀어무물,

是謂無狀之狀, 시위무상지상

無物之象, 무물지상

是謂惚恍, 시위홀황

迎之不見其首, 영지불견기수

隨之不見其後, 수지불견기후

執古之道, 以禦今之有, 집고지도 이어금지유

以知古始, 是謂道紀, 이지고시 시위도기

보아도 보이지 않으니 이름 하여 이夷라 하고,
들어도 들리지 않으니 이름 하여 희希라 하며,
잡으려 하나 잡히지 않으니 이름 하여 미微라고 하니
가히 이 세 가지로 밝힐 수 없는 혼돈한 일체이네.
그러므로 이 셋이 어울려 하나가 된다네.

그것은 위라 해서 밝지 않고
아래라 해서 어둡지 않고
끝없이 이어져 이름 지을 수 없으나
다시 물질 이전으로 돌아가네.

이것을 모습 없는 모습이라 하고
사물 없는 형상이라 하니
그저 황홀하다고 말하네.

보이지 않는 머리를 맞이하고
보이지 않는 꼬리를 따라가
태고의 도를 붙잡아 지금의 유를 다스리니
옛 시초를 아는 것 이것을 일러 도의 기원이라고 하네.

視之不見名曰夷, 聽之不聞名曰希, 搏之不得名曰微,
不可致詰, 故混而爲一,

이 장에서 말하는 것은 도道를 알고 있는 상태를 말한 것이다. 색色과 성聲과 력力을 구하는 것은 불가하다. 도의 근본은 보이지 않아 색을 구할 수 없고 도의 근본은 들을 수 없어 소리를 구할 수 없고 도의 근본은 얻을 수 없어 힘을 구할 수 없는 것이 도의 끝이 없고 아득한 묘이다. 어찌 능히 볼 수 있겠는가? 능히 볼 수 있다는 것은 이夷만을 사유하고 이夷를 자연스럽게 보는 것이 도의 오묘함이다. 능히 들을 수 있다는 것은 희希만을 사유하고 희希를 자연스럽게 듣는 것이 도의 현묘함이다. 능히 얻을 수 있다는 것은 미微만을 사유하고 미微를 자연스럽게 얻는 것이니, 이 세 가지는 무위의 행위여서 하늘에 맡기고. 모두는 유위의 상태인 인간이므로 이치를 따져서는 안 된다. 안을 보는 것, 안을 듣는 것, 안을 얻는다는 것은 이것들을 하나로 보는 것이 정精이고 하나로 듣는 것이 기氣이고 하나로 얻는 것이 신神이니 이 정기신精氣神이 비로소 하나로 뒤섞였다.

★ 도가 정좌 수련과정에, '심부재언心不在焉'(마음이 한 곳에 머물러 있지 않음을 뜻함.)이란 단락에서 "視而不見 聽而不聞, 視之不見, 聽之不聞"이라는 말이 있는데, 이而와 지之의 단 한 글자만 다를 뿐인데도 그 의미는 완전히 다르다. 시이불견視而不見은 내가 보고도 기억을 못하는 것이고, 청이불문聽而不聞은 내가 들었어도 기억을 못하는 것을 말한다. 그러나 시지불견視之不見은 내가 보았고 기억도 있는데 못 본 척하는 것이고, 청지불문聽之不聞은 내가 들었고 기억도 느낌도 있는데 못 들은 척하는 것이다. 이것은 모두 마음이 한 곳에 머물지 않고 있다는 증거이다라는 수련과정이

있다. 이 문장을 위의 식대로 풀이하면,

시지불견視之不見은 내가 보았고 기억도 있는데 못 본 척하는 것을 이夷라 하고

청지불문聽之不聞은 내가 들었고 기억도 느낌도 있는데 못 들은 척하는 것을 희希라 하며

박지부득搏之不得은 내가 잡았고 기억도 있는데 얻지 않았다고 잡아떼는 것을 미微라고 하네.

其上不皦, 其下不昧, 繩繩不可名, 複歸於無物,

그 위는 밝고 밝아서 높이를 알 수 없고, 저 아래는 어두워서 굽어보아도 그 깊이를 알 수 없고 그 듣기 어렵고 보기 어렵고 얻기 어려운 말이 도道이다. 위로 하늘을 통달하고 아래로 땅을 통달하고 그 중中이 합한 것이 사람이다. 이 세 가지가 혼합되어 처음으로 몸이 되었다. 치癡에서 치癡를 알고, 취중醉中에서 취醉를 알듯이 접때 보고 접때 듣고 접때 얻은 것은 끊어지지 않고 자연히 오롯한 마음으로 정精에 이른 것이다.

是謂無狀之狀, 無物之象, 是謂惚恍.

허공에 빠지지 않고 진상만을 드러내고 있는 것. 이것은 모습의 모습이 없고 형상의 형상이 없는 본래의 진眞이 한번 나오면 모여서 모양을 만들고, 흩어지면 공기空氣가 되는데, 왜 그런 모습이 있는가? 왜 그런 형상이 있는가? 그러므로 바야흐로 황홀하고 묘연杳然에 이르고 그윽하여 진공묘상眞空妙象이라 할 수 있다.

迎之不見其首, 隨之不見其後, 執古之道, 以禦今之有,

以知古始, 是謂道紀.

보이지 않는 머리를 맞이하고 보이지 않는 꼬리를 따라가 봐도 뒤의 끝을 보지 못하니 현을 알지 못하는 것이 그 현이고 도道를 알지 못하는데 어찌 도道인가? 억지로는 보지 못하고 듣지 못하고 얻지 못하는 것이니, 고로 이, 희, 미라고 하는 것이다.

옛적에 도라는 것은 사람의 몸으로는 하늘과 합하고, 덕으로도 하늘과 합하고, 마음으로도 하늘과 합하는, 이 세 가지를 합한 것이 진도眞道라고 한다. 이와 같다면 접때 보고 듣고 얻은 것 이것을 수도의 기강이라고 한다. 도를 닦으면 시시각각 몸이 맑음(淸)은 하늘 같고 오름(昇)은 해와 같고 뻗치면(恒) 달과 같다. 마치 소나무가 무성한 것 같다.

고시古始를 아는 것을 도기道紀라고 한다.

찬현贊玄(현묘한 도를 찬양함)

황홀恍惚

도가道家 반좌수련 중에 이 황홀恍惚의 경지를 경험하고 감지하는바 그 내용을 소개한다.

반좌盤坐 중 (상략) 몸 안의 내강內腔을 비우는 수련을 통해 명심明心 상태를 만드는데 이 상태에서는 몸 안의 내강內腔이 텅 비어지면서 신광神光만 내강에 가득 차게 된다. 그 신광神光을 갈무리하여 신체의 제일 높은 혈 천문天門(頂門이라고도 함)을 통해서 위로 내보낸다. 몸 안에서 나온 신광神光은 기존 유형무질有形無質의 허무虛無한 나와 합쳐져서 내 몸을 위에서부터 아래 끝까지 감싸게 하는데 이 상태에서 반관내시返觀內視하면 그 신광이 내 몸을 비추고 있다.

수련이 깊어질수록 감싸는 상태가 더욱 두텁고 튼튼해 보인다. 단경丹經은 이 상태를 우로雨露가 형성되었다고 하며 금강불괴신金剛不壞身 즉 금강석같이 무너지지 않는 몸이라고 한다. 실제로 어떠한 사악한 기운이나 총칼도 못 뚫을 것 같아 보인다. 여기서 몸 안의 색과 몸 밖의 색이 같게 되면 무아無我 즉 자기 존재를 잊어 버리는 상태가 된다. 이 상태에서 반관내시하면 우주의 중간에서 수련하는 것같이 우주에 떠 있는 착각에 빠져든다. 여기서 호흡呼吸을 하는데 흡기吸氣하여 인체우주로 천체우주를 끌어들이고 잠시 폐기閉氣한다. 이 폐기 상태에서는 천체우주의 기운이 인체우주인 몸으로 압력을 가하는 느낌을 받는데 이 때가 홀惚하다고 한다. 다시 호기呼氣하면서 잠시 폐기閉氣하면 이때는 인체우주에서 자연우주로 방사되는 느낌을 받는데 이 때를 황恍하다고 한다.

이 호흡을 몇 번 반복해 주는데 이 과정이 홀하니 황하고 황하니 홀하다고 한다. (하략) 이 수련과정은 결단結丹이나 결태結胎를 위한 것은 물론이고 지극한 도의 세계에서 신선神仙의 길로 들어가는 수련 중 극히 요약된 일부이다.

황恍 : 황홀하다, 형체가 없는 모양, 미묘하여 알 수 없는 모양, 어슴푸레하다,

홀惚 : 황홀하다, 흐릿하다, 확실하게 보이지 않는 모양. 잘 보이지 않는 모양. 멍한 모양. 정신이 흐리멍덩한 모양.

不聞不見曰希夷 듣지 않고 보지 않는 것을 희와 이라 하고
此事如何客易知 이 일로 어떠한 주객이 바뀜을 알 수 있네
乍觀西方一點月 잠깐 서방세계를 모아 보니 한 점의 달인 것을
純陽疾走報鐘離 종리(종리권)가 알리니 순양(여동빈)이 달려가네.

★ 客 : 主客=주되는 사물과 거기에 딸린 사물. ★ 西方 : 극락세계
★ 종리권 : 여동빈의 스승

古之善爲士章 第十五

顯德(덕을 드러냄)

古之善爲士者, 고지선위사자,

微妙玄通, 미묘현통,

深不可識, 심불가식,

夫唯不可識, 부유불가식,

故强爲之容, 고강위지용.

豫兮若冬涉川, 예혜약동섭천,

猶兮若畏四鄰, 유혜약외사린,

儼若客, 엄약객,

渙若冰將釋, 환약빙장석,

敦兮其若樸, 돈혜기약박,

曠兮其若谷, 광혜기약곡,

混兮其若濁, 혼혜기약탁,

孰能濁以靜之徐淸, 숙능탁이정지서청,

孰能安以久動之徐生, 숙능안이구동지서생,

保此道者不欲盈, 보차도자불욕영,

夫唯不盈, 故能敝不新成. 부유불영, 고능폐불신성.

옛날에도 도를 깨친 이들이 있었으니
미묘하게 통달하여 하늘과 통하고
그 깊이를 알 수 없다
오직 알 수 없기에
억지로 그 모습을 묘사해 본다네.

머뭇거리는 모습은 마치 겨울에 냇물을 건너는 듯하고
망설이는 모습은 마치 사방의 적을 두려워하는 것 같고
의젓하기는 마치 손님처럼 처신하고
풀어지기는 마치 얼음이 녹는 것 같으며
돈후함은 마치 통나무와 같고
넓기는 골짜기와 같으며
혼연함은 흐르는 흙탕물 같네,

누가 능히 탁한 것을 고요히 하여 서서히 맑게 하겠으며
누가 능히 안정된 속에 이를 움직여 서서히 살아나게 할 수 있겠는가?

이 도를 보존하는 사람은 채우는 것을 바라지 않고
오직 채우지 않으니 낡은 것을 부수나 새로 이루지는 않는다네.

古之善爲士者, 微妙玄通, 深不可識, 夫唯不可識, 故强
爲之容.

여기서 '사士'란 도를 수련하고 덕을 닦은 사람을 말하고 '미묘微妙'라
함은 은연隱然함으로 잘 나타나지 않는다는 것이며, '현통玄通'이란 천지
만물의 도리를 꿰뚫어 막힘이 없다는 뜻이다. 도를 지닌 사람은 숨어서
은연중에 수련하며 밖으로 드러내지 않으니 맑고 고요하고 담담하므로
깊이를 알 수가 없다고 한다. 알 수 없기 때문에 억지로 그 모습을 그려내
보자면 다음과 같이 설명해 보았다.

豫兮若冬涉川, 猶兮若畏四鄰, 儼若客, 渙若冰將釋, 敦
兮其若樸, 曠兮其若谷, 渾兮其若濁

'예豫'란 걱정한다는 뜻으로 도를 지닌 사람은 일을 벌일 때 계속해서
신중을 다하여 겸손과 공경한 마음으로 사물을 대하니 마치 머뭇거림이
겨울에 얼음을 밟고 강을 건너는 것과 같고, 도를 지닌 사람은 나아가고
물러남에 마치 구속받거나 제지당하는 것처럼 남을 의식하고 죄를 지은
사람이 이웃이 알아볼까 두려워하는 것과 같고, 도를 지닌 사람은 마치
손님이 주인을 어려워하는 것처럼 엄숙하고 진지하며 언제나 우호적인
것이 흡사 손님과 주인이 서로 공경하는 것과 같이 하고,

'환渙'은 풀어 흩어짐을 말하며 '석釋'은 소멸하여 없어짐을 뜻한다. 도
를 지닌 사람은 욕심에 물들지 않고 마음속에 자취를 남기지 않아 그 마
음이 햇빛을 만난 얼음 같아 녹아서 어떠한 흔적도 남기지 않는 것처럼
텅 비어냄 같고,

'돈敦'이란 질박하고 두툼함을 박樸은 형체를 아직 다듬지 아니한 것
을 의미한다. 도를 지닌 사람은 안으로 정과 신을 지키고 밖으로는 꾸며

넘이 없는 것이 다듬어지지 않은 나무 등걸같이 소박하고 온전하다는 것과 같다는 것이고,

'광광廣曠'은 관대함을 곡谷은 텅 빔을 의미한다. 도를 지닌 사람은 덕의 공로와 명예를 소유하지 않으면서도 가슴속이 탁 트여 귀천의 분별이나 상하의 구분이 없는 것이 빈 골짜기 같아 포용하지 않는 것이 없는 것 같고

'혼渾'은 참된 본성을 지키는 것이고 '탁濁'은 밝게 드러내지 아니함을 의미한다. 도를 지닌 사람은 백성이 즐거워하면 같이 즐거워하면서 백성과 더불어 하나로 화합하면서 스스로 존귀해지려 하지 않는다.

孰能濁以靜之徐淸, 孰能安以久動之徐生,

'숙孰'은 누구라는 의문 조사이다. 도를 지닌 사람은 몸은 비록 속세에 있어도 그 성품이 그 환경에 순응하는 것이 자연스러워져서 속세에 물들거나 집착하지 않으며 흔적을 남기지 않으니 흡사 혼탁한 것 같으나 고요히 하여 서서히 또 저절로 맑아지게 할 수 있겠느냐고 묻고 있다

도를 지닌 사람의 몸은 항상 자연에 순응하므로 그 몸이 자연히 편안하다. 편안하면 안정되고 안정되면 정신이 맑아지고 정신이 맑아지면 성품이 고요해져서 몸에 진기가 발생하니 이렇게 되면 불로장생할 수 있는 것이다.

保此道者不欲盈, 夫唯不盈, 故能敝不新成.

'불욕영不欲盈'이란 빈 마음으로 스스로 근신하고 자신을 감추고 드러내지 않는다는 뜻이다. '폐敝'란 밝게 빛나는 덕을 숨기는 것이며 '신성新成'이란 세속에서 공명을 성취하거나 부귀영화를 누린다는 뜻이다.

도를 지닌 사람이 스스로 근신하고 자신을 낮추고 드러내지 않으면 청

정하고 평이한 경지에 이르게 된다. 그러므로 마땅히 덕을 숨기는 것이며 세속의 공명을 취하지 않는 것이 된다.

현덕顯德(덕을 드러냄)

도가 있어서 움직이지 않고 도가 있어서 행하지 않고 도가 있어서 말하지 않고 도가 있어서 눈이 아니고 도가 있어서 귀가 아니고 도가 있어서 마음이 아니고 도가 있어서 뜻이 아니고 도가 있어서 숨이 아니고 도가 있어서 아는 것이 아는 것이 아니다. 그러므로 아는 것 안에서 아는 것을 찾고 쉼 안에서 쉼을 찾고 뜻 안에서 뜻을 찾고 마음 안에서 마음을 찾고 귀 안에서 귀를 찾고 눈 안에서 눈을 찾고 말속에서 말을 찾고 행行함으로써 행을 찾고 움직임 안에서 움직임을 찾는 것과 같이 모든 것이 진실하다면 복잡한 생각은 텅 빌 수 있다.

현성賢聖의 권위와 그 권위의 선입견을 버리면 백성은 더 큰 혜택을 얻을 수 있을 것이다. 인의仁義 등 도덕률이 사라지면 백성은 효도의 본성을 회복할 것이고, 기교와 이익만을 위한 도움의 유인誘引을 포기한다면 도적은 저절로 사라질 것이다. 그러나 이 세 가지 조치는 지표로 삼기에는 미흡하므로, 종속적인 조치이기보다는 기본적인 총체적 원칙으로 삼아야 함이 옳다고 생각한다. 순수함을 표현하고, 본원本源을 지킨다면, 사사로운 마음과 잡된 욕심을 덜어줄 것이다.

이 장에서는 세상에서 떠받드는 모든 인위적인 겉꾸밈을 버리고 때 묻지 않는 본래 상태의 순수함으로 돌아갈 것에 대해 말하고 있다.

이 장의 제목인 '덕을 드러냄은 드러내지 않음으로써 오히려 크게 드러나게 된다'는 일종의 역설적 의미를 담고 있다

豫涉川兮猶畏鄰 냇가를 건너는 것같이 이웃이 두려워라.
此中微妙且同塵 미묘한 가운데 또 세속과 함께하네.
玄通未許凡人識 현통은 아직인데 속인은 알고 있으니
誰向亨衢問要津 누군가 형구에게 요진을 묻는구나.

★ 要津 : 권력이 있는 중요한 지위. 또는 그 지위에 있는 사람

致虛極章 第十六
歸根(뿌리로 돌아감)

致虛極, 치허극,

守靜篤, 수정독,

萬物幷作, 만물병작,

吾以觀其複. 오이관기복.

夫物芸芸, 부물운운,

各複歸其根, 각복귀기근,

歸根曰靜, 귀근왈정,

靜曰複命, 정왈복명,

複命曰常, 복명왈상,

知常曰明, 지상왈명,

不知常, 妄作凶. 부지상, 망작흉.

知常容, 지상용,

容乃公, 용내공,

公乃王, 공내왕,

王乃天, 왕내천,

天乃道, 천내도,

道乃久, 도내구,

沒身不殆. 몰신불태.

164

허무가 극에 이르게 하여
고요함을 지키는 것이 두터우면
만물이 더불어 무성하게 생겨났다가
나는 각자 돌아감을 본다.

만물은 무성하지만
각자 그 뿌리로 돌아간다.
뿌리로 돌아가는 것을 정이라 하고
이를 일러 명命으로 돌아간다고 하네.
명으로 돌아가는 것을 상常이라 하고
상을 아는 것을 명明이라고 하는데
상을 알지 못하고 함부로 움직이면 흉하게 된다.

도가 늘 행하는 것을 알면 포용적이 되고
포용적이 되면 공정해지며
공정해지면 왕이 되고
왕이 되면 하늘과 통하며
하늘과 통하면 도와 하나가 되고
도와 하나가 되면 오래 살 수 있으며
죽을 때까지 위태롭지 않다.

致虛極, 守靜篤, 萬物幷作, 吾以觀其複.

'치허극致虛極'에서 허극虛極이란 혼원混元의 무극대도를 말하며 바로 천지만물의 정점이다. 그러한 지극한 허虛에 이른 것을 말한 것이다.

'수정독守靜篤'에서 독篤이란 크고 넉넉하여 움직이거나 바뀌지 않는다는 뜻이다. 맑고 고요함을 지켜서 도탑고 후덕한 마음과 몸을 유지하라는 것이다.

'만물병작萬物幷作'에서 작作은 생겨남을 의미하니 온갖 사물이 어울려 생겨나서 서로 치열하게 다투는 것은 그 근본을 잊고 끝만을 쫓아가는 것 같으니 근본으로 돌아가자는 것이다.

'오이관기복吾以觀其複'에서 나는 만물이 모두 그 근본으로 되돌아가지 아니함이 없다는 것을 철저하게 관찰하였으니 마땅히 사람도 그 근본을 중요하게 생각해야 한다는 것이다.

夫物芸芸, 各複歸其根.

'부물운운夫物芸芸'에서 운운芸芸은 꽃과 잎이 무성하게 자라남을 의미하니. 사람으로 말하면 각종 희노애락喜怒哀樂이 무성한 꽃과 잎이라면, '각복귀기근各複歸其根'한다(다시 뿌리로 돌아간다)고 했으니 사람으로 말하면 희노애락을 갖게 하는 감정感情이 그 뿌리가 될 것이다.

온갖 감정들이 본원인 뿌리로 돌아와 고요함을 유지하고 또 지켜야 다시 새순을 돋아내어 생을 얻을 수 있음을 말하고 있다.

歸根曰靜, 靜曰複命, 複命曰常, 知常曰明, 不知常, 妄作凶.

'귀근왈정歸根曰靜'에서 고요함은 뿌리를 말함이니 뿌리는 낮은 아래쪽에 있기 때문에 편안하고 겸손하여 나서지 않고 죽지 않아서 다시 탄생할 수 있으며, 그래서 '정왈복명靜曰複命'이라고 하는 것이다. 다시 복명은 상常이라고 한 것은 명命을 회복하여 죽지 않게 되는 것은 곧 도道가 영원히 운행하는 것과 같으며, '지상왈명知常曰明'이라고 한 것은 도가 영원히 운행됨을 알 수 있게 되면 밝게 깨우치게 된다는 것이다. 그러나 도가 영원히 운행됨을 알지 못하면 마음이 망령되어 교묘히 거짓됨을 일으키니 고요함을 잃고 신명神明을 밝히지 못하게 되어 흉하게 된다는 것을 말하고 있다.

知常容, 容乃公, 公乃王, 王乃天, 天乃道, 道乃久, 沒身不殆.

무릇 천지의 도道는 해와 달로 그 형상을 나타내고 해와 달의 도는 음과 양으로 그 형상을 나타내며 이 음양의 도는 또한 소장消長으로 형상을 나타낸다. 사람의 도는 본성本性이라고 할 수 있는데 사라지거나 부서지지 않는 영원한 존재이다. 그러므로 상常이라고 하는데 몸에서 발현되는 7정6욕七情六欲을 제거하고 포용하기로는 어느 것 하나 사양하지 않으니 지상용知常容이라 한다. 영원히 존재하는 본성本性은 고요하여 천지만물을 한 몸같이 보므로 구별이나 구분 없이 공평하므로 용내공容乃公이라 하고 공평하고 바르게 되면 사사로움이 없게 되어 천하를 다스리는 왕이 될 수 있어 공내왕公乃王이라 했다. 왕이 될 수 있으면 그 덕德과 신명을 밝힐 수 있어 하늘과 통할 수 있으니 왕내천王乃天이라 했고 그 덕德이 하늘과 통하게 되면 곧 도道와 같아지므로 천내도天乃道라 했으며 도와 화합하고 같아지면 장구할 수 있어 도내구道乃久가 되었음이다. 이상의 여섯 가지를 이루고 갖추게 되면 도와 덕이 넓고 심원해져 재앙이나 허물이 없게 되니 천지와 더불어 없어진다 해도 위태롭지 않을 것이다.

귀근歸根(뿌리로 돌아감)

내단內丹 ⑴

도교의 내단內丹술은 도가의 기공 중에서 인체를 절묘한 방법으로 수련을 통하여 내단內丹을 형성하여 결단結丹 결태結胎를 이루는 수련과정을 이르는 말이다. 이 수련을 완성하면 금강불괴金剛不壞의 몸이 만들어져 연년익수延年益壽 할 수 있으며 인체의 잠재능력도 개발되면서 천인합일天人合一의 경계에 이르러서 성선成仙과 불로장생에 도달하는 것이 최종 목표이다. 이 연단煉丹술은 인체에 단을 만들기 위한 노로爐를 몸 안에 설치하여야 가능하며 이 내단內丹과는 달리 외단술外丹術은 솥에다 약물을 가지고 연단煉丹하는 것을 말한다.

내단을 단련하는 공법의 뿌리는 음양의 변화를 가져오는 것이다. 오행의 생생과 극剋, 천인합일天人合一, 천인상응天人相應 등으로 단을 이루는 논리이다. 이런 것을 관철하기 위해서는 외기를 들여 마시고 내기를 기르고 음양을 조화롭게 하고 경락을 타통打通하고 병행해서 연정화기煉精化氣, 연기화신煉氣化神, 연신환허煉神還虛를 수련을 통해 7금金8석錫의 약물을 제련하여야 한다.

인체의 삼보三寶인 정·기·신精氣神의 약물 중에서 정精은 생명의 물질을 정화精華하고 정액精液 등 내분비물의 질을 원래 상태대로 유지시키는 역할을 한다. 기氣도 선천원기와 후천호흡지기 모두 질량과 에너지를 함유하고 있어 정精과 기氣 공히 생명력을 회복시켜 준다. 신神도 생명력의 의식계통意識系統이다. 기본적 원리로 연정화기煉精化氣, 연기화신煉氣化神, 연신환허煉神還虛의 과정을 거쳐 최후에 체내에서 내단을 결성하여 장생불사의 약이 되게하는데 이것을 소위 내단술內丹術이라고 하는 것이다.

芸芸物物各歸根 만물은 각기 근원으로 돌아가는데.
若也知常地自溫 평소에도 땅은 스스로 따뜻해진다네.
昨夜溪頭春水漲 어젯밤 냇물머리에 봄물이 불었는데
潮來不見水流痕 조수가 오면 물살의 흔적도 보이지 않네.

太上下知章 第十七

淳風(순박한 세상)

太上, 下知有之, 태상, 하지유지,

其次親之, 譽之, 기차친지, 예지,

其次畏之, 기차외지,

其次侮之. 기차모지.

信不足, 신불족.

焉有不信, 언유불신.

猶兮其貴言, 유혜기귀언,

功成事遂, 공성사수,

百姓皆謂我自然. 백성개위아자연.

가장 좋은 지도자는 아랫사람들이 있다는 것을 알게만 하고
그 다음은 좋아하여 칭송하는 사람이고
그 다음은 두려워하는 사람이며
그 다음이 업신여겨 깔보는 사람이다.

믿음이 부족하면
반드시 불신이 있게 되나니

신중하구나, 말의 귀함이여,
공이 이루어지고 일이 완수되면
백성들이 말하기를 '내가 절로 그리되었다'고 하게 하라.

太上, 下知有之, 其次親之, 譽之, 其次畏之, 其次侮之.

'태상太上'이란 아주 먼 옛날 상고上古시대에 이름도 모르는 임금을 말함이고, '하下'란 임금 밑에 있는 신하나 서민의 백성을 가리킨다. 태상은 아래의 백성들이 그가 존재하고 있는 정도만 알았다는 것은 백성으로서 위에 임금이 있다는 것은 알았지만 신하로서 섬기지는 않았을 정도로 그 바탕이 소박하였다는 것을 말한다.

그 다음으로는 중고中古시대로 내려오므로 자연의 덕이 점점 깨어지면서 상실하게 되니 온후하고 순박한 풍속이 사라져 가면서 빈부의 차이와 귀천의 사이가 생기게 되는 풍습이 이루어졌다.

그 다음으로는 영구불변하리라는 자연의 덕은 점점 더 사라지고 인심은 메말라 갔다. 권력을 가진 사람은 그 권력만을 믿고 부도덕하고 위세를 떨치고 그 지위를 악용하다보니 아래에 있는 사람은 마음이 비뚤어지고 흉폭하고 사악해지니 형벌과 법을 제정하여 다스렸기 때문에 백성들은 임금을 두려워하였고, 그 다음으로는 다스림에 금지하는 것이 많아지고 법령이 번거로워지니 백성들은 임금을 속이기까지 하므로 이것은 임금에 대한 두려움을 넘어서 업신여기기까지 하였다.

信不足, 焉有不信.

임금은 형법을 공표하여 위엄으로 금지시키고 백성들은 두려움 때문에 업신여기는 오만한 마음으로 이에 대응하니 믿음은 사라졌다. 위에서는 진실한 자연의 덕을 놓치다보니 믿음까지 잃어버렸고 아래로 서민들은 윗사람들을 업신여기며 따르지 않게 되어 위와 아래가 서로 불신만 생겼다.

猶兮其貴言, 功成事遂, 百姓皆謂我自然.

'유혜기귀언猶兮其貴言'은 가장 훌륭한 상고시대의 임금이 일을 행함에 있어 말을 아끼고 신중하게 함은 도에서 멀어져 자연스러움을 잃어버리는 것을 두려워하기 때문임을 설명한 말이다. 천하 세상이 태평성대를 이루고 살아가려면 백성들은 가장 훌륭한 임금의 덕이 순박하고 두터워도 그러한지를 알지 못하고 도리어 자기들 스스로가 마땅히 그렇게 저절로 이룬 것이라고 생각하는 것이다.

순풍淳風(순박한 세상)

내단內丹 (2)

단丹을 이루기 위해서는 최소한 7가지의 약藥이 있어야 한다. 체내 음양陰陽의 기氣를 합하여 하나로 모았고, 체내 천지天地의 기氣를 운행하여 하나로 모았고 다섯 가지 기운氣運 즉 목木, 화火, 토土, 금金, 수水의 오행五行의 기운氣運을 한 곳에 모았다.

크게는 일곱 가지 기운이 하전에 모여 있는데 일곱 가지 숫자數字가 차게 되면 단丹을 만드는 수數가 채워진다. 이후 하전에 모아서 가열加熱하는 과정을 거친다.

가열加熱한 후에는 그 결과물을 하전에 오래 두지 않는다. 내 몸이 필요로 할 때 몸으로 확산시키는 과정이 있다. 예로부터 전하는 연단술煉丹術에 따르면 하전에 생성되는 물질이 꼭 단단해야 하는 것은 아니라고 한다.

일단 정기精氣가 합하여 하나로 되고, 하나로 된 후에는 몸 전체의 필요에 따라 확산을 시킨다. 이 때 몸에 보충되는 물질은 음식이나 호흡을 통해서 얻을 수 있는 부분이 아니다. 신神과 기氣와 의意를 사용하여 한 곳으로 집결시키고 몸으로 확산시키는 과정이다. 가열하는 과정을 설명한다.

몸을 로爐로 보고 하전을 정鼎으로 본다. 그 속에 음양陰陽의 기氣, 천지天地의 기氣, 오행五行의 기氣가 들어 있어서 약藥으로 된다. 단丹을 만드는 과정에 강행적인 가열加熱과정이 있다.

몇 가지 노선이 있다. 하나는 흡기하면서 후음後陰을 당기고, 전음前陰도 하전방향으로 당기고, 하복부도 하전 방향으로 당긴다. 좌우신장左右腎臟도 하전 방향으로 당긴다. 예전에는 삼리진화三理眞火로 단丹을 가열한다고 표현하였다. 삼리진화三理眞火는 좌우신장左右腎臟과 방광膀胱을 말한다. 좌우신장도 음과 양으로 나뉜다. 부동한 물질이 가열을 시작한다는 말이 있다. 전음을 하전 방향으로 당길 때 방광을 하전으로 당기는 것이다. 좌우신장과 방광을 동시에 당길 때 원기元氣를 사용하여 당긴다고 하거나 선천先天의 기氣를 사용하여 당긴다고 표현하기도 한다.

上士勤行中士親 상사가 힘써 행함에 중사가 가까이 하는데
只惟下士笑頻頻 유독 하사만 번번이 웃기만 하네.
會知老子懷胎久 때마침 노자는 회태한 지 오래됨을 아는데
始沐金盆髮似銀 비로소 물속의 달이 은발로 보이는구나.

★ 金盆 : 달의 별칭

大道廢章 第十八

俗薄 (풍속이 얄팍해짐)

大道廢有仁義, 대도폐유인의,

智慧出有大僞, 지혜출유대위,

六親不和有孝慈, 육친불화유효자,

國家昏亂有忠臣. 국가혼란유충신.

큰 도가 사라지자 인과 의가 생겨나고
지혜가 생겨나자 큰 거짓이 있게 되었으며
육친이 불화하자 효도와 자애가 생겨났고
국가가 혼란하자 충성스러운 신하가 생겨났다.

大道廢有仁義, 智慧出有大僞,

'대도'가 마음속에 가득하면 비록 '인의仁義'를 행한다 해도 그 행한 것이 나타나지 않고 알지도 못한다. 그러나 도와 덕을 잃어버리거나 멀리하면 인의가 필연적으로 나타나서 도道를 대신하게 된다.

지혜롭지 못한 군주는 덕德을 천시하고 위선을 더 귀중하게 여기고 본질을 멸시하고 거짓으로 치장하다 보니 여기에 따른 보다 큰 위선과 간사한 속임수만 난무하게 된다.

六親不和有孝慈, 國家昏亂有忠臣.

'육친六親'(父, 母, 兄, 弟, 妻, 子)간의 기강이 무너지고 친척관계가 화합하지 못하여 자연의 도를 잃어버리게 되니, 곧 효도와 자애로움이라는 이름이 생기게 된 것이다.

국가가 혼란에 빠져 사사로이 당파에 치우치고 서로 암투를 벌이며 권력을 나눠 갖다 보니 나라에 우환이 생기고 불신만 팽배해지는 것이어서 이것은 나라에 도가 없음으로써 혼란만 야기된다고 보고 비로소 충성스럽고 절개가 곧으며 살신성인하는 천고에 빛나는 충신이 나타나 나라의 기강을 바로 잡는다는 것이다.

속박俗薄(풍속이 얄팍해짐)

내단內丹 (3)
좌우 신장은 선천의 기를 생성하고 비위는 후천의 기를 생성한다는 말이 있다. 비위가 후천의 기를 생성한다는 말은 음식물의 소화, 기화되는 과정과 기가 몸으로 흡수되는 과정을 담당한다는 뜻이다. 좌우 신장의 기는 이와는 달리 혈과 내기로 인하여 생성된다.

예전부터 삼리진화로 정 속의 약을 가열한다고 표현하였다. 후음과 전음 그리고 하복부와 좌우 신장을 동시에 당기는 것을 1회로 하여 한번 시작하면 9회를 반복한다. 초련 시에는 9회를 1조로 해서 3개조를 진행하는데, 전음과 후음 그리고 하복부와 좌우 신장 당기기를 9회를 1개조로 해서 3회 반복한다. 9회를 진행한 후 잠시 멈추고 휴식하고 다시 9회 진행하고 잠시 멈추고 휴식하고 다시 9회 진행하여 3회를 진행한다. 물론 9개조로 진행하는 과정도 있다. 내단하기 위해 가열하는 횟수에 관한 것이다.

이렇게 4, 5회를 진행하게 되면 끌어올릴 내용이 없다는 사실을 본인들이 알게 될 것이다. 처음 시작하여 3, 4회 진행하였을 때 더 이상 끌어올릴 물질이 남아 있지 않음을 느끼면 더 이상 진행하지 말고 공양하는 절차로 들어가야 한다. 그러나 신장과 방광을 하전 쪽으로 끌어당길 때 완벽하게 해내기는 퍽 어렵다. 선천원기가 이미 손실되어 더 이상 진행이 어려운 경우가 많다.

선천원기의 손실은 본인들이 느끼지 못하나 후천의 기 손실은 본인들의 비위에 음식물이 들어가지 않으면 배가 고프고 기력이 떨어지게 된다. 반대로 신광과 방광의 선천원기가 모두 소모된 경우 우리의 몸은 그러한 메시지를 전달받지 못한다. 예전부터 연단 수련을 하는 이유도 이와 같은 선천원기를 보충하려는 것이었다. 훈련을 거치면 몸의 선천원기의 손실과 소모를 느낄 수 있게 된다. 9회를 원만하게 진행하였다면 온몸이 불에 가열한 듯한 느낌을 받게 된다. 사람에 따라 다르지만 9회를 진행하다 보면 몸이 메마른 듯한 느낌, 즉 생각대로 되지 않고 끌어올려지지 않는 느낌이 들 때는 이미 자기의 원기가 손실되었거나 부족함을 의미한다. 금단金丹을 만드는 과정이고 진정한 단丹을 만드는 첫 단계 과정이다.

六親不和慈孝生 육친이 화합하지 못하니 자효가 생기고
顚倒乾坤正令行 건곤이 전도되어 정령이 횡행하네.
今日鳳凰臺上客 오늘 봉황대 위에 온 객은
十年牕下讀書聲 십 년 동안 책 읽는 소리를 들었네.

絶聖棄智章 第十九

還淳(순박함으로 돌아감)

絶聖棄智, 절성기지,

民利百倍, 민리백배,

絶仁棄義, 절인기의,

民複孝慈, 민복효자,

絶巧棄利, 절교기리,

盜賊無有. 도적무유,

此三者以爲文, 차삼자이위문,

不足故令, 有所屬, 부족고령, 유소속,

見素抱樸, 현소포박,

少思寡欲. 소사과욕.

성스러워 함을 끊고, 지혜를 버리면

백성의 이익이 백배가 될 것이고

인을 끊고 의를 버리면

백성이 효성과 자애를 회복하네.

기교를 끊고 이익을 버리면

도적이 사라진다네,

이 세 가지는 말로 해서는 부족하네.

그러므로 자기 몸 둘 곳이 있게 하고

소박한 것만 보게 하며 질박한 것만 갖게 하고

사사로움을 줄이고 하고자 하는 바를 적게 해야 하네.

絶聖棄智, 民利百倍, 絶仁棄義, 民複孝慈, 絶巧棄利,
盜賊無有.

'성聖'이란 덕성이 온전하고 슬기로움이 심원하여 미묘함까지 더해져 언행과 윤리가 부합하는 것을 말하고, '지智'라는 것은 만물의 이치를 환히 깨닫고 꿰뚫어 보는 것을 말한다.

'절성絶聖'이란 말은 성스러워하는 체를 하지 말고 처음과 같이 무심으로 돌아가 본원을 지켜야 한다는 말이다.

'기지棄智'란 지혜로운 척하는 것을 버리고 만사를 인위적으로 하는 일 없이 무위로 돌아가 무심으로 대하라는 것이다. 그렇게만 된다면 무지렁이도 자기들이 하는 일에만 힘쓰고 이웃과 더불어 사사로움이 없이 살기 때문에 백성들의 이익도 백 배나 된다는 것이다.

'절인기의絶仁棄義'에서 어질다고 하는 인仁이나 옳고 화려하다고 하는 의義는 모두 사람이 만들어낸 말로서 다분히 유위有爲의 인위人爲적인 것이다. 그러므로 그것보다는 본원으로 돌아가 몸에 배고 마음에서 우러나오는 무위無爲의 사랑으로 돌아가야 한다는 의미로 말한 것이다.

'민복효자民複孝慈'에서 백성들은 효성과 자애를 회복한다는 것은 백성의 덕성이 그만큼 순박해진다는 것을 말한 것이다.

'절교기리絶巧棄利'에서 기교를 부리는 것을 그만둔다는 것은 거짓되게 속이고 참됨을 어지럽히는 것을 그만둔다는 뜻이다. 잇속 차리는 것을 버린다는 것은 탐욕의 길을 막고 이해관계에 엉키지 않는다는 의미이다.

'도적무유盜賊無有'는 위에서 오로지 기교와 이로움만 높이 여기고 기교를 즐겁게 쓰게 되면 도적이 훔쳐 사용하게 되므로 위에서부터 공평하고 바르게 변화를 일으키면 아래에서도 사악함과 사사로움이 없어질 것이라는 말이다.

此三者以爲文, 不足故令, 有所屬, 見素抱樸, 少思寡欲.

'이 세 가지'(聖智, 仁義, 巧利)는 꾸민 것이거나 겉치레이므로 모두 실용성이 없어서 나라를 다스리거나 백성을 교화하는 데는 부족한 것임을 말하고 있다.

고로 무언가 더 붙여야 할 말이 있으니 '현소포박見素抱樸'에서 소박함을 드러낸다는 것은 마땅히 소박함을 끌어안고 꾸미거나 치장하는 것을 하지 않으며 참됨을 지켜 나가겠다는 것이며 질박함을 끌어안는다는 것은 마땅히 아래 백성들에게 질박함을 보여준다는 것이다.

'소사과욕少思寡欲'에서 개인적인 사사로움을 적게 한다는 것은 공정하여 사사로움을 없게 하고 나만을 위하는 욕심을 줄이고 만족할 줄 알아야 한다는 뜻이다.

환순還淳(순박함으로 돌아감)

기억記憶

이전의 인상이나 경험을 의식 속에 간직되거나 다시 생각해 내는 것을 기억이라고 한다. 이런 기억들은 눈, 코, 귀, 입을 통해서 보고 듣고 얻어지는 내용들이다. 그런데 이런 기억을 2가지로 나눌 수 있는데 머리 뇌 속의 기억과, 몸의 심心 속 기억이 그것이다.

우리가 이, 목, 구, 비를 통해서 보고 들어 얻어지는 기억이 머릿속에 30% 정도 남아 있다면 총명한 사람이라고 한다. 우리가 모태부터 자랄 때까지의 기억, 특히 두 살 이전의 기억은 없다. 그러나 몸의 심心 속의 기억에는 모두 들어 있다고 한다.

머리 뇌腦 속 기억記憶

사물事物이나 사상事象에 대한 정보를 마음속에 받아들이고 뇌에 저장하고 필요할 때 떠오르게 하는 것을 말할 수 있다. 우리가 학문을 배우고 익혀서 머리에 저장하는 지식 등은 모두 이 머리 뇌 속의 기억이다.

몸의 심心 속 기억記憶

말 그대로 몸에 밴 기억을 말한다. 어린아이가 갓 태어났을 때 누가 가르쳐 주지도 않았는데 젖을 물고 빠는 것은 몸의 기억이다. 어렸을 적에 배운 자전거 타기는 수 십 년이 지난 후에도 잊지 않고 다시 탈 수 있는 것도 몸의 기억이다. 우리가 아침에는 일어나고 밤에는 잠을 자는 것도, 무의식적으로 항상 했던 그대로 하는 것들도 다 몸의 기억이다. 이러한 몸의 기억들은 일상생활에 절반 이상을 차지한다고 보아야 한다. 우리가 고요하게 정좌하는 목적 중의 하나도 몸 속의 심心의 기억을 되살리는 데 있다.

도가의 벽곡수련의 또 다른 목적은 내 안의 기억을 모두 되살리는 데 있다. 나의 한두 살 이전 또는 모태 속에 있을 때의 기억은 남아 있지 않다. 하지만 9개월 이상 모태 속에 살았었는데도 머릿속의 기억에는 남아 있지 않지만 내 몸속의 기억에는 남아 있다. 우리 모두도 어렸을 때는 약간의 젖만 먹어도 잘 자랄 수 있었다. 그것은 밥 대신 기氣를 몸으로 받아들이는 식기食氣 과정이 월등히 뛰어났기 때문이다. 이때가 몸의 기억이 머릿속의 기억을 훨씬 초과하였을 때이고 성장해서는 반대로 머릿속 기억이 몸속 기억을 뒤덮고 있는 상황이다. 벽곡수련은 이런 현상을 극복하기 위한 방법으로 억눌리고 있는 몸속 기억을 되살리자는 수련공법이기도 하다.

古今棄智定乾坤 고금에 지혜를 버리고 건곤을 정하니
說破生死骨董門 생사는 골동의 문임을 설파하네.
不是箇中滋味底 옳은 것 가운데 맛 집이 그치지 않아
自戕自賊自炮燔 스스로 죄를 뒤집어쓰고 통구이가 되네.

★ 骨董 : 여러 가지 자질구레한 물건을 한데 섞은 것.

絶學無憂章 第二十

異俗(세상과 다름)

絶學無憂, 절학무우,

唯之與阿, 相去幾何? 유지여아 상거기하?

善之與惡, 相去何若? 선지여악 상거하약?

人之所畏, 不可畏畏, 인지소외 불가외외?

荒兮其未央哉! 황혜기미앙재!

衆人熙熙, 如享太牢如登春臺 중인희희 여향태뢰여등춘대,

我獨泊兮其未兆, 若嬰兒之未孩. 아독박혜기미조, 약영아지미해.

乘乘兮若無所歸, 승승혜약무소귀,

衆人皆有餘, 我獨若遺, 중인개유여, 아독약유,

我愚人之心也, 哉沌沌兮! 아우인지심야 재돈돈혜!

俗人昭昭, 我獨若昏, 속인소소 아독약혼

俗人察察, 我獨悶悶. 속인찰찰 아독민민

澹兮其若海, 담혜기약해,

飂兮若無所止, 료혜약무소지,

衆人皆有以, 我獨頑且鄙, 중인개유이, 아독완차비,

我獨異於人, 而貴求食於母. 아독이어인 이귀구식어모

배우는 것을 그만두면 근심이 없다네.

'예'와 '응' 그 차이는 얼마나 되는가?

선과 악, 그 차이는 얼마나 되는가?

사람들이 두려워하는 것을 두려워하지 않을 수 없으니

황폐하여 그 중심이 없구나!

사람들은 즐거워하기를 잔치를 즐기듯 하고, 봄날 누각에 오르는 듯이 하는데

나 홀로 쓸쓸하여 아무 조짐도 없어 아직 웃지 못하는 갓난아이와 같으니

업신여겨져 마치 돌아갈 곳이 없는 것 같구나.

사람들은 모두 다 여유가 있는데. 나만 홀로 버려진 듯하다.

나는 어리석은 사람의 마음인양 순수하구나.

사람들은 세상일에 밝지만, 나 홀로 어두운 것 같고

세상 사람들은 재빠른데, 나 홀로 흐리멍덩하네.

아득하네, 마치 끝없는 바다처럼.

표현이 날아 움직이네, 멈추지 않고

사람들은 모두 쓸모가 있는데, 나 홀로 완고하여 비천한 사람 같으나

나 홀로 사람들과 다른 것은, 어미(도)의 쓰임을 귀하게 여기기 때문이네.

絕學無憂, 唯之與阿, 相去幾何？ 善之與惡, 相去何
若？ 人之所畏, 不可畏畏, 荒兮其未央哉！

'절학무우絕學無憂'란 진실하지 않는 것이나 도에 맞지도 않는 문장을
배우는 것은 그만두고 뜬구름 같은 허영을 버리면 근심이 없어진다는 것
이다.

'유지여아唯之與阿 상거기하相去幾何'란 공경은 아첨과 얼마나 차이가
나는가? '선지여악善之與惡 상거약하相去何若'란 선한 것과 악한 것의 차
이가 얼마나 많은가? 라고 묻고 있다. 선악미추善惡美醜는 흑백을 가리자
는 시비인데 사람들이 두려워하는 것은 불가불 두려움일 수밖에 없다는
것이다. 이것이야말로 세속 사람들이 잡초가 무성한 것과 같이 황폐하고
혼란스러우니 만물의 중심이 뿌리를 내리지 못했음을 말하고 있다.

衆人熙熙, 如享太牢如登春臺 我獨泊兮其未兆, 若嬰
兒之未孩. 乘乘兮若無所歸, 衆人皆有餘, 我獨若遺,
我愚人之心也,

'희희熙熙'는 화락和樂을 말하고 '태뢰太牢'란 소, 양, 돼지를 말한다. 사
람들은 모두 음식을 준비하여 봄날 높은 누각에 올라가서 노는 것처럼
좋은 음식을 즐기느라 바쁘다. 나는 오히려 아무런 행동도 하지 않고, 혼
돈에 빠져서 마치 아직 자라지 못한 아이처럼, 여러 사람과 함께 놀 수가
없다. 외톨이가 된 나는 다른 사람들보다는 어리석은 사람이어서 모두 여
유가 있었지만 나만 홀로 모든 걸 잃어버린 것 같은 마음이다.

哉沌沌兮! 俗人昭昭, 我獨若昏, 俗人察察, 我獨悶悶.

'돈돈沌沌'은 알 수 없을 정도로, 표현한다. '속인소소俗人昭昭'란 속인

이 분명하다는 것이고 '아독혼혼我獨昏昏'은 나 혼자 어질어질하다는 뜻이다. 잘 알지 못하겠구나! 속인이 분명하여 어지럽기만 하구나 라고 생각하는 자기 비하를 나타내고 있다.

'찰찰察察'은 지나치게 꼼꼼하고 자세하다는 뜻과 재빠르다는 뜻이 있다. '민민悶悶'은 아직 쪼개거나 재단하지 않은 상태를 말한다. '속인찰찰俗人察察'은 속인들은 한마디로 총명하고 빠르게 행동하는데 '아독민민我獨悶悶' 나는 홀로 아무것도 하지 못하고 번민만 한다는 스스로의 자괴감을 나타내고 있다.

> 澹兮其若海, 飂兮若無所止, 衆人皆有以, 我獨頑且鄙,
> 我獨異於人, 而貴求食於母.

'담혜澹兮'는 편안하고 고요함을 말한다. '요혜飂兮'는 높이 부는 바람을 말한다. 사람들은 모두 모든 것을 얻었으나 나는 굳게 그들을 무시하였다. 비천한 것 같기 때문에 냉소적인 사고를 할 수 있다. 나는 그들과 다르게 도를 구하는 것에 치중한다.

'식모食母'는 도道를 좇아서 따르는 것을 말한다. 나 혼자만이라도 현실을 즐기는 사람들과는 달리 도를 좇아 따르는 것을 귀하게 여겨 찾는다고 보아야 할 것이다.

이속異俗(세상과 다름)

이 장에서 노자는 학문을 끊고 희희가 판을 치는 세상과 현재의 자연을 지키는 도자道者의 길을 생생하게 그려냈다. 또한 끝부

195

분에서는 자신이 학문에 얽매이지 않고 대도大道를 숭상하겠다는 선명鮮明한 뜻을 밝히기도 했다.

일정 기간의 사회윤리는 종종 정신적인 양식으로 쓰이지만, 일반화되고 유행하는 생각은 사람들에게 인기를 끄는 큰 빛이 되었다. 이러한 많은 학문은 현재 이루어진 지식으로 사람들에게 길을 알려 주고 백성들이 믿는 바가 있게 한다. 백성은 서로 붙어서 북적대고, 충분한 정신적 양식을 흡수해 여유로워서 '찰찰'로 분주하다.

도를 따른다는 것은 도를 사유하고 따라 행하고 살아가는 것, 즉 무위자연으로 살아가는 것을 말한다.

도를 얻은 성인은 세상 사람들과 다를 수밖에 없다. 세상의 기준에서 볼 때 성인은 마치 부족하고 어리석고 완고한 어눌한 사람처럼 보이기 때문이다. 도를 이루면 자기도 모르게 어눌하고 어리석어 보인다고 한다.

이 장에서 우리는 도의 영향으로 세상 사람들과 달라 보이는 득도자得道者의 면모를 엿볼 수 있기도 하지만 이렇게 다름으로 인해 득도자가 느끼게 되는 짙은 인간적 고독감을 엿볼 수 있다.

察察昭昭我若昏 내가 멍청하다는 것을 잘 알고 있어서
水頭淸處好尋源 수두는 맑은 곳이니 좋은 근원 찾았네.
不知求食於誰母 먹이를 구하는 자 누구 어미인지 몰라서.
便把西江一口呑 서강을 움켜쥐고 한입에 삼켰네.

孔德之容章 第二十一

虛心(마음을 비움)

孔德之容, 惟道是從. 공덕지용, 유도시종.

道之爲物, 惟恍惟惚, 도지위물, 유황유홀.
惚兮恍兮, 其中有象. 홀혜황혜, 기중유상.
惚兮恍兮, 其中有物. 홀혜황혜, 기중유물.
窈兮冥兮, 其中有精, 요혜명혜, 기중유정.
其精甚眞, 其中有信. 기정심진, 기중유신.

自古及今, 其名不去, 자고급금, 기명불거.
以閱衆甫, 이열중보.
吾何以知衆甫之然哉? 오하이지중보지연재?
以此 이차.

큰 덕의 모습은 오직 도를 좇아 나오는 것이니

도가 만들어 내는 만물이여 황하고 홀하구나.
홀하고 황한 가운데 형상이 있고
황하고 홀한 가운데 사물이 있으며
흐릿하고 가물하니 그 가운데 정이 있고
그것의 정精은 심히 진실된 것이며 그 속에는 신神이 있네.

예부터 지금까지 그 이름이 사라진 적이 없으며
이로써 만물의 시원을 부여하였으니
내가 어떻게 만물의 시원이 그러함을 알았겠는가?
바로 이것이네.

孔德之容, 惟道是從.

'공덕孔德'이란 공허하고 무위無爲의 상덕上德을 가리키며 유위有爲의 하덕下德이 아니다. '용容'이란 상덕의 모습을 말한다. 만물이 도를 통해 얻은 것이 바로 덕이다. 큰 덕을 갖춘 사람은 포용하지 않는 것이 없어서 덕을 쓰는 가운데 도의 근본이 나타나고 사물의 변화를 따르는 가운데 덕의 공능이 나타난다. 그러므로 천지만물은 상덕의 공능 가운데 갖추어지고 신神은 온전하고 기氣는 충만한 것 모두 상덕의 공능인 것이다. 대도는 모습이나 이름이 없으나 다만 덕을 따르는 중에 도의 근본 바탕을 구현할 수 있다.

道之爲物, 惟恍惟惚, 惚兮恍兮, 其中有象, 惚兮恍兮, 其中有物 窈兮冥兮, 其中有精, 其精甚眞, 其中有信.

도는 진실로 있어도 있는 것 같지 않고 없어도 없는 것이 아니니 황홀하여 그윽하고, 보거나 들을 수도 없는 정해둔 곳이 없지만 진실한 것이다. 황하고 홀하나 그 가운데 물物이 있고 홀하고 황하니 그 가운데 상象이 있다. 요窈하고 명冥하나 그 가운데 정精이 있다. 그 정은 매우 진실하다. 그 가운데 믿음이 있다.

도는 오직 황하고 홀하여 없는 듯 있는 듯하지만, 그 가운데 하나는 분명해 사물을 낳거나 변화하면서 기를 통해 사물의 바탕을 일으킨다. 그윽하고 아득할 뿐 형체는 없지만 그 가운데에 정기精氣의 실체가 있어서 신명神明과 음양陰陽이 서로 교류하고 모인다. 그 정기는 미묘하고 지극히 꾸밈이 없는 참된 것이어서 그 공로와 이름을 감추지만 그 가운데에는 도의 정보가 있다는 것이다.

自古及今, 其名不去, 以閱衆甫, 吾何以知衆甫之然哉?
以此.

예부터 지금까지 도는 항상 존재하며 사라진 적이 없다.

열閱은 부여한다는 뜻이고 보甫란 처음 일어난 것 즉 시원始原을 의미한다. 도가 부여하여 만물이 처음 생겨날 때 도로부터 기를 부여 받았음을 말한다.

'내가 어떻게 만물이 도로부터 기를 받았음을 알았겠습니까?' 하고 묻는 말에 대답하기를 '바로 이에 의해서입니다.'라고 했다. 지금까지 만물은 모두 도의 정과 기를 받아 생겨났고 변화하면서 살아가니 도가 아니면 그러하지 못했을 것이라고 말한 것이다.

허심虛心(마음을 비움)

이 장의 첫 부분은 덕德으로 시작된다. 그리고 도와 덕의 관계는 분리할 수 없다는 것을 설명했다. 도는 형상이 없지만 덕이 작용하는 가운데 만물이 영향을 받고 변화를 일으키고 온갖 조화를 이루어 내기 때문일 것이다.

道라는 것은 무형무질이다. 그렇지만 또 유형유질의 사이를 관통하고 있다. 천天, 지地, 인人의 만사 만물에서 도가 거느리지 않는 것이 없다. 그러니 도를 따르면 우주 만물이 변화하는 흔적을 따를 수 있다. 그것을 관찰하는 방법은 사물에는 모두 형상이 있으니 사물은 양이고 형상은 음이어서 서로 상반된다, 사물 속에는 정精이 있고 그 정 속에 신神이 들어 있다. 우주 만물의 변화를 관찰하는 방법은 첫 째로 신을 얻어내고 둘째로 형상을 얻어내는 것이다.

사물 속에 들어 있는 정과 그 속에 들어 있는 신을 직접 보아내는 것은 상승上乘의 방법이고, 형상을 통해 사물의 음과 양을 관찰하는 것은 중승中乘의 방법이다. 그리고 일반 사람들의 경험으로 사물의 변화를 관찰하는 것은 하승下乘의 방법이다.

다음으로 황홀을 말하였다. 이 황홀에 대해서는 이전 14장에서 수련과정에서 발생되는 황홀에 대해 구체적으로 설명했으나 이 황홀이라는 것은 실체가 있다기보다는 무위無爲의 상태에서만 맛볼 수 있는 묘한 작용일 수밖에 없다. 그래서 있는 듯 없는 듯하다고 표현했다. 그리고 이 장에서도 이 황홀을 중보衆甫 즉 시원始原으로 해석을 한 것도 도道가 부여한 덕德의 시원始原으로 보았기 때문일 것이다.

다음으로 대도의 움직임이 변화하는 작용이 멈추지 않아서, 예부터 지금까지 정精과 기氣는 영구히 존재하기 때문에 지금도 한량없는 사물의 기원을 모두 살펴볼 수 있다는 것을 설명했다.

眼前衆甫卽區中 눈앞의 시원은 홀과 황이니
杳杳冥冥內外通 묘묘명명하여 안과 밖으로 통하네.
明了地天交泰卦 지천태괘가 사귀는 것이 명료하니
區中進步作仙翁 홀황이 나아가서 신선을 지었네.

★ 지천태괘 : 64괘에서 하늘과 땅이 최상의 조화를 이루는 것을 말함

曲則全章 第二十二

益謙(겸손함을 더함)

曲則全, 곡즉전,

枉則直, 왕즉직,

窪則盈, 와즉영,

敝則新, 폐즉신,

少則得, 소즉득,

多則惑, 다즉혹.

是以聖人抱一爲天下式. 시이성인포일위천하식.

不自見故明, 부자현고명.

不自是故彰, 부자시고창.

不自伐. 故有功. 부자벌. 고유공.

不自矜故長 부자긍고장.

夫唯不爭, 故天下莫能與之爭. 부유부쟁, 고천하막능여지쟁.

古之所謂曲則全者. 豈虛言哉? 고지소위곡즉전자, 기허언재?

古誠全而歸之. 고성전이귀지.

굽으면 온전하고

구부리면 펴지고

패이면 차고

낡아지면 새로워질 수 있고

적어야 얻을 수 있고

많으면 현혹될 뿐이네.

그러므로 성인은 하나를 껴안아 천하의 법도로 삼네.

스스로 내보이지 않으므로 분명하게 보이고

스스로 옳다 하지 않으므로 밝혀지고

스스로 공을 자랑하지 않으므로 공이 있게 되고

스스로 자랑하지 않으므로 오래도록 유지되네.

대저 오로지 다투지 않으므로 온 천하가 이런 사람과는 다툴 수 없다.

옛날의 이른바 굽혀야 온전하다는 것이 어찌 헛된 말이겠는가?

온전하게 돌아감에 정성을 쏟을 일이네.

曲則全, 枉則直, 窪則盈, 敝則新, 少則得, 多則惑, 是以聖人抱一爲天下式,

'곡曲'과 '왕枉'은 억울하지만 굽힌다는 뜻을 가지고 있다. 자기를 약하게 하여 사람을 끌어들이고 분노를 속으로 참고 왜곡된 것을 부드럽게 하면 자연히 주위로부터 자기 몸을 보존할 수 있다. 이것이 바로 '굽으면 온전하고,' '곧아도 교만하지 않으며,' '치욕을 당해도 원망하지 않는다'는 것으로 억울함을 가슴에 묻고 굴욕을 받아들이면 자연히 뜻을 펼칠 날이 있게 된다는 것이다.

'와즉영窪則盈'은 자신을 낮추고 상대를 높이 보면 주위의 모든 사람들이 자기에게 돌아와 따르게 되니 이것을 '패이면 가득 찬다'라고 하는 것이다.

'폐즉신敝則新'은 스스로 낡음과 얇음을 받아들여 자신을 뒤로하고 다른 사람을 앞세우면 천하 사람들이 공경하여 오래도록 저절로 새롭게 되는 것이다.

'소즉득少則得'은 스스로 남에게 받을 것을 적게 취하면 결국에는 얻게 되니 하늘의 도는 겸손한 자를 돕는다는 것이다.

'다즉혹多則惑'은 재산이 많은 자는 지키는 것에 미혹당하고 배움이 많은 사람은 너무 많이 들은 것에 미혹당한다는 것이다.

'시이성인포일위천하식是以聖人抱一爲天下式'에서 포抱는 지킨다는 뜻이고 식式은 본받는다는 의미이다. 성인은 오직 도를 지키고 행하는 사람으로서 만사를 알기 때문에 하나만을 껴안아 지키므로 천하의 본보기가 될 수 있는 것이다.

不自見故明. 不自是故彰. 不自伐, 故有功. 不自矜. 故長.

'부자현고명不自見故明'에서 밝음을 간직하고 있으면서 스스로 옳다고 하지 않는 사람이 진정으로 사리가 분명한 사람이다. 자기 견해를 고집하지 않는다면 그 이치가 밝아진다. '부자시고창不自是故彰'에서 성인은 자기만 옳고 다른 사람은 그르다고 하지 않기 때문에 세상에 뚜렷하게 드러나는 것이고, '부자벌고유공不自伐故有功'에서는 벌伐은 취한다는 뜻인데 성인은 덕으로 교화하면서도 스스로 칭찬을 바라지 않기 때문에 천하 사람들에게 공로를 인정받게 된다는 것이며, '부자긍고장不自矜故長'에서 긍矜은 위대하다는 의미를 갖고 있는데 성인은 스스로를 귀하거나 위대하다고 여기지 않기 때문에 오래 살 수 있고 위태롭지 않다는 것을 말하고 있다.

夫唯不爭, 故天下莫能與之爭, 古之所謂曲則全者. 豈虛言哉? 古誠全而歸之.

'부유부쟁 고천하막능여지쟁夫唯不爭 故天下莫能與之爭'이란 말은 천하의 잘난 현자나 못난 사람이라도 다투려 하지 않는 사람과는 다툴 수가 없음을 말한 것이고, '고지소위곡즉전자 기허언재古之所謂曲則全者 豈虛言哉?'는 옛날부터 전해 오는 말에 따르면 '자신을 굽히고 많은 사람을 따르면 자신을 온전하게 유지할 수 있다'고 하였으니 이 말은 허언虛言이 아닙니까? 하고 묻고 있다. '고성전이귀지古誠全而歸之'에서 자신을 굽히고 다른 사람들을 따라 행할 수 있는 사람은 자신의 몸을 온전히 하여, 진리를 지키며 올바른 도를 행하는 것이 중요하며 지금은 참고 굽히지만 장차 두루 펼칠 수 있는 자기 몸을 갖추어 나아가야 한다는 것이다.

익겸益謙(겸손함을 더함)

수중포일守中抱一

이 장에서 각 구절의 앞에 제시되는 곡曲, 왕枉, 와窪, 폐敝, 소少 등은 '낮춤'과 '겸손함'의 자세이고 부자현不自見, 부자시不自是, 부자긍不自矜 등의 태도와 서로 통하게 된다. 궁극적으로 자기 몸을 온전히 보존하는 양생의 길로 연결시키고 있다.

'포일抱一', 이 말은 곧 '하나를 안아라'라고 한 말인데 '둘 다 채워지지 않는다'라는 말이기도 하다. 있지도 없지도 않고, 길지도 짧지도 않고, 높지도 낮지도 않고, 앞도 아니고 뒤도 아님 등이 모두가 둘 같지만 둘이 아니고 그 중심의 '하나'를 안으라는 일체의 뜻이다. 이렇게 '둘 다 채워지지 않는다'고 하지만 '둘 다 잘 될 수 있다'고 말하는 이런 방식은 노자의 '둘 다 없어지지 않는다'는 무위無爲 무불위無不爲의 표현방식이라고 본다. 그래서 '하나를 안는다'는 것은 수도修道하는 또 하나의 지름길이기도 하다.

경전에서 말하기를 "하늘이 하나(一)를 얻어 맑아지고 땅이 하나(一)를 얻어 평온하며 사람이 하나(一)를 얻어 성인이 된다." 하였다.

유가儒家에서는 오직 정미로운 것은 단 하나다(유정유일唯精唯一) 하였고, 불가佛家에서는 모든 법이 하나로 돌아간다(만법귀일萬法歸一) 하였으며, 도가道家에서는 원시의 중中을 품고 하나를 지킨다(수중포일守中抱一) 하였다.

208

枉則直兮窪則盈 구부려야 펼 수 있으며 비어 있어야 채워지는데
不矜不伐乃功成 자만하지 않고 벌을 주지 않는 것이 공을 이룸이네.
昨宵夢裏聞雷雨 간밤 꿈속에 뇌성과 함께 비 오는 소리 들리는데
今日江頭春水生 오늘 강은 맑게 개니 봄은 물에서 생긴다네.

希言自然章 第二十三

虚無(빔)

希言自然, 희언자연,

飄風不終朝, 驟雨不終日, 표풍부종조, 취우부종일.

孰爲此者天地. 숙위차자천지.

天地尙不能久, 천지상불능구,

而況於人乎? 이황어인호?

故從事於道者, 고종사어도자.

道者同於道, 도자동어도.

德者同於德, 덕자동어덕.

失者同於失, 실자동어실.

同於道者, 道亦樂得之, 동어도자, 도역락득지.

同於德者, 德亦樂得之, 동어덕자, 덕역락득지.

同於失者, 失亦樂得之, 동어실자, 실역락득지.

信不足焉, 有不信焉, 신부족언, 유불신언.

말을 아끼는 것이 자연의 도라네.

돌풍도 아침 내내 불 수 없고 폭우도 하루 종일 내릴 수 없다네.

누가 이렇게 할까요? 천지라네.

이렇게 하늘과 땅도 이처럼 오래가게 할 수 없는데

하물며 사람에게도 그럴 수 있겠는가?

그러므로 도를 섬겨 받드는 사람은

도를 지닌 사람에게 도로써 어울리고

덕이 있는 사람과는 덕으로써 어울리고

도와 덕을 잃은 사람에게는 그것을 잃음으로써 어울리네.

도와 같아지면 도가 있는 자도 또한 이를 얻어서 즐거워하고

덕과 같아지면 덕이 있는 자도 또한 이를 얻어서 즐거워하고

실과 같아지면 실도 또한 이를 얻어서 즐거워하니

믿음이 부족하면 신뢰받지 못하는 것이네.

希言自然, 飄風不終朝, 驟雨不終日, 孰爲此者? 天地 .

'희언希言'은 말을 아낀다는 뜻이므로 모든 것을 순리에 따라서 도모한다면 말이 없어도 잘 응해주고 부르지 않아도 자연히 오며 느슨해도 잘 도모한다는 것이며, 이것은 '말이 없음은 자연이다'라고 하는 것이다.

'표풍飄風'은 돌풍을 뜻하고, '취우驟雨'는 폭우를 의미하는 것이니 표풍이나 취우는 오래갈 수 없는 것이 자연의 순리라는 것을 말해 주고 있다. 천지의 조화는 균형이 있어서 음양이 고르게 되어 하늘의 날씨마저도 사물이 살아가기 알맞게 조절된다는 것이다. 마찬가지로 사람도 사사로운 욕심이나 경거망동하여 잘못되게 되면 이것은 길게 갈 수 없으므로 이는 돌풍이나 폭우와 다를 것이 없다고 말한 것이다. '숙위차자孰爲此者?'는 숙孰은 누구라는 뜻이니 누가 이 돌풍과 폭우를 있게 했습니까? 하고 물어 보고는 이것은 하늘과 땅이 하는 일이다. 즉 하늘과 땅을 낳고 길러낸 '도道'의 역할이라고 답한 것이다.

天地尙不能久, 而況於人乎?

하늘과 땅조차도 돌풍과 폭우 같은 나쁜 것은 오래가지 못하게 하는데 어떻게 만물의 영장인 사람에게 도리에 어긋나는 나쁜 일들을 오래할 수 있도록 하겠느냐? 하고 반문하고 있다.

故從事於道者, 道者同於,道 德者同於德, 失者同於失.

사람의 본성은 하나에 통해 있으나 취향이 제각각이므로 도를 따르는 사람도 있고 덕을 따르는 사람도 있고 나아가서 도나 덕을 잃어버리는 것을 따르는 사람도 있을 것이다. 도와 함께한다는 것은 도와 더불어 같아진다는 것이고, 덕과 함께한다는 것은 덕과 함께 같아진다는 것이고, 잃어버림을 함께한다는 것은 잃어버림과 같아진다는 것이다.

> 同於道者, 道亦樂得之, 同於德者, 德亦樂得之, 同於失
> 者, 失亦樂得之, 信不足焉, 有不信焉,

도道는 허무하고 청정하여 머무르지 않는 곳이 없으니 도를 얻고 따르는 사람은 도가 그에게 즐거움으로 응하고, 덕德은 사람들의 마음 쓰임이나 일을 행하는데 덕을 베푸는 사람은 덕 역시 그에게 즐거움에 응한다는 것이고, 만약 도와 덕을 잃어버리면 그에게 잃어버림으로써 즐거움에 응한다는 것이다.

'신부족언 유불신언信不足焉 有不信焉'은 만약 임금의 믿음이 백성들에게 부족하면 백성도 임금에게 불신으로 대하니 이는 같은 기류는 서로 따른다는 것을 말하고 있다. 이러한 표현을 '구름은 용을 따르고 바람은 호랑이를 따르며 물은 습한 곳으로 흐르고 불길은 마른 곳으로 나아가는 것이 대자연의 이치이다'라고 하며, 주역의 건괘乾卦 문언전文言傳에 나오는 말이다.

허무虛無(빔)

이 장에서는 행위 방식에 따라 선택의 차이가 있다. 지도자급의 통치자는 규정을 적게 발동하여 자연에 맡기고, 말이 많아서 상호 대립하는 것은 자신을 지키는 부담에 처하므로 냉정한 각성을 유지해야 한다는 것을 알아야 한다. 노자의 말 없음은 말을 귀하게 여기기 때문이다.

희언希言을 주장하는 바는 모든 것을 자연에서 나오게 하자는 것이고, 다언多言은 백성에게 피로함과 폐를 끼치는 것이라고 믿고 이를 지양하자고 하는 것이다. 희언과 다언의 차이에 대처하는 것은 그의 학문과 지적인 사상을 대조하여 그에 맞게 대응하는 것이 현명하다고 보인다. 노자는 선지자 노릇을 하지 말고 천하를 다스려야 한다고 주장하였다.

여기서 제목이 허무이기 때문에 '허무한 나'를 찾는 수련을 소개하겠다.

도가 정좌 수련 중에 허무한 나를 발견할 수 있다. 이 유형무질有形無質인 '허무虛無한 나'는 원래 색상色相이 없고 형상形象도 없었다. 우리의 육신肉身이 존재하기 때문에 '허무虛無한 나'가 나타날 수 있는 것이다. '허무虛無한 나'는 모공毛孔의 외부에 있다. 일반인들에게는 나타나지 않지만 예수나 부처의 사진에서 보이는 후광이 '허무한 나'라고 하는 유형무질이다. (유형무질에 관한 내용은 55장, 56장, 57장에서 다뤘다.)

得與失分兩不羞 얻는 것과 잃는 것, 두 가지 모두 부끄럽지 않은데
形容到了無儔 모습은 이미 도착했지만 짝은 마침이 없네.
眞人之德配天地 진인의 덕을 받아 천지가 짝이 되니
只在環中匣外求 고리 속에 있는 것을 상자 밖에서 구했네.

政者不立章 第二十四

苦恩(따끔한 충고)

跂者不立, 기자불립.
跨者不行, 과자불행.

自見者不明, 자현자불명,
自是者不彰, 자시자불창,
自伐者無功, 자벌자무공,
自矜者不長, 자긍자부장,
其在道也, 기재도야,

曰餘食贅行, 왈여식췌행.
物或惡之, 물혹악지,
故有道者不處. 고유도자불처.

발가락 끝으로는 오래 서지 못하고
가랑이를 벌리고서는 오래 걷지 못하네.

스스로 드러내는 사람은 밝지 못하고
스스로 옳다는 사람은 드러나지 못하며.
스스로 자랑하는 사람은 공이 없고,
스스로 뽐내는 사람은 오래가지 못하네,

그것들은 도에 있어서 음식 찌꺼기나 탐욕스런 행위일 뿐
누구나 이를 싫어하니
그러므로 도를 지닌 사람은 그렇게 처신하지 않는다네.

跂者不立, 跨者不行.

발뒤꿈치를 바닥에 대지 않고 서는 것을 기종跂踵 즉 발돋움하고 선다고 한다. '기跂'는 또한 앞으로 나아감을 뜻하기도 한다. 권력을 탐내고 명예를 좇으며 입신양명만을 취하기 위해 도를 실행한다면 오래갈 수 없음을 말하고 있다.

팔자걸음으로 성큼성큼 걸어가는 것을 가랑이를 벌리고 걷는다고 한다. 이 또한 자연스러움을 지향하는 도의 순리에 맞지 않다. 이 두 구절은 사람이 서거나 걷는 것이 참되어서 자연스러움을 유지해야 한다는 것이다.

自見者不明, 自是者不彰, 自伐者無功, 自矜者不長.

사람들은 자기의 견해를 고집하고 자신의 존재성을 드러내기 좋아하지만 그 모습이 추하고 비천하다는 것은 모르고 있다. 자신은 옳고 다른 사람은 그르다고 해서는 많은 사람들로부터 견제를 받을 것이니 이 또한 돋보일 수 없을 것이다. 소위 자신만 번번이 공적을 취하여 자랑하려 하면 다른 사람들에게 공로가 있다고 해도 그 공로는 다 잃어버리게 될 것이다.

'자긍자부장自矜者不長'에서는 자신만을 뽐내고 과장하기를 좋아하는 사람은 실제로 어떤 장점도 없을뿐더러 오래갈 수도 없는 것이다. 이런 모두는 도를 바로 알고 행해야 할 것이다.

其在道也, 曰餘食贅行, 物或惡之, 故有道者不處.

'여식餘食'이란 먹다 남은 밥을 말하고 '췌贅'는 음식 찌꺼기나 군더더기를 이르는 말이다. 탐욕을 뜻하기도 한다. 이런 것들은 도에 있어서 음식 찌꺼기나 군더더기라 하여 누구나 이를 싫어한다. 그러므로 도를 지닌 사람은 그렇게 처신해서는 안 된다는 것이다. 만약 군주가 그러한 욕심을 부려 상처와 해로움을 준다면 도를 지닌 사람은 그러한 군주를 떠나야지 그 나라에 머물 가치도 없다는 것을 말하고 있다.

고은苦恩(따끔한 충고)

발돋움하고 서는 것, '기립跂立', 가랑이를 벌리고 걷는 것, '과행跨行', 스스로 나타내는 것, '자현自見', 스스로 옳다고 하는 것, '자시自是', 스스로 자랑하는 것, '자아自我', 스스로 뽐내는 것, '자긍自矜' 등은 모두 고의로 조작하고 인위적으로 일으킨 것으로서 자연적이지 않다. 즉 자연스런 무위無爲의 '도道'가 아니라는 것이다.

"몸속의 천지가 몸 밖의 천지와 감동을 일으키고 몸 밖의 천지가 몸 안의 천지에 반응함으로써 몸 안의 천지가 주재하면 몸 밖의 천지의 기가 모두 몸 안으로 들어오게 된다. 만약 몸 안에 주재가 없으면 몸 안의 천지의 기운이 모두 몸 밖으로 돌아가 버리게 되니 도를 이루기는커녕 오히려 대도에 해가 된다."

『청정경』 제5장 「도심품道心品」에 있는 말이다.

羣仙已笑露堂堂 선인들은 이미 웃었고, 당당함을 드러내 놓았고
跨者不行仔細詳 가랑이 벌리고 다니면 안 된다고 자상히 밝혔으니
一著錯時看跌倒 한 권의 저술을 잘못 보았을 때 넘어진 것을 보았으니
賺人錦袋與香囊 비단 주머니와 함께 향주머니도 사람을 속이고 있다네

有物混成章 第二十五

象元(본원을 본받음)

有物混成, 先天地生. 유물혼성, 선천지생.

寂兮寥兮, 獨立而不改. 적혜료혜, 독립이불개.

周行而不殆, 주행이불태.

可以爲天下母. 가이위천하모.

吾不知其名, 字之曰道. 오부지기명, 자지왈도.

强爲之名, 曰大. 강위지명, 왈대.

大曰逝, 대왈서,

逝曰遠, 서왈원,

遠曰反, 원왈반,

故道大, 天大, 地大, 王亦大, 고도대, 천대, 지대, 왕역대,

域中有四大, 而王居其一焉, 역중유사대, 이왕거기일언.

人法地, 인법지.

地法天, 지법천.

天法道, 천법도.

道法自然. 도법자연.

혼연히 이루어진 것이 있어 하늘과 땅보다 먼저 생겼네.

소리도 없고 형체도 없건만 홀로 우뚝 서서 변하지 않으며

두루 운행하면서도 위태롭지 않으니

천하의 어미라 할 수 있다네.

나는 그 이름을 알지 못해 글자로 나타내 '도'라 하고

억지로 이름 하여 '크다'고 하였네.

큰 것은 가게 되고

가는 것은 멀어지고

멀어지는 것은 되돌아온다네.

그러므로 도는 크고 하늘도 크고, 땅도 크고 왕 또한 크니

세상에는 네 가지 큰 것이 있어서 왕 또한 그 중 하나를 차지한다.

사람은 땅을 본받고

땅은 하늘을 본받고

하늘은 도를 본받고

도는 저절로 그러하다.

有物混成, 先天地生, 寂兮寥兮, 獨立而不改, 周行而不殆, 可以爲天下母,

모습도 없으며 위와 아래도 없으며 머리와 꼬리도 없으며 밝거나 어둡지도 않은 허무하나 잡것 하나 섞이지 않은 것이 도道이니 이 도라는 것은 천지보다 먼저 존재했고 항상 늘거나 줄어듦이 없으며 없는 것도 같고 있는 것도 같으며 두루 흐르며 변화하나 영원히 멈추거나 쉬지 않는 것이 도이다.

'적寂'은 음률도 소리도 없다는 것이고 '요寥'는 텅 비어 형체도 없음을 뜻한다. '독립獨立'이란 짝이 없다는 것이며 '불개不改'는 변화하면서도 영원성이 있다는 의미이다. '주행이불태周行而不殆'란 도는 천지에 꽉 차 있으면서 들어가지 못하는 곳이 없고, 양지에 있어도 불타지 않고 음지에 머물면서도 썩지 아니하며 관통하거나 꿰뚫지 못하는 것이 없지만 위태롭지 않으니 도가 만물의 정과 기를 양육함이 마치 어미가 자식을 기르는 것과 같다는 말이다.

吾不知其名, 字之曰道, 强爲之名, 曰大, 大曰逝, 逝曰遠, 遠曰反,

나는 도의 모습을 보지 못해서 어떻게 이름 지어야 할지 모르지만 만물이 모두 도로부터 생겨남을 보았기 때문에 억지로 그것을 도라고 불렀다. 그 도라는 것은 한계가 없으므로 크다고 말하고, 그 도라는 것이 흘러감이 끊어지지 않으므로 간다고 하고, 그 도라는 것이 하늘 위에 있다 하여 높지 않으며 아래에 있다 하여 낮아지는 것이 아니므로 멀어진다고 하고, 결국에는 천지만물 모두가 도에 의하여 잠시도 떨어지지 않으므로 되돌아온다고 말한 것이다.

故道大, 天大, 地大, 王亦大, 域中有四大, 而王居其一焉, 人法地, 地法天, 天法道, 道法自然.

도가 크다는 것은 하늘과 땅도 감싸 안아서 포용하지 못하는 것이 없다는 것이고 또한 왕이 크다는 것은 다스림에 제약을 하지 못하는 것이 없다는 것이다.

세상에 네 가지 큰 것이 있는데 왕은 한 나라의 주인이기에 그 중 한 곳을 차지한다. 사람과 만물은 모두 개인적인 감정이 있기 때문에 땅의 지극한 덕을 본받아야 하고 땅은 하늘이 모든 것을 덮는 도를 본받아야 하고 하늘은 대도의 허무하고 청정함을 본받아야 하고 도는 본래 자연으로서 함이 없으나 하지 못하는 것이 없음을 말한 것이다. 도의 본성이 본래 저절로 그러하니 따로 본받을 것이 없다.

상원象元(본원을 본받음)

사람들은 일반적으로 크다고 하면 천지 즉 하늘과 땅을 떠올리기 쉽다. 그러나 도의 큼은 하늘과 땅의 큼과 다르다. 하늘은 늘 위에 있고 땅은 늘 아래에 있는 고정적인 것이기에 그 큼에 이미 한계가 정해져 있다. 반면에 도는 어떠한 고정됨도 없기에 무한히 커질 수도 있고 작아질 수도 있다. 요컨대 도의 큼은 그 무엇으로도 그 어떤 것에 의해서도 고정되지 않는다는 본질적 특성이 있다.

나는 이 장에서 두 가지 나의 의견을 개진하고 싶어 하는 충동을 이기지 못하고 결국 그것을 밝히는 어리석음을 정중하게 독자들의 이해를 구한다.

그 첫 번째는 원문 "故道大 天大 地大 王亦大 域中有四大"(그러므로 도는 크고 하늘도 크고, 땅도 크고 왕 또한 크니 세상에는 네 가지 큰 것이 있어서 왕 또한 그 중 하나를 차지한다.) 부분에서 도나 하늘이나 땅이나 왕을 똑같은 급으로 보았는데 이것이 불만이다. 왜 권력을 가진 왕이라고 해서 하늘과 땅과 같은 대접을 받아야 하는지, 청정하고 공평무사한 도의 입장에서 본다면 왕 대신 사람이어야 한다고 생각한 것이다. 천지인天地人이란 말의 정신에 입각해서 생각해 보아도 왕보다는 사람을 지칭하는 것이 옳다고 본다. 다행히 바로 이어지는 문장에는 왕이 아닌 사람을 가리키는 '人法地 地法天 天法道 道法自然'이라고 이어지는 것만으로도 왕의 표현은 어색했음을 말해준다.

다음으로 '도법자연道法自然'을 '도는 자연을 본받는다'라고 모두 해석을 하는데 이것은 잘못된 해석이다. 그 이유는 도는 무극의 선천에 생겨 태극의 후천세계에서 파생하여 자연을 생산해 냈기에 도가 자연을 본받는 것이 아니고 자연의 어미는 도라는 것을 알아야 할 것이다. 그래서 도의 본성이 본래 저절로 그러하니 따로 본받을 것이 없다고 생각하는 것이다.

有物混成天地母 만물을 이루어낸 천지의 어머니는

字之曰道安窠臼 글자로 말하면 도이나 오목한 곳에 절구질을 하니 편안하고

乾專坤翕證無爲 하늘은 섞이지 않고 땅에서는 새가 날아오르니 무위의 증거이니

知者樂兮仁者壽 알고 있는 자는 즐겁고 어진 자는 장수한다네.

228

重爲輕根章 第二十六

重德(무거움의 덕)

重爲輕根, 중위경근,

靜爲躁君, 정위조군,

是以聖人終日行, 不離輜重, 시이성인종일행, 불리치중.

雖有榮觀, 燕處超然. 수유영관, 연처초연.

奈何萬乘之主, 而以身輕於天下? 내하만승지주, 이이신경어천하?

輕則失臣, 경즉실신,

躁則失君. 조즉실군.

무거움은 가벼움의 근본이 되고
고요함은 조급함의 임금이네.
이 때문에 성인은 종일 다녀도 고요함과 신중함에서 떠나지 않고
비록 구중궁궐에 있어도 멀리 피해 머물지 않네.

어찌 만승의 군주로서 천하에 몸을 가벼이할 것인가?
가벼우면 신하를 잃고
조급하면 임금의 자리를 잃게 되네.

重爲輕根, 靜爲躁君, 是以聖人終日行, 不離輜重. 雖有榮觀, 燕處超然.

사람의 행동이 가볍고 제멋대로 하는 것을 미치광이라고 한다. 가벼운 것은 무거운 것으로 근본을 삼고 조급한 것은 고요한 것으로 주인을 삼는다. 초목의 꽃과 잎은 가볍기 때문에 쉬 떨어지고 뿌리는 무겁기 때문에 오래 존재할 수 있다. 용은 고요하기 때문에 변화무쌍하고 호랑이는 조급하기 때문에 오래 살지 못한다.

'시이성인종일행 불리치중是以聖人終日行 不離輜重'에서 치중은 군대가 이동할 때 수레에 무기와 식량을 가득 싣는 것을 말한다. 이는 마치 군대가 이동할 때 무기와 식량을 실어 나르는 수레처럼 감히 경거망동하지 않는다는 말이다.

'수유영관 연처초연雖有榮觀 燕處超然'에서 영관이나 연처는 음악과 여색, 재물과 이익, 부귀와 영화, 그리고 잔치를 베풀고 즐기는 호화로운 생활을 말한다. 이러한 것은 사람으로서 본성을 잃게 하고 자연의 흐름에 반하므로 성인은 이러한 상황에서 초연하고 미련을 두지 않는다는 것이다.

奈何萬乘之主, 而以身輕於天下? 輕則失臣, 躁則失君.

'내하奈何'는 괴로울 때 애통한 마음을 탄식한 말이고 '만승萬乘'은 천자 즉 왕을 말한다. 왕은 지극히 존귀한 자리인데 가벼운 행동과 조급한 행동을 할 수 있겠는가? 왕이 몸 다스림을 가벼이 여기고 음탕하게 되면 신하를 잃게 되고 왕이 몸 다스림을 조급하게 서두르면 군왕의 자리를 잃게 되는 것이다.

중덕重德(무거움의 덕)

평형공平衡功 ⑴

외동공外動功을 수련할 때 우리가 추구하는 것은 정精이다. 외형은 움직이는 자세로 동작을 하지만 내부에서는 고요함을 이루고 정좌 수련할 때와 같이 우리 몸 내부의 사유와 내기의 운행은 멈추지 않으므로 정좌 수련을 보조하는 역할이다. 외동공에는 평형공平衡功, 참장站椿, 개맥공開脈功, 성체대련星體對煉 등이 있다.

평형공은 땅속의 오행인 목·화·토·금·수와 인체의 오행인 간·심·비·폐·신의 오장과 허공중의 오행인 청·적·황·백·흑의 오색과 대련하는 것이다. 이것을 옛날에는 "문화文火로 천지의 양陽을 캐서 훔친다."라고 했다. 기본적으로 인체와 천체와의 관계에서 대응된 힘을 얻어서 인체의 오장을 진동하게 하여 인체의 체질개선이나 병 치료에 도움을 얻고자 함이다. 즉 수련방법을 통해 생각과 기와 백규百竅를 사용하여 하늘·땅·해·달·별·식물·동물·사람·만물이 서로 어울려 신령을 교환하고 사람과 천체 및 동물, 식물 그리고 사람과 사람사이의 신령이 서로 짝하여 평형을 이룰 수 있도록 하는 것이다.

여동빈은 공동산에서 수련하면서 인체의 오장에 대응하는 다섯 종류의 나무를 발견 하여 평형공에 대입시켰다.

오행과 오장, 오수, 오색의 대응관계

오행五行	목木	화火	토土	금金	수水
오장五臟	간장肝臟	심장心臟	비장脾臟	폐장肺臟	신장腎臟
오수五樹	松 소나무	桐 오동나무	柳 버드나무	楊 백양나무	柏 측백나무
오색五色	녹綠	홍紅	황黃	백白	흑黑

위 표에서 보듯이 나무는 여러 가지 색의 성분을 가지고 있는데 이것을 오행이나 오장에 짝하여 수련하게 되면 질병을 치료할 수 있는 효과를 낼 수 있다. 예를 들어 간장에 이상이 있을 경우 신수腎水의 부족으로 말미암아 발병되었다면 먼저 측백나무에 맞대어 환기법을 수련하여 신수를 보충하고 소나무 환기법을 하여 간장을 다스리는 것이다.

처음 평형공을 배울 때는 큰 나무와 마주하여 수련하는 것이 이상적이다.

奈何萬乘乃輕身 어찌하여 천자는 몸이 가벼운가?

孰是疏兮孰是親 누가 옳고 누가 그른가?

寶在眼前凡不識 눈앞에 보화가 있으나 범부는 인식하지 못하고.

枉敎密密論君臣 군신들은 쓸데없이 빽빽한 것들만 논하네.

234

善行章 第二十七

巧用(교묘한 쓰임)

善行無轍跡, 선행무철적.

善言無瑕讁, 선언무하적.

善計不用籌策, 선계불용주책.

善閉無關楗 而不可開. 선폐무관건 이불가개.

善結無繩約 而不可解. 선결무승약 이불가해.

是以聖人常善救人, 시이성인상선구인,

故無棄人, 고무기인,

常善救物, 상선구물,

故無棄物, 고무기물,

是謂襲明, 시위습명.

故善人, 不善人之師. 고선인, 불선인지사,

不善人, 善人之資. 불선인, 선인지자,

不貴其師, 불귀기사,

不愛其資, 불애기자,

雖智大迷, 수지대미,

是謂要妙, 시위요묘,

도를 잘 행하는 사람은 자취가 없고

좋은 말은 흠이 없으며

셈을 잘하는 사람은 주판이 필요 없고

잘 닫힌 문은 열쇠가 없으면 열 수 없고

잘 묶여 있으면 끈 없이 묶어도 풀 수 없네.

이 때문에 성인은 항상 사람을 잘 구하므로

버리는 사람이 없고

항상 사물을 잘 구하니

버리는 사물이 없어서

이것을 밝음을 안다고 하네.

그러므로 선한 사람은 선하지 않은 사람의 스승이 되고

선하지 않은 사람은 선한 사람의 바탕이 된다네.

그 스승을 귀하게 여기지 않고

그 바탕을 사랑하지 않으면

비록 지혜롭다 해도 크게 미혹될 것이니

이것을 일러 도의 미묘한 요체라 하네.

善行無轍跡, 善言無瑕謫, 善計不用籌策, 善閉無關楗而不可開. 善結無繩約而不可解.

이 장의 요점은 선행善行, 선언善言, 선계善計, 선폐善閉, 선결善結의 다섯 가지의 선善을 비교해 보면 착하다는 뜻과 함께 '유용하다, 일을 잘 처리한다'는 뜻으로도 받아들여진다. 이 다섯 가지 중에서 두 개는 일반적인 것이라고 보지만 나머지 선계와 선폐, 선결은 어떤 특별한 도력을 요구하는 것이라고 보아서 도를 지닌 성인聖人들의 이야기라고 생각해 볼 수 있다.

그런 차원에서 행해야 할 때 행하는 것을 선행善行이라 하고, 말해야 할 때 말하는 것을 선언善言이라고 하나니 그 때를 갖추는 것이 중요하다고 말하는 것은 일반적인 두 가지에 해당된다. 나머지 세 가지는 도력을 지닌 사람이라야 할 수 있다고 보인다.

是以聖人常善救人, 故無棄人, 常善救物, 故無棄物, 是謂襲明.

이런 까닭에 도를 지닌 성인은 사람들을 한 몸이라 여기고 교화하는 이유는 존귀하건 비천하건 그 사람의 성과 명을 구제하고자 하기 때문이다. 또한 성인이 항상 사람들에게 자연 질서에 순응하도록 교화시킨 이유는 만물을 보호하자는 것으로서 그 때문에 옥과 석을 차별하지 않고 하나로 본다. 이렇게 성인은 사람과 만물을 돕고 있으니 이를 일러 큰 도를 밝게 계승했다고 한다.

故善人, 不善人之師. 不善人, 善人之資. 不貴其師, 不
愛其資. 雖智大迷, 是謂要妙.

착하지 못한 사람은 항상 착한 사람의 스승이 되는데 자기를 인도하
여 착하게 하기 때문이다. 모두가 다 착하기만 하고 착하지 못한 사람이
없다면 무엇으로 착하다고 기준을 삼겠는가? 그런 까닭에 착하지 못한
사람도 착한 사람의 쓰임이 되는 것이다. 자資는 쓰임이라는 뜻이다.

'불귀기사不貴其師'란 혼자되어서는 도움도 없고 '불애기자不愛其資' 쓰
일 곳도 없다는 것이니 비록 지혜롭다고 자처해도 이러한 사람은 크게
미혹되었다고 말한다. 이러한 뜻에 통달하면 도의 미묘한 요체를 안다고
한다.

교용巧用(교묘한 쓰임)

평형공平衡功 (2)

사람은 태아 적에 모궁 안에서 입이 아니라 탯줄을 통해서 영
양분을 흡수하지만 탯줄을 자른 후부터는 뿌리 없는 몸을 이루어
수곡水穀으로 몸을 기르면서 자라게 해야 하므로 몸에는 기가 다
니는 길, 피가 다니는 길, 더러운 것을 빼내는 길이 있다.

나무는 태어날 때부터 뿌리가 있어 뿌리는 바탕이 깊고 비록 피
는 없지만 거기에는 기가 다니는 길, 물이 다니는 길, 영양분을 빨
아들이는 길, 더러운 것을 빼내는 길이 있으며 생명과 감정이 있
다. 나무도 사유가 있고 나무도 수련을 한다고 한다. 인체의 장과
나무의 장이 합쳐져서 하나가 되면 이 장에도 사유가 생기고 정기

신이 생겨서 서로 교감을 이루게 된다.

나무와의 연공시간은 해가 진 뒤나 해가 뜨기 전에 수련하는 것이 좋다. 나무는 낮에 이산화탄소를 마시고 산소를 내뱉으며 밤에는 산소를 마시고 이산화탄소를 내뱉는다. 사람은 산소를 마시고 이산화탄소를 내뱉는다. 결국 밤에는 나무도 사람과 같이 산소를 마시는 것이다. 이때를 겨냥해 나무와 한판 맞장을 뜨는 것이다. 처음에는 뿌리가 있으면서 사람보다 더 많은 연륜을 살아온 나무에게 맞대어 이길 수가 없으나 오래 수련하다 보면 기의 속성상 기는 평형을 이루는 기체이므로 사람과 나무가 평형을 이루게 된다. 계속 수련하게 되면 나무의 기는 사람 뜻에 따라 서로의 감정이 사귀어져 흐르며 하나의 기체를 이루어 공력을 높일 수가 있다.

다만 질환이 있는 사람은 낮에 수련하여 기체를 서로 맞바꾸기를 하면 병을 다스림에 효과를 볼 수 있다.

知名非實要知情 잘 알려진 것은 반드시 알고 있어야 하니
竅妙之眞號襲明 일규의 오묘한 진리를 밝게 깨닫도다.
不道善行無轍迹 도 아닌 선행은 흔적도 없나니
石中流水豈聞聲 돌 속에 흐르는 물의 소리를 어찌 듣겠는가?

知其雄章 第二十八

反樸 (질박함으로 돌아 감)

知其雄, 守其雌, 爲天下谿, 지기웅, 수기자, 위천하계,
爲天下谿, 常德不離, 위천하계, 상덕불리,
複歸於嬰兒. 복귀어영아.

知其白守其黑, 爲天下式. 지기백수기흑, 위천하식.
爲天下式, 常德不忒, 위천하식, 상덕불특,
複歸於無極. 복귀어무극.

知其榮, 守其辱, 爲天下谷. 지기영, 수기욕, 위천하곡.
爲天下谷, 常德乃足. 위천하곡, 상덕내족.
複歸於樸, 복귀어박.

樸散則爲器, 박산즉위기,
聖人用之則爲官長, 성인용지즉위관장,
故大制不割. 고대제불할.

그 수컷을 알고 암컷을 지키면 천하의 계곡이 되네.
천하의 계곡이 되면, 늘 덕이 떠나지 않으니
다시 갓난아이로 돌아간다네.

그 흰 것을 알고 검은 것을 지키면 천하의 모범이 되고
천하의 모범이 되면 상덕이 어긋나지 않아
다시 무극으로 돌아간다네.

그 영화로움을 알면서도 그 굴욕을 지키면 천하의 계곡이 될 것이니
천하의 계곡이 되면 상덕이 넉넉하여
다시 질박한 상태로 돌아갈 것이네.

질박한 것이 흩어져 그릇이 되듯이
성인도 그것을 쓰면 관장이 될 것이니
그러므로 위대한 다스림은 분할하지 않는다네.

知其雄, 守其雌, 爲天下谿, 爲天下谿, 常德不離, 複歸
於嬰兒.

'지知'란 깨달아서 훤히 안다는 것이고 '웅雄'이란 남성이고 강건하다
는 것이다. '자雌'란 여성이고 유약하다는 것이며 '계谿'란 낮은 곳을 말한
다. 남성스러움은 우뚝 솟아오름을 의미하고 여성스러움은 낮은 곳을 상
징한다. 사람이 비록 스스로 존귀하다고 할지라도 다시 낮은 자세로 겸
손함을 지키고 남성적인 강인함을 여성의 부드러움으로 취했을 때 천하
가 그에게로 돌아감이 마치 물이 깊은 계곡으로 흘러 들어오는 것과 같
은 것이다.

'위천하계 상덕불리爲天下谿 常德不離'에서 사람이 깊은 계곡처럼 겸허
하게 낮은 마음가짐을 할 수만 있다면 덕이 항상 같이하며 다시는 자신
에게서 떠나지 않는다.

'복귀어영아複歸於嬰兒'는 다시 갓난아이의 마음으로 되돌아가면 순수
한 바보처럼 아는 것이 없어지게 된다.

知其白守其黑, 爲天下式, 爲天下式, 常德不忒, 複歸
於無極,

'백白'이란 밝은 빛과 지혜를 말하고 '흑黑'이란 어둡고 우매한 것을 말
한다. '식式'이란 본보기의 법칙을 말하고 '특忒'이란 어긋나거나 변경된
것을 말한다.

사람이 비록 밝게 빛나는 만물의 영장임을 안다 해도 마땅히 다시 묵
묵함을 지켜 마치 어리석은 바보처럼 자신을 낮춘다면 천하의 규범이 될
수 있어 항상 덕이 함께하는 것이다. 이렇게 되었을 때 그 덕과 함께하니
다시는 어긋나지 않을 것이고, 덕이 어긋나지 않으면 건강한 삶을 유지하

고 장수하여 무극의 세계로 돌아갈 것이다.

知其榮, 守其辱, 爲天下谷, 爲天下谷, 常德乃足, 複歸於樸.

'영榮'이란 부귀와 존귀함을 의미하고 '욕辱'은 비천하고 오염된 것을 의미한다. 사람이 영榮이 있음을 알고서도 마땅히 욕辱이 있을 때의 마음을 지켜내야 한다. 이처럼 한다면 천하 사람이 되돌아옴이 마치 물이 깊은 골짜기로 흘러들어 오는 것과 같다.

'위천하곡 상덕내족爲天下谷 常德乃足'에서 족足은 머문다는 뜻이니 사람이 천하의 골짜기가 될 수 있으면 덕이 항상 자신에게 머물게 되니 '복귀어박複歸於樸' 즉 다시 자신을 질박함으로 되돌리면 다시는 꾸미거나 겉치레를 하지 않게 된다.

樸散則爲器, 聖人用之則爲官長, 故大制不割.

'기器'는 쓰임을 의미한다. 만물의 질박함을 다듬게 되면 다양하게 쓰일 수 있는 그릇이 된다. 마치 도의 파생으로 일월을 운행하고 음양과 오행이 되는 것과 같다. 성인은 이를 받들어 사용하면 여러 관리의 지도자가 된다는 것이다.

'고대제불할故大制不割'은 성인이 그것을 활용하게 되면 대도로써 천하를 제어하므로 상처나 조각을 내지 않으며, 몸을 다스릴 때는 대도로써 7정情6욕欲을 제어하니 몸 안의 정과 신을 해치지 않고 온전할 수 있다.

반박反樸(질박함으로 돌아감)

7정6욕七情六欲

사람은 7정6욕七情六欲 속에서 살아가면서 죽을 때까지 그 고리를 끊어버리지 못하고 있다.

6욕六欲이란 안眼, 이耳, 비鼻, 설舌, 심心, 신身이다. 『청정경』에서 말하는 6욕에 마음이 이끌려 받는 인과응보 중에서 첫 번째의 안眼과 마지막 신身에 관한 것을 인용하면, '눈眼이 미색 탐하기를 즐겨 끊지 못하면 오랜 후에 저점의 영성이 난생지옥에 떨어져 변하여 날짐승인 까치나 까마귀가 되는데 우모류羽毛類는 온몸에 오색찬란한 깃털을 입고 있으니 그 얼마나 보기 좋다 하겠는가!', 중략 '몸(身)으로 음욕淫慾을 탐하여 싫어함이 없으면 오랜 후에 저점 영성靈性이 연화지옥에 떨어져 계압류鷄鴨類가 되어 하루에도 수 없이 교감을 하니 그 얼마나 즐겁다 하겠는가!'

또한 7정七情으로 상하는 것이 있으니 불가부지라, 7정이란 기쁨(喜)과 성냄(怒)과 슬픔(哀)과 두려움(懼)과 사랑(愛)과 미움(惡)과 욕심慾心이다.

기쁨(喜)이 지나치면 심장心臟이 상하고, 화(怒)가 지나치면 간肝이 상하고, 슬픔(哀)이 지나치면 폐肺가 상하고, 두려움(懼)이 지나치면 담膽이 상하고, 애착愛着이 지나치면 신神이 상하고, 미움(惡)이 지나치면 정情이 상하고, 욕심慾心이 지나치면 비장脾臟이 상한다. 이는 7정에 연루되어 몸과 마음이 상하는 것이다.

불가에서는 "안眼, 이耳, 비鼻, 설舌, 신身, 의意의 육근六根을 없

246

게 하고 색色, 성聲, 향香, 미味, 촉觸, 법法의 육진六塵을 없애라.” 하
였다. 『반야심경』에 있는 내용이다.

雌雄黑白坎和離 강약과 흑백은 물과 같이 화합하여 떠나고
知則總爲天下谿 통치를 알게 되니 천하가 계곡이네.
眼下十成須認取 눈앞에서 모든 것을 이루니 마땅히 알고 취하라.
由來散撲復嬰兒 오래전부터 질박함이 흩어져 다시 영아로 돌아가네.

將欲章 第二十九

無爲(무위)

將欲取天下, 而爲之, 장욕취천하 이위지
吾見其不得已. 오견기부득이

天下神器不可爲也. 천하신기불가위야.
爲者敗之, 위자패지,
執者失之, 집자실지.

故物或行或隨, 고물혹행혹수.
或呴或吹, 혹구혹취,
或強或羸, 혹강혹리,
或載或隳, 혹재혹휴.

是以聖人, 去甚, 去奢, 去泰. 시이성인, 거심, 거사, 거태.

장차 천하를 인위적으로 취하고자 한다면

나는 그것이 부득이함을 볼 뿐이네.

천하는 신비스런 그릇으로 억지로 할 수 없으리.

억지로 하는 자는 실패할 것이고

잡으려 하는 자는 놓칠 것이네.

그러므로 사물은 혹은 앞서가기도 하고 뒤따르기도 하며

혹은 들이쉬기도 하도 내쉬기도 하며

강하기도 하고 여리기도 하며

혹은 안전하기도 하고 뒤집어지기도 하네.

그러므로 성인은 극심한 것을 버리고 사치를 버리고 과분한 것을 버린다네.

將欲取天下, 而爲之, 吾見其不得已, 天下神器, 不可爲也.

'장욕취천하將欲取天下'란 천하의 주인이 되고자 한다는 뜻이고 '이위지而爲之'에서 위爲는 억지 부려 제멋대로 하는 것을 말한다. '부득이不得已'란 만물의 자연스러움에 맡겨 감히 만물보다 앞서려 하지 않고 가까이 닥친 이후에야 움직이므로 할 수 없이 이와 같은 모습을 짓는다는 뜻이다. 즉 '마지못하여, 하는 수 없이' 등으로 해석할 수 있다. 요약하면 장차 온 세상을 휘어잡고자 하는 사람은 무언가를 꾸미는데 내가 보건데 결코 성공하지 못할 것이다.

天下神器, 不可爲也, 爲者敗之, 執者失之.

'천하신기 불가위야天下神器 不可爲也'에서 신기神器는 천도와 인심을 가리키고 위爲는 임의로 강행하는 것을 말한다. 집執은 손으로 잡는다는 뜻이다. 사람은 곧 천하의 신령한 몸이기 때문에 편안하고 고요한 것을 좋아하지 인위적인 꾸밈으로는 다스릴 수가 없으니 인위적인 꾸밈으로써 그들을 다스리려 했다가는 반드시 실패할 것이고 억지로 붙들고서 가르치려 들었다가는 그들의 정감을 잃게 되어 오히려 거짓과 위선만 생겨날 것이다.

故物或行或隨, 或呴或吹, 或强或羸, 或載或隳.

'행行'이란 앞서간다는 것이고 '수隨'란 뒤를 따른다는 것이다. '구呴'는 입김을 불어 따뜻하게 감싸주는 것이고 '취吹'는 차갑게 불어오는 것을 말하고 '강强'이란 강한 것을, '리羸'란 여위고 약한 것을 말함이며 '재載'는 안전하게 싣는 것을 '휴隳'는 위태하고 무너진다는 뜻의 의미가 있으니 이 모두는 대구對句로 이루어지고 있다.

말하자면 위에서 행하면 아래에서 뒤따르고 따스한 온기를 내뿜는 자가 있는가 하면 거칠게 찬바람을 내쉬는 자도 있고 강한 것이 있는가 하면 유약한 것도 있으며 안전한 곳이 있는가 하면 위험스러운 것도 있기마련이어서 이 모두는 인위적인 꾸밈이라는 것이다.

是以聖人, 去甚, 去奢, 去泰.

이로써 성인은 '거심去甚' 지나치게 극심함, 즉 탐욕과 음욕 그리고 음악과 색욕을. '거치去奢' 지나치게 사치함, 즉 의복과 장식 그리고 먹고 마시는 것을, '거태去泰' 과분함, 즉 사는 집이나 누각이나 정자를 궁궐같이 지어놓고 사는 것을 말하는 것이니 이 세 가지를 버려 인위적인 꾸밈이 없이 순리에 따라 무위자연을 행하게 된다면 세상은 저절로 변화될 것이다.

무위無爲

무위는 어떤 방향이나 장소나 모양 모습에 의하여 가로막히지 아니한다. 그래서 무위자연은 청정한 그대로이고 위엄을 만들지 아니 한다. 대체로 도를 말할 때 맨 먼저 떠오르는 것은 무위자연이다. 그만큼 무위자연이 도의 상징처럼 되었다.

무위는 터럭 하나를 더해도 많고 터럭 하나를 감해도 적다. 청정한 그대로이고 태초의 허공에 하나의 티끌도 물리치므로 설 자리가 없으며 아득하고 묘하다. 불가에서는 이 무위를 "인연과 합하여 형성되지 아니한 것이다. 생멸生滅하는 절대존재가 아니다."라고 했고, 어느 선인은 "무위라는 것은 그 마음이 움직이지 않는다. 움직이지 않는다는 것은 안으로는 마음이 일어나지 않는 것이고 밖으로는 사악한 마음이 내 몸의 경계로 들어오지 못하는 것이며 안과 밖의 안정된 것 즉 신과 기가 평온한 것을 말한다."고 했다.

『장자莊子』「지락편至樂篇」에는 "하늘은 무위 때문에 맑고 땅은 무위 때문에 편안하다. 그러므로 두 무위가 서로 합하여 만물이 생성, 변화하는 것이다. 이런 창조의 근원은 아득하여 그 생겨나는 바를 모르고 까마득하여 그 모양도 알 수가 없다. 그러나 만물은 무진장으로 이 무위 때문에 번식한다. 그러므로 천지는 작위作爲 함이 없건만 만들어 내지 않은 것이 없는 것이다."라고 말한다,

무위無爲의 반대말은 유위有爲이다. 위爲란 '무엇을 꾸미다'라는 뜻으로 유위有爲는 '함이 있다'이다.

神器從來是假名 신기가 전해온다는 것은 거짓 이름이네.
此名只許上賢聽 이 이름은 단지 상현께서 허락한 것이니
不過渡口尋舟子 나루터를 건너지 않고자 배를 젓는 것이니
枉誦玄玄道德經 현묘한 도덕경을 헛되게 하네.

以道佐人章 第三十

儉武(무력을 절제함)

以道佐人主者, 이도좌인주자,
不以兵強於天下, 불이병강어천하,
其事好還. 기사호환.

師之所處, 荊棘生焉, 사지소처, 형극생언,
大軍之後, 必有凶年, 대군지후, 필유흉년.
故善者果而已矣. 고선자과이이의.
不敢以取強, 불감이취강,

果而勿矜, 과이물긍,
果而勿伐, 과이물벌,
果而勿驕, 과이물교,
果而不得已, 과이부득이,
果而勿強. 과이물강.

物壯則老, 물장즉로,
是謂不道, 시위부도,
不道早已. 부도조이.

도로써 군주를 보좌하는 사람은
무력으로써 천하에 강함을 떨치지 않으니
그 일은 보복을 부르기 때문이네.

군사가 머물렀던 곳에는 가시덤불이 생기고
큰 전쟁 뒤에는 반드시 흉년이 들고
용병을 잘하는 사람은 목적을 이룰 뿐

목적을 이루되 교만함이 없고
목적을 이루되 잘난 체함이 없고
목적을 이루되 자랑하지 않으며
목적을 이루되 공을 내세우지 않고
목적을 이루고도 마지못해 한 것으로 여기고
목적을 이루고도 강한 체하지 않는 것이네.

모든 사물은 장성하면 노쇠해지는 법이니
이것은 도라고 할 수 없네.
도가 아니면 일찍 끝나게 된다네.

以道佐人主者, 不以兵强於天下, 其事好還.

'좌佐'란 돕는다는 뜻이다. '강强'이란 강제로 압박하고 억제한다는 뜻이다. 군주가 도로써 스스로를 보좌할 수 있어야 한다고 말하고 있다. 도로써 스스로를 보좌하는 군주는 무력을 사용하지 않고도 하늘의 순리를 따르고 덕에 맡긴다면 적들도 스스로 굴복하게 된다. 무력을 사용하는 것은 보복을 자초하는 것이니 이는 스스로를 책망해야하고 보복을 한 사람을 원망해서도 안 되는 것이다.

師之所處荊棘生焉, 大軍之後, 必有凶年, 故善者果而已矣. 不敢以取强.

'사師'는 군대를 말하고 '형극荊棘'이란 가시가 있는 관목灌木이다. 전쟁을 일으킴으로써 농사를 지어야 할 백성이 전쟁터에 나가니 농사는 피폐해지고 전원은 황폐해져 가시덤불만 무성하게 생겨나게 된다. 이러한 전쟁터에는 사악한 진노의 기운이 떠돌고 하늘도 나쁜 기운으로 대응하니 오곡과 더불어 사람까지도 상하게 된다.

'선자과이이善者果而已'에서 과이이果而已란 전쟁에 승리한 후에는 곧 군사를 철수한다는 말이다. 부득이하게 전쟁을 했고 상대가 항복했을 때에는 곧 전쟁을 그치고, 비록 이겼다 해도 감히 강한 것을 취하지 않는다.

果而勿矜, 果而勿伐, 果而勿驕, 果而不得已, 果而勿强.

'긍矜'이란 뽐낸다는 것이고, '벌伐'이란 스스로 자랑하는 것이고, '교驕'란 업신여긴다는 뜻이다. 전쟁에 승리했어도 뽐내지 말고, 겸손하고 양보하며 상대를 업신여기지 말라는 것이다. 목적을 이룬 뒤에도 부득이함을 알리고 더 이상 강해지려고 해서는 안 된다.

物壯則老, 是謂不道. 不道早已.

초목은 장성함이 극에 달하면 시들고 죽게 되며, 사람도 장성함이 극에 달하면 여위고 늙기 마련이다. 마찬가지로 강함도 오래 지속될 수 없다. 이렇게 시들고 노쇠하면 부드럽고 온화한 자연의 도가 아니기에 이것은 일찍 마치게 된다.

검무儉武(무력을 절제함)

현관玄關 ⑴

"현관일규玄關一竅는 그 이름이 여러 가지이니, 유가儒家에서는 영대靈臺, 지선至善, 무극無極이라 하고, 사려가 도저히 미칠 수 없다 하여 무사무려지천無思無慮之天이라 하고, 자기만이 홀로 아는 바라 하여 기소독지지지己所獨知之地라 한다.

불가佛家에서는 영산靈山, 허공虛空, 황극皇極이라 하고, 누구나 귀의하지 않음이 없는 열반이라 하여 나무열반지천南無涅槃之天, 아미타불의 무량하신 덕상이 나타나는 곳이라 하여 아미타불지지阿彌陀佛之地라 부른다.

도가道家에서는 영관靈關, 금정金庭, 태극太極이라 하고, 삼청자부三淸紫府의 광명이 있어서 삼청자부지천三淸紫府之天이라 하고, 온갖 것이 이곳에 뿌리를 두고 있다하여 만수일본지지萬殊一本之地라 부른다. 삼교에서 부르는 이름은 비록 다르나 그 의미는 하나이다.

유가에서 이 현관일규를 얻으면 성인이 되고, 불가에서 이 현관일규를 얻으면 부처를 이루고, 도가에서 이 현관일규를 얻으면 신선이 된다 하였다. 다만 이 현관일규는 상천上天의 비결이므로 삼교 성인들께서 글로 써서 함부로 누설漏泄하지 아니하심은 악인이 얻을 것을 막고 하늘의 견책을 받을까 두려워해서 반드시 지인至人을 찾아뵙고 마음을 낮추어 가르침을 받고 이 현관일규를 지점 받은 다음 공부를 하도록 하신 바이니 이것은 성인이 후학을 위해서 자애를 베푸신 것이다. 우리가 진실한 도를 알겠다면 나아가고 도가 아니면 물러나면 되는 것이다.

그러면 현관玄關은 어디를 말하는가? 이것이 핵심인데도 이것을 책에서는 찾을 수가 없었다. 아니 있긴 있었다. 도가의 무수한 관련 서적에는 현관에 대해 명시해 놓은 기록들은 많다. 그러나 모두가 각양각색의 중구난방에 지나지 않으며 설명은 그럴듯하게 했으나 모두가 아니었다. 이 현관을 몸의 한 부분을 지적해서 여기가 현관이라고 말했다면 그것은 100퍼센트 틀린 답이다.

果而不道露鋒芒 목적을 이룸이 털끝 같은 이슬방울이라면 도가 아니니
却與凡人作禍殃 범인은 재앙을 일으키고도 되돌려주네.
迸裂豈容君眨眼 갈라진 얼굴에도 윙크를 하고
山中仙子浴金光 산속의 선인은 금빛으로 목욕하네.

夫佳兵章 第三十一

偃武(무력을 그치게 함)

夫佳兵者, 不祥之器, 부가병자, 불상지기.

物或惡之, 물혹악지,

故有道者不處. 고유도자불처.

君子居則貴左, 군자거칙귀좌,

用兵則貴右, 용병즉귀우,

兵乃不祥之器, 병내불상지기,

非君子之器. 비군자지기,

不得已而用之, 부득이이용지,

恬澹爲上. 염담위상.

勝而不美, 승이불미,

而美之者, 是樂殺人也. 이미지자, 시락살인야.

夫樂殺人者, 則不可以得志於天下矣. 부락살인자, 즉불가이득지
어천하의.

故吉事尙左, 고길사상좌,

凶事尙右, 흉사상우,

偏將軍處左, 편장군처좌,

上將軍處右, 상장군처우,

言以喪禮處之, 언이상례처지,

殺人之衆多, 以悲哀泣之, 살인지중다, 이비애읍지,

戰勝則, 以喪禮處之, 전승즉, 이상례처지.

무릇 훌륭한 병기는 상서롭지 못한 도구이므로

만물은 그것을 싫어하나니

그러므로 도를 행하는 사람은 그런 곳에 머무르지 아니한다네.

군자가 거처함에 있어 왼쪽을 귀하게 여기나

병진을 펼칠 때는 오른쪽을 귀하게 여긴다네.

병기는 상서롭지 않는 도구로

군자의 도구는 아니지만

어쩔 수 없는 경우에만 사용한다 해도

(부득이하게 사용하는 경우) 담담한 마음이 제일이라네,

승리하여도 자랑하지 않아야 하니

만약 자랑한다면 이는 살인을 즐기는 것이고

무릇 살인을 즐긴다면 천하의 뜻을 얻을 수 없다네.

그러므로 길한 일에는 왼쪽을 숭상하고

흉한 일에는 오른쪽을 숭상하느니

두 번째로 높은 편장군은 왼쪽에 자리하고

가상 높은 상장군은 오른쪽에 자리한다네.

이는 상례로써 대우한다는 말이니

죽인 사람이 많으면 슬픔을 다해 애도하고

전쟁에 이겼어도 상례로써 대처하는 것이라네.

夫佳兵者 不祥之器 物或惡之 故有道者 不處

'가佳'는 꾸민다는 뜻이며 '상祥'은 상서로움을 의미한다. 병기兵器라는 것은 사람의 정精과 신神을 놀라게 하고 기氣는 자연히 탁濁하게 되어 몸 안의 기운을 흐리게 하는 좋지 않은 도구이다. 그러한 병기가 사용된다면 만물이 상해를 입기 때문에 그것을 싫어하는 것이니 그러므로 도를 행하는 사람은 전쟁을 하는 나라에서는 머물지도 살지도 않는다.

君子居則貴左, 用兵則貴右, 兵者不祥之器, 非君子之器, 不得已而用之, 恬澹爲上.

'좌左'란 좌측 변으로 동쪽 방향을 향하여 자리하는 것을 말한다. 동방은 오행五行상 목木에 해당하고 계절로는 봄에 속하는데 초목이 봄을 만나 생장하고 또한 좌청룡左靑龍이란 말도 길하고 상서롭다는 뜻이 있다.

'우右'란 우측 변으로 서쪽 방향을 향하여 자리하고 서방은 오행상 금金에 해당하며 계절로는 가을에 속하는데 초목은 가을이 되면 시들게 되고, 우백호右白虎는 만물을 죽이거나 사라지게 하는 뜻이 있다. 사람의 두 팔로 비유하면 왼쪽 팔은 유약하여 선善 하고 겸양하지만, 오른쪽 팔은 강한 힘을 쓰는 것에 비교할 수 있다.

'병자불상지기 비군자지기兵者不祥之器 非君子之器'에서 병기는 상서롭지 못한 도구로 군자가 사용하는 도구는 아니지만, '부득이이용지 염담위상不得已而用之 恬澹爲上'에서 나라에 반역이나 환란이 닥쳐 만백성들에게 위해가 있을 때에는 곧 병기를 사용하여 스스로 지켜내고자 함이며, 이 경우에도 절대로 영토를 탐내지 아니하고 권력을 잡기 위하지도 않고 그저 담담하고 안존한 것을 최고로 여긴다는 말이다.

勝而不美, 而美之者, 是樂殺人也, 夫樂殺人者, 則不可
以得志於天下矣.

비록 승리하였더라도 미화하거나 이롭게 여기지 않으니 승리한 것을
미화하는 사람은 사람을 죽이는 것을 기뻐하고 즐기는 것이기 때문이다.
만약 군주에 오르고서도 사람을 죽이는 것을 즐긴다면 민심을 깊이 얻
을 수 없으며 천하 사람들로 하여금 돌아와서 복종하기를 기대할 수 없
을뿐더러 망령되어 사람의 목숨을 마음대로 처리할 것이다.

故吉事尙左, 凶事尙右, 偏將軍處左, 上將軍處右, 言以
喪禮處之, 殺人之衆多以悲哀泣之, 戰勝則, 以喪禮處
之.

좌左쪽은 양陽의 기운이 흘러서 만물을 살리는 자리이고 우右쪽은 음
陰의 기운이 흘러 사물을 죽이는 자리로 보고 있다. 지위가 낮은 편장군
을 양의 기운이 흐르는 왼쪽에 있게 한 것은 그에게 죽이는 것을 전담시
키지 않아서이고, 지위가 높은 상장군을 음의 기운이 흐르는 오른쪽에
위치하게 한 것은 그에게 죽이는 것을 전담시켰기 때문이다. 상장군이 오
른쪽에 위치하는 것은 상례일 때는 음의 기운이 흐르는 오른쪽이 귀한
자리이기에 오른쪽을 높이 보는 것이다.

'살인지중다이비애읍지殺人之衆多以悲哀泣之'에서 많은 사람을 죽였으
니 스스로 덕이 엷어지면 도로써 사람들을 교화할 수도 없으며 죄 없는
사람들마저 해치게 된다는 것이다.

'전증즉 이상례처지戰勝則 以喪禮處之'에서 옛날에는 전쟁에서 승리하
면 장군은 상주로서 상례를 주관하는 자리이니 소복을 입고 곡을 해야
했다. 이는 군자는 덕을 귀히 여기고 전쟁을 비천하게 여겨 어쩔 수 없이

죽인 상서롭지 못한 일을 상례에 맞춰 처리한 것을 말한다.

언무偃武(무력을 그치게 함)

현관玄關 (2)

우리가 '현玄'이라는 글자의 어휘를 살펴보기도 했듯이, 현관玄關이라는 기공학의 명사名詞를 가지고 이것을 학문적으로 번역하여 해석하는 것은 불가능하다. 특히 도가에서는 이런 명사들의 은밀한 뜻을 이면에 숨겨놓고 드러내놓지 않은 부분이 많이 있다.

이 현관은 안신조규安神祖竅 수련을 통해서 열어야 한다. 수련이 어느 정도 단계에 이르면 저절로 그것을 열 수 있는 공능이 생기는데 그때서야 비로소 현관일규란 말을 할 수 있다. 슬기로운 사람은 그것을 열고 어리석은 사람은 그것을 닫는데, 그것을 열면 오래 살게 되고 그것을 닫으면 일찍 죽는다고 했다.

이 현관玄關은 몸속에 있는 것도 아니고 몸 밖에 있는 것도 아니어서 더듬어 찾는다고 해서 열려지는 것도 아니다. 이 현관이 열려 있으면 모든 '이치의 본바탕은 하나같고 평등하다'는 여여如如의 경지에 이르게 되고, 한번 열리게 되면 영원히 열리게 된다. 우리가 선천에는 이것이 열려 있었고 태어나서 후천에도 열려 있다가 동체에서 누체로 되면서 완전히 닫혀 버린다.

이것을 열기 위한 공법을 익히는 것은 정성을 보존하여 모든 연분을 내려놓고 나서 오직 이 ∴세 점만을 이용하는 것이다. 이 ∴세 점은 곧 해와 달과 천강성인데 사람의 몸에 있어서는 왼쪽 눈과 오른쪽 눈과 두 눈썹 사이의 편편한 곳이다. 사람이 선천에는 눈이 감기어서 인당을 통해 감지하게 되므로 눈을 셋으로 본다. 사람이 수련을 통해 두 눈썹 사이의 편편한 곳, 즉 인당이 열리게 되는데 이렇게 하여서 열리게 된 눈을 천목혈天目穴이라고 한다.

천목혈이 열려 있다고 해서 완전한 현관이 형성된 것은 아니다. 이제는 천목혈과 하늘과의 사이에 내공內功의 힘을 빌려서 하늘 사다리, 즉 통로를 연결해야 한다. 이 통로는 하늘과 나와의 사이를 마치 터널과 같은 상태로 연결하니 이 통로를 통해 삼세(전세轉世, 현세現世, 내세來世)를 가고 올 수가 있는데 이 삼세로 갈라지는 교착점이 현관이다.

이 통로 즉 현관을 통해 육도六道윤회가 이루어지고 전세轉世와 내세來世의 길을 왕래한다. 천당도 지옥도 다 이 현관을 통해서 볼 수 있고 갈 수 있다. 그리고 내가 어떤 경로를 통해서 현세의 이 자리에 와 있는가도 이 통로로 들어가서 보고 알 수 있다.

君貴左兮兵貴右 군자의 귀함은 왼쪽이요, 병사의 귀함은 오른쪽이니
非人此道莫輕授 이러한 도를 가벼이 여겨 받지 않으면 사람이 아니라네.
有時恬澹樂無爲 때로는 편안하고 고요하니 무위만을 즐기고
上天之載無聲臭 하늘에 실어 올라간다면 소리도 냄새도 없다네.

道常無名章 第三十二

聖德(성인의 덕)

道常無名, 도상무명,

樸雖小, 天下不敢臣, 박수소, 천하불감신,

侯王若能守, 萬物將自賓, 후왕약능수, 만물장자빈.

天地相合, 以降甘露, 천지상합, 이강감로,

人莫之令而自均. 인막지령이자균.

始制有名, 시제유명,

名亦旣有, 명역기유,

夫亦將知止, 부역장지지,

知止所以不殆. 지지소이불태.

譬道之在天下, 비도지재천하.

猶川谷之與江海也. 유천곡지여강해야.

도는 영원히 이름 붙일 수 없고

통나무는 비록 작지만 세상이 감히 신하로 삼을 수 없으니

제후나 왕이 그것을 지킬 수 있다면, 만물이 저절로 찾아오게 되네.

하늘과 땅이 서로 합하면, 감로가 내리고,

백성은 명령하지 않아도 스스로 균형을 이루네.

처음으로 만들 때에 이름이 생겨나니

이름이 이미 생겨났으면

그칠 줄을 알아야 될 것이니

그칠 줄을 안다면 위태롭지 않다네.

비유컨대 도가 천하에 있음은

온갖 내와 골짜기의 물이 강과 바다로 흘러드는 것과 같다.

道常無名, 樸雖小, 天下不敢臣, 侯王若能守, 萬物將自賓,

도는 음양이 갈라지기 이전이니 음기로도 양기로도 작용할 수 있고 늦출 수도 당길 수도 있으며 존재하게 할 수도 없게 할 수도 있기 때문에 영원히 이름 붙일 수가 없다. 도는 소박하고 작고 오묘해서 모습도 보이지 않으니 천하의 그 누구도 신하로 삼아 부려먹을 수 없다. 만약 제후나 왕이 그 도를 지킬 수만 있다면 만물이 저절로 찾아와 복종하게 될 것이다.

天地相合, 以降甘露, 人莫之令而自均.

'감로甘露'란 때가 되어 내리는 감미로운 이슬이다. 하늘과 땅이 사귀고 음과 양이 합해진다면 반드시 감로가 내려와 뭇 생명을 윤택하게 할 것이니 뭇 백성들이 편안하게 될 것이다.

'인막지령이자균人莫之令而自均'에서 하늘이 상서로운 징조를 보여 감로수를 내리고 만물은 명령을 내리는 자가 없어도 모두가 스스로 하나같이 균등해지는 조화가 이루어 질 것이라는 말이다.

始制有名, 名亦旣有, 夫亦將知止, 知止所以不殆.

여기서 '시始'는 도를 뜻하며 '유명有名'은 만물을 의미한다. 도는 이름이 없어도 이름 있는 만물을 제어할 수 있고 형체가 없어도 형체가 있는 만물을 제어할 수 있다. 이름 있는 만물은 모두 6욕7정六欲七情을 지니고 있으면서 도를 거스르고 덕에서 멀어지기 때문에 몸이 훼손되고 욕辱되게 되는 것이다. 무릇 이름이 이미 생겨났으면 장차에는 그칠 줄을 알아야 될 것이니 그칠 줄을 안다면 그것으로써 위태롭지 않게 될 것이다.

譬道之在天下, 猶川谷之與江海也.

도가 천하에 존재하고 있는 것이 비유하면 마치 큰 바다와 같은데 제일 낮은 곳에 거처하여 받아들이지 않는 것이 없고 포용하지 않는 것이 없어서 천하의 모든 하천과 계곡이 강과 바다에 연결되어 서로 흘러 통하는 것과 같다. 도를 지닌 성인은 큰 바다의 모습과 같아서 천하의 모든 백성이 그에게 돌아와 통하게 된다는 것이다.

성덕聖德(성인의 덕)

노자의 말씀 중에 "상덕부덕上德不德 하덕집덕下德執德"이란 말을 수정자께서는 다음과 같이 주해하셨다.

'상덕부덕上德不德'이란, 덕이 높은 사람이 도리어 그 덕을 중요하게 여기지 않는다는 것이 아니다. 덕이란 선천先天으로 오덕을 모두 갖추고 있는데, 유가儒家에서는 인仁, 의義, 예禮, 지智, 신信을 받들어 따르는 것을 덕德으로 삼고 충서忠恕를 행行으로 삼는다. 불가佛家에서는 살살, 도盜, 음淫, 망妄, 주酒의 계제戒制를 덕德으로 삼고 자비慈悲를 행行으로 삼는다. 도가道家에서는 금金, 목木, 수水, 화火, 토土를 수련하는 것을 덕德으로 삼고 감응感應을 행行으로 삼는다. 덕과 행이 온전히 갖추어지면 후천後天에 물들지 않으므로 상덕上德이라 하는 것이고 후천後天을 선천先天으로 돌이키는 일 역시 상덕上德이라 하는데, 상덕은 본래부터 스스로 있는 것이지 필요하여 외부에서 구하는 것이 아니므로 덕이 높은 것은 덕이 아니라 한 것이다.

'하덕집덕下德執德'이란 덕이 얕은 사람이 도리어 그 덕에 집착하여 중요하게 여긴다는 뜻이 아니다. 하덕이란 후천에 물듦으로써 오덕을 점차 잃게 된다. 집덕執德의 도는 옳지 않는 것이고 그것을 가지고는 선천으로 되돌리기가 어렵다. 무엇을 집덕執德이라 하는가? 잘못을 알면 반드시 고쳐야 하고 죄인 줄 알면 반드시 뉘우쳐야 하리니 형살刑殺을 경계함으로써 인仁을 이루고 교취巧取를 경계함으로써 의義를 이루고 사음邪淫을 경계함으로써 예禮를 이루고 주육酒肉을 경계함으로써 지智를 이루고 망어妄語를 경계함으로써 신信을 이루는 것이다. 인仁, 의義, 예禮, 지智, 신信 오덕은 금하고 억지로 함으로써 오는 것이기 때문에 말하기를 하덕은 집덕執德이라고 하는 것이다. (『청정경』에서)

我相衆生壽者相 나의 상은 생동하는 사람끼리 서로 닮아서
權實照用一時放 방편과 진실을 한때 그대로 두었는데.
不通凡聖擬議乖 세상 물정에 어둡고 괴팍한 사람은 통하지 않네.
天地合而甘露降 천지가 합쳐지니 기꺼이 감로가 강림하네.

知人者智章 第三十三

辯德(분별력)

知人者智, 지인자지,
自知者明, 자지자명.

勝人者有力, 승인자유력,
自勝自強. 자승자강.

知足者富, 지족자부,
強行者有志. 강행자유지.

不失其所者久, 불실기소자구,
死而不亡者壽. 사이불망자수.

남을 아는 자는 슬기롭고
자신을 아는 것은 밝음이네.

남을 이기려는 짓은 힘을 취함이고
자신을 이기는 짓은 강함이네.

만족을 아는 자는 부유하고
함께 행하는 사람에게는 뜻이 있다네,

제 소임을 잃지 않는 사람은 오래가고
죽어서도 잊히지 않는 사람은 죽었어도 살아 있다네.

知人者智, 自知者明.

'지인자知人者'란 '남을 안다는 것은'이라고 뜻풀이를 할 수 있고, '자지 자自知者'는 '나를 안다는 것은'이라고 풀이한다. 지인자知人者는 남이라 는 형체가 있는 것이어서 바깥을 의미하고 자지자自知者는 나의 내면을 말하는 것이다. 나의 내면은 몸 안인데 그것을 내강內腔이라고도 표현하 며 도가 수련은 내강을 비우고 밝게 하는 과정이 있다. 명심견성明心見性 의 수련이 그것이다. 이 수련이 완성되면 몸 안이 밝아져서 성性을 볼 수 도 있지만 남을 알 수 있는 지혜도 생긴다.

勝人者有力, 自勝自強.

다른 사람을 이기는 자는 힘을 취하여 얻어지는 것뿐이고 자기 자신 을 주재하고 다스릴 수 있는 사람이야말로 진실로 강한 것이다. 굳이 남 을 이겨야 한다면 형체가 있는 힘이 아니고 덕으로써 상대를 교화함으로 써 나와 함께 함으로 너와 내가 아닌 우리가 되어야 할 것이다. 그러기 위 해서는 스스로 이기고 스스로 강해져야 할 것이다.

知足者富, 強行者有志.

'지족知足'이란 '만족함을 안다'의 의미인데, 도를 체득하여 박樸으로 돌아간다면 마음의 쓰임이 담박하여 만족함을 알고 그칠 줄을 알아서 그것을 지킨다면 부유하고 만족스러울 것이다. 이러한 만족함을 힘써 행 한다면 도와 가까워지려는 뜻이 있다고 볼 수 있다.

不失其所者久, 死而不亡者壽.

'불실기소不失其所'는 '그 곳을 잃지 말라'는 의미인데 그 곳은 어디인가? 그 곳은 허무한 도가 있어 천지의 바른 기운과 사람들의 덕일 것이다. 만약 이렇게 된다면 오래 갈 수가 있는 것이다.

'사이불망자수死而不亡者壽'는 성인의 도를 본받아 자지自知, 자승自勝, 지족知足, 강행强行의 선善을 살아 있을 때 행했다면 죽어서도 후학들이 받들어 본받고자 함이니 죽었어도 죽지 않은 것이다.

변덕辯德(분별력)

안신조규安神祖竅 ⑴

도가道家의 수련방법 중에 안신조규安神祖竅를 중요시하는데 우주공간의 에너지를 압축하여 몸으로 거둬들여 몸속에서 펼치면 경물景物이 보이고 과거가 보이는데 이것은 전세轉世에너지가 재현된 것이다. 3가지 에너지를 증강하는 방법 중 전세에너지 증강이 가장 어렵다고 한다.

본체本體에너지는 인간이 태어날 때부터 가지고 나온 기본적인 에너지에다 성장하면서 계속 보강하여서 정상적으로 활동할 수 있게 받쳐 주는 것으로서 3가지 에너지 중 가장 중요하다.

우주에너지는 천성天性이라 하고 전세에너지는 인과因果이며 본체에너지는 근원根源에서 비롯되었다고 한다. 그래서 이 3가지 에너지는 정精·기炁·신神의 삼재三才라고 하여 우주에너지는 신神, 전세에너지는 기炁, 본체에너지는 정精으로 삼아 어느 것이 크고 작은 것이 없이 체내 움직임이 평형을 유지시키고 전환하여 상승시킨다. 인체 내의 3가지 에너지가 상호 전환하여 상승되는 것을 내공內功이라고 한다.

  인선법引仙法이 체내에서 오장의 정精을 단련하는 수련이라면 안신조규는 체외에서 신광神光을 당겨 단련하는 수련이다. 즉 사람의 몸과 사람의 영靈을 분리하는 것이다.

智與明兮自勝强 지혜와 밝음은 스스로를 강하게 하고
乾坤闔闢要相當 하늘과 땅이 닫히고 열리면 알맞으니
若能守片間田地 한 조각의 땅을 지킬 수 있다면
不是尋常孟八郎 늘 찾고 있는 맹팔랑이 아니네.

大道汎兮章 第三十四

任成(이루어짐에 맡김)

大道汎兮. 대도범혜.

其可左右 萬物恃之而生 而不辭. 기가좌우 만물시지이생 이불사.
功成不名有, 공성불명유,
愛養萬物而不爲主. 애양만물이불위주.

常無欲, 可名於小. 상무욕, 가명어소.
萬物歸焉而不爲主 可名於大. 만물귀언이불위주, 가명어대.
是以聖人, 終不爲大, 시이성인, 종불위대,
故能成其大. 고능성기대.

대도는 유행하여 넘치는구나.

그것은 두루 미칠 수 있어 만물이 이 도를 의지하여 태어나되 주재 받지 않고
공을 이루어도 내세우지 않고
만물을 아끼고 길러 내면서도 주인으로 자처하지 않네.

항상 욕심이 없으니 작다고 이름 할 만하고
만물이 그에게 돌아와도 주인이 되지 않으니 크다고 이름 할 만하네.
성인은 끝내 위대하다고 여기지 않으므로
그러므로 위대함을 이루게 된다네.

大道汎兮.

'범혜汎兮'은 온갖 천천川과 강강江에서 흘러드는 바다의 넓음을 의미한다. 도라는 것도 넓고 넓어서 마치 떠있는 것 같기도 하고 가라앉은 것 같기도 하며 마치 있는 것도 같고 없는 것도 같아서 보려 해도 보이지 않으며 통하지 않은 것이 없으며 두루 펼쳐 있지 않은 곳이 없으나 이것을 설명하라고 하면 뚜렷하게 그려내기가 어렵다.

其可左右, 萬物恃之而生, 而不辭, 功成不名有, 愛養萬物而不爲主.

'좌우左右'는 범혜汎兮를 다시 강조한 말이다. 대도범혜大道汎兮는 전후좌우 상하前後左右 上下(六合) 즉 미치지 않은 곳이 없다.

'만물시지이생萬物恃之而生'에서 시恃란 믿고 기다린다는 뜻이다. 만물은 도를 믿고 기다려 생겨나지만 사양하지도 않으며 공을 이루어도 이름을 내세우지 않으며 만물을 아끼고 길러내면서도 주인으로 자처하지 않는다.

常無欲, 可名於小, 萬物歸焉而不爲主, 可名於大, 是以聖人, 終不爲大, 故能成其大.

도는 명리名利를 구하지 않고 사욕이 없으니 작다고 할 수 있으나 만물이 그에게 되돌아오지만 주인 행세를 하지 않으니 그것을 크다고 이름할 수 있으나 이 때문에 성인은 도를 본받고 덕을 숨기고 위대하다고 여기지 않으니 그러므로 능히 위대함을 이룰 수 있는 것이다.

안신조규安神祖竅 (2)

조규祖竅는 양미간 가운데 하나의 점이다. 단경丹經에서는 조규라는 것은 몸 안에도 있지 않고 몸 밖에도 있지 않다고 했다. 이 조규祖竅를 인간의 진성眞性이라고 하며 이 조규 가운데 원신元神이 머문다고 한다.

인간은 3성三性이 있는데 하나는 부모님이 주신 성性, 하나는 대자연이 부여한 성性, 그리고 본래 진면목의 내가 영靈을 통해 하나의 성性을 준 것이 그것이다. 이 3성이 하나로 되어 인간의 진성眞性이 된다고 한다. 이렇게 세 개의 성이 합하여 하나로 되면 이 신은 몸 안에 있게 된다. 우리가 안신조규를 수련하는 것은 부모로부터 받은 성과 대자연으로부터 부여받은 성을 벗어버리고 진정한 자아自我를 찾아가는 수련이다. 나는 왜 이렇게 생겼는가? 나는 왜 이러한 사람이 되었는가? 하는 것을 찾기 위하여 안신조규 수련을 하는 것이다.

자아가 나타나면 이 신은 몸 밖에도 있어서 자기 자신의 우주 변두리를 에워싸고 돌 수 있다. 이 신은 운동을 할 수도 있어서 나의 몸을 보호하는 보디가드가 있는 것과 같으며 실제로 그렇게 느낄 수 있다. 수련이 익숙해지면 사람이 나타나는데 몸 밖의 몸, 즉 신외신身外身이다. 안신조규 수련 결과이다.

이러한 모든 힘의 원천은 기혈氣穴(하단전)에서 나온다. 만약 기혈에 오장의 정이 모여 있는 것이 강하다면 안신조규 수련 시 인체

우주장의 변두리가 조금씩 넓어지고 방어벽도 두꺼워질 수 있다. 그러나 기혈에서 오장의 정이 부실하다면 원신은 자기 몸 안으로 돌아와 버린다. 그렇게 되면 몸 밖의 어떤 상황에 대해서 감지할 수 없게 된다.

大道汎兮不可名 대도의 넓음이여, 그 이름을 알 수 없구나.

可名非道礙塵生 그 이름이 도가 아니라면 티끌 생기는 것도 막을 것이네

平時不向西江望 평상시에 서강을 향해 바라보지 않으니.

踏破芒鞋未是行 짚신으로 밟아 깨는 것이 능사는 아니라네.

執大象章 第三十五

仁德(어진 덕)

執大象, 天下往. 집대상, 천하왕.

往而不害, 安平泰. 왕이불해, 안평태.

樂與餌, 過客止. 낙여이, 과객지.

道之出言, 淡乎其無味. 도지출언, 담호기무미.

視之不可見, 시지불가견,

聽之不可聞, 청지불가문,

用之不可旣. 용지불가기.

큰 도의 형상을 잡고서 세상에 가면
가도 해롭지 않으며 평안하고 태평하네.

즐거움과 좋은 음식은 길손을 멈추게 하지만
도에 대한 말이 나오면 담박하여 맛이 없고
도는 보려고 해도 볼 수 없고
들으려고 해도 들을 수 없지만
아무리 써도 다함이 없네.

執大象, 天下往, 往而不害, 安平泰.

'집執'은 잡아 지킨다는 뜻이고 상象은 도를 의미하니 '대상大象'은 대도이다. 대도를 잡아 지키면서 우선 몸을 잘 다스려 하늘의 신명을 받아 가져야 할 것이다. 그렇게 된다면 세상의 모든 사람들의 마음이 움직여 되돌아 모여들게 되니 모여들어도 상해를 받지 않으며 안정되고 편안해서 태평성대를 이루게 될 것이다.

樂與餌, 過客止, 道之出言, 淡乎其無味, 視之不可見, 聽之不可聞, 用之不可既.

즐거움과 좋은 음식은 나그네도 멈춘다 함은 즐거운 음악소리를 들으면 춤추려 하고 입에 상쾌한 맛이나 희귀한 냄새는 사람을 끌어들여 나그네가 일시적으로 잠시 머무를 뿐이다. 도를 말하라고 하면 오직 순수하고 청정한 무위의 도가 있는데 이는 담담하여 아무 맛도 없고 보려 해도 볼 수 없으며 들으려 해도 들을 수 없다.

'용지불가기用之不可既'에서 기既는 다한다는 뜻이니 도를 활용하여 세상이 안정되고 번창해지고 수명은 연장되어 아무리 써도 다하는 때가 없다.

인덕仁德(어진 덕)

사람의 탄생誕生

사람이 생명을 얻기까지는 전생前生의 공과功果와 업보業報를 가지고 태어난다는 것이 불교나 도가의 입장이다. 이 말은 육신은 사라지더라도 영원히 존재하는 영靈의 실체를 입증하는 말이기도 하여서, 이 영靈이 그것들을 기억했다가 윤회를 통해 다시 사람으로 태어나는 수정란受精卵에 투합되는 것이다. 영靈이 성명性命과 원신元神을 부여할 때는 이미 영겁의 공과와 업보가 그 속에 다 들어 있다. 도가의 수련이나 불교의 수행을 통해 이것을 나타나게 하는 것이 부모미생전父母未生前의 자기의 본성本性이며, 이것을 밝게 펼쳐 보이는 것이 견성見性이다.

무릇 천지는 태공太空을 근본 삼아 사람과 짐승 만물을 생겨나게 하였다고 한다. 사람은 아버지의 정精과 어머니의 혈血, 하늘의 양기와 땅의 음기, 태양의 양혼陽魂과 달의 음백陰魄, 화火의 양신陽神과 수水의 음정陰精을 받아 생겨나는 것이니 사람의 몸은 천지의 기氣가 조화를 이루어 생겨난 것이다. 이 말은 사람이 태어났을 때의 천성을 잘 나타내고 있는 말로서 그래서 "인간은 만물의 영장"이라고 하지 않는가! 그러나 사람은 점차 성장하면서 거개擧皆가 물욕物慾에 가리어져 기혈氣血이 혼탁하고 심신心神이 금수지심禽獸之心으로 변하여 오상五常(仁, 義, 禮, 智, 信)과 인간도덕人間道德을 망각하게 된다고 한다.

出口淡乎其無味 입에서 나온 담백한 말은 그것을 무미하게 하니
能者用之不可旣 유능한 사람은 그것을 써서는 안 된다네.
逢人好話說三分 좋은 말을 만나는 사람은 셋으로 나누어 말하니
過客欣聞樂與餌 즐거움과 좋은 음식은 나그네가 듣기 좋은 말이네.

將欲噏之章 第三十六

微明(미명)

將欲噏之, 必固張之, 장욕흡지, 필고장지.

將欲弱之, 必固彊之, 장욕약지, 필고강지.

將欲廢之, 必固興之, 장욕폐지. 필고흥지.

將欲奪之, 必固與之, 장욕탈지, 필고여지.

是謂微明. 시위미명.

柔勝剛弱勝彊. 유승강약승강.

魚不可脫於淵. 어불가탈어연.

國之利器. 不可以示人. 국지이기, 불가이시인.

장차 그것을 거두고자 하면 반드시 먼저 그것을 펼쳐놓고
장차 그것을 약하게 하려면 반드시 먼저 그것을 강하게 하며
장차 그것을 망하게 하려면 반드시 먼저 그것을 흥하게 하고
장차 그것을 뺏고자 한다면 반드시 먼저 주어야 하네.

이것을 일러 미명이라고 한다네.

유약한 것은 굳세고 강한 것을 이기고
물고기는 연못을 벗어나서는 안 되니
나라의 이로운 기틀은 남에게 보여서는 안 되네.

將欲噏之, 必固張之. 將欲弱之, 必固彊之. 將欲廢之,
必固興之. 將欲奪之, 必固與之.

'흡噏'이란 거두어들인다는 뜻이고 '장張'이란 펼쳐 놓는다는 뜻이니
장차 거두어들이기 위해서는 활짝 펼쳐 놓아야 한다는 뜻이다. 만일 수
축을 한다거나 여러 개를 합해야 할 경우 활짝 펼쳐놓아서 확대하는 것
이 필요함을 말한 것이다.

만일 그것을 약하게 하려면 잠시 그것을 강하게 한다는 것은 그 강함
은 재앙이나 우환을 만나게 한다는 것이고, 만일 그것을 폐기하고자 할
때는 먼저 그것을 흥하게 한다는 것은 그 흥함이란 교만하고 위태로움
에 처하게 하려는 것이고, 만일 빼앗으려 한다면 먼저 주어야 한다는 것
은 그 먼저 준다는 것은 그 탐욕스런 마음을 극에 다다르게 하고자 함이
다. 그것은 모든 일이라는 것이 극에 다다라서 높은 곳까지 올라가 더 올
라갈 수가 없으면 결국 다시 바닥으로 떨어진다는 비유를 지적한 것이다.
噏과 장張, 약弱과 강彊, 폐廢와 흥興, 탈奪과 여與가 이를 말해주고 있
다.

是謂微明.

'미微'란 기미, 또는 기틀, 즉 낌새를 말하는 것이고 '명明'은 밝게 드러
났다는 의미이다. '미명微明'을 기미가 분명하게 드러났다고 풀이해도 될
것이다. 위에서 열거한 噏과 장張, 약弱과 강彊, 폐廢와 흥興, 탈奪과 여
與와 같이 반전을 꾀하는 4가지 사례로 보더라도 그것이 미미해 보일지
라도 효과는 확실하게 드러난다는 것을 말하고 있다. 이것을 일러 미명이
라고 하는 것이다.

柔勝剛弱勝彊, 魚不可脫於淵, 國之利器, 不可以示人.

'유승강柔勝剛'은 부드럽고 나긋나긋한 것은 굳어서 딱딱한 것을 이기고 '약승강弱勝彊'은 약한 자는 힘이 센 자를 이긴다는 말이다.

'어불가탈어연魚不可脫於淵'에서 물고기가 연못을 벗어나는 것을 굳셈을 버리고 부드러움을 취한다 하지만 이는 물고기가 사는 세상이 아니기 때문에 결국 죽을 수밖에 없다는 것이다.

이 말은 이어지는 '국지이기 불가이시인國之利器 不可以示人'에서 나라의 이로운 기물을 천하에 보인다면 과시하는 것이 되어서 결국 그것으로 인해 물고기가 연못에서 벗어나 죽는 것처럼 생존할 수 없다는 것이다. 이는 권력을 쥐고 있는 왕은 그것을 신하에게 보여주어서는 안 되는 것을 시사하고 있다. 신하가 군주의 통치술을 파악하면 신하가 단지 군주의 마음에 영합하는 행위를 함으로써 군주의 판단력을 흐리게 할 수 있다고 보기 때문이다.

미명微明

미微의 의미

이 장에서는 사물의 변화과정을 통해 미명微明을 말하려고 했다. 흡噏과 장張, 약弱과 강彊, 폐廢와 흥興, 탈奪과 여與 같은 반전의 묘미는 우리 일상에서도 경험하는 아주 평범한 이야기 같아 보인다. 그러나 노자老子는 이것을 그 낌새가 분명하게 드러난다는 미명微明이라고 표현하였으니 이것을 대도大道의 차원에서 생각해 볼 수도 있겠다.

우리가 생활하는 일상에서 반전을 이어가는 것은 위에서 열거한 4가지 외에도 일상생활 속에서 찾아본다면, 하루 중에도 어둠이 극에 달하면 반드시 밝음이 찾아오고 반대로 밝음이 극에 달해 다하게 되면 어둠이 찾아들고를 반복하고, 일 년 중에는 더위가 다하면 추위가 찾아오고 추위가 다하면 다시 더위가 찾아오는 것을 반복하는 것은 모두 천도의 이치이자 순리이다. 하루로 볼 때 자시子時가 가장 어둡다고 한다면 오시午時는 가장 밝을 때이다. 그 중간에 묘시卯時와 유시酉時가 있는데 이 묘시卯時와 유시酉時가 그 낌새를 미리 알려 주는 역할을 한다. 그래서 묘시卯時와 유시酉時가 미微에 속하고 어둠과 밝음을 분명하게 보여주는 자시子時와 오시午時가 명明에 해당된다고 본다. 일 년으로 말하면 여름과 겨울 사이에 봄과 가을이 있어 미微에 해당된다고 보며 월별로 본다면 3월과 9월이 더위와 추위의 낌새를 알려주는 이 미微에 해당된다고 본다.

　　이러한 차원에서 미명微明을 이해한다면 그 역할이 미미하다고 생각할지 모르나 자연의 도는 갑자기 찾아오는 것이 아니고 반드시 예고를 한다는 것에 대해서 우리들에게 다시 한 번 무위자연의 순수함에 경외감을 갖게 한다.

利器如何可示人 이로운 그릇을 어떻게 남에게 보여줄 수 있는가.
不妨勇猛奮精神 용맹스럽게 정신을 낭비해도 무방하네.
參玄參道微明處 심오한 이치가 있는 곳이 미명이니
立見金剛不壞身 금강석 같이 무너지지 않는 몸을 세우리.

道常無爲章 第三十七

爲政(위정)

道常無爲而無不爲. 도상무위이무불위.

侯王若能守, 萬物將自化. 후왕약능수, 만물장자화.

化而欲作, 吾將鎭之以無名之樸. 화이욕작, 오장진지이무명지박.

無名之樸, 亦將不欲, 不欲以靜. 무명지박, 역장불욕, 불욕이정.

天下將自正. 천하장자정.

도는 늘 함이 없으나 하지 않은 것도 없다네.

제후와 왕이 만약 이를 지킬 수 있다면, 만물이 저절로 화육될 것이네.

화육되면서도 욕심이 일어나면 나는 장차 이름도 없는 통나무로 이를 진정시킬 것이니

이름 없는 통나무도 또한 하고자 않으니 하고자 않아서 고요해지면

세상이 장차 저절로 바르게 될 것이네.

道常無爲, 而無不爲, 侯王若能守, 萬物將自化.

'도道'는 항상 함이 없으면서도 하지 않음이 없다. 저절로 그러한 도는 청정하여 어떠한 인위적으로 조작되거나 순리에서 벗어나는 행위를 하지 않으니 천하의 사물은 하지 않는 것이 없는 이 도에서 이루어진다. 제후나 제왕이 만일 이 도를 지녀서 지킬 수 있다면 순수하고 진실하여 망령되지 않으니 천하의 만물은 저절로 변화될 것이다.

化而欲作, 吾將鎭之以無名之樸, 無名之樸, 亦將不欲, 不欲以靜.

'오吾'는 나 자신의 몸을 뜻하며 '무명지박無名之樸'은 도와 덕을 의미한다. 만물이 이미 자신을 본받아 변화하였는데 다시 교묘히 거짓됨을 꾸미려 하는 자는 이 도를 지키고 있는 제후나 왕이 몸소 도와 덕으로 진정시켜야 할 것이다. 제후나 왕이 도와 덕으로써 진정시키면 백성들 또한 장차 욕심을 부리지 않을 것이기 때문에 청정한 무위로 돌아와 고요하게 되고 그러면 몸도 마음도 깨끗하게 될 것이다.

天下將自正.

무위無爲로써 천하를 다스린다면 인위적으로 일어나는 부작용은 사라질 것이고 오직 자연의 도만 살아날 것이고 이를 지킨다면 몸은 저절로 닦여지고 천하는 저절로 태평성대를 누릴 것이다.

위정爲政

무위자연無爲自然

우리가 도道를 말할 때는 맨 먼저 '무위자연'을 연상한다. 그만큼 도와 무위자연은 떼어 놓을 수 없는 어머니와 자식 간의 관계이다. 그래서 도가의 공법도 자연을 위주로 창안되었으며 도의 입장에서 볼 때도 도가 자연적 순리의 중요한 체계를 계승하고 있다.

무위無爲의 반대말은 위爲이다. 위爲란 '무엇을 하다'라는 뜻으로 쓰인다. 그러므로 무위는 '하지 못한다, 하지 아니 한다' 등으로 쓰여질 수 있다. 그러나 이것은 문법상의 형이하학적 논법이고 도가의 말들은 주로 선천과 후천을 많이 다루고 있는데 선천 즉 형이상학적 논법으로 접근을 한다면 무위의 오묘함을 알 수 있다,

천지인天地人을 삼재三才라고 한다. 이 말은 사람도 천지와 동격이라는 말이다. 그런데 천지와 더불어 장구할 수 없는 것은 무엇 때문인가? 천지가 자연이면 사람도 자연이다. 자연은 사람을 배척하지 않고 포용하고 또 어루만져 준다. 여기에다 하나 더 보탰다. 무위가 그것이다. 무위는 어떤 방향이나 장소나 모양 모습에 의하여 가로막히지 아니한다. 그래서 무위자연은 청정한 그대로이고 위엄을 만들지 아니 한다.

그러면 무위자연은 어디서 찾아야 하는가? 하늘과 땅을 낳아서 기르고 일월을 운행시키고 만물을 길러내는 어머니가 있으니 그것이 곧 도道이다. 마땅히 무위자연의 상태에서 도道를 만날 수도, 얻을 수도 있다. 과연 도를 얻었다면(得道) 천지와 같이 장구할

수는 있는 것일까? 즉 윤회의 고리를 끊을 수 있겠는가? 답은 현신한 부처와 진선들이 이미 몸으로 보여 주었다.

朝朝只念觀世音 아침마다 단지 관세음만을 생각하니
識得觀音便踵音 관세음이 알아차리고 곧 따라오네.
若也始終無悔吝 처음부터 끝까지 이와 같이 후회 없다면
者回方是道人心 사방으로 도는 것은 사람의 마음이 도이네

도경道經 종終

덕경德經

총론總論

3. 도가道家 학설學說

춘추시대에는 노자가 선현의 큰 지혜를 집대성하였다. 오래된 도가 사상의 정수를 총결산하여 도가의 완전한 체계를 형성했다는 말은 도가 사상이 정식으로 이루어졌음을 나타낸다. 도가는 중화中華의 철학, 문학, 과학기술, 예술, 음악, 양생, 종교 등에 가장 큰 영향을 미치는 학파다. 중화 문화의 주춧돌로 불리는 도가 철학 사상은 유학의 중국화 이후의 불교학을 통해 어느 정도 다르게 구현되기도 했다.

도가는 도道를 핵심으로 도道를 무위로 여기고 도道의 자연을 주장하면서 도생법道生法을 내세우며 경제, 치국, 군사 책략, 소박 변증법 사상 등을 갖고 있다. 이것은 '제자백가' 중에서 지극히 중요한 철학의 유파이다. 동한東漢 말에 도교는 황·노, 도가 사상을 이론적 근거로 하여 춘추전국 이래의 신선의 방술이 발전을 계승하여 형성되었다. 특히 중요한 것은 도가가 경전을 갖고 있지만 사상이 책 속에 갇혀 있지 않다는 점이다.

갈관자鶡冠子도 방난龐煖을 교육할 때, 한 도가 학자의 기본 수행방향을 나열했는데, 그는 이를 "첫째는 도덕, 둘째는 음양, 셋째는 법령, 넷째는 천관, 다섯은 신징, 여섯은 기예, 일곱은 인정, 여덟은 무기, 아홉은 처병이다. 하나라도 모자라면 안 되고, 많으면 안 되지만, 도가道家가 될 수 있는 사람은 반드시 포괄적인 인재여야 한다.”고 했다. 역사 속에서 재난이 올 때마다 도가의 인물은 온몸이 호연도기浩然道氣로 내란內亂에 도전하고, 사악한 세력을 물리치고 도를 지키기도 했다. 이로 인해 인구에 회자되는 전설적인 문장文章들이 많이 울려 퍼지고 있다.

도가의 ‘道生一, 一生二, 二生三, 三生萬物’의 우주론 체계를 제시한 무극無極에서 태극太極으로 변하여, 태극은 양의兩儀를 낳고, 양의는 사상四象을 낳고, 사상은 팔괘八卦를 낳는다는 것과 비슷하다. 노자는 삼三은 만물을 낳고, 공자는 음양, 사상(노음노양, 소음소양)이 만물을 낳는다고 보았다.

도가의 제자인 장도릉張道陵은 노자의 사상을 계승하고 발전시켜 황노방술을 결합시켜 도교 조직을 만들었다. 노자의 『도덕경』을 근본 경전으로 삼아 ‘도’와 ‘덕’, ‘태상노자’를 최고의 신앙으로 삼고 있으며, 고대에는 도가의 막강한 영향력 때문에 도가와 도교를 분리하지 않으면 불교가 도를 흔들지 못했다. 초기 도교가 도가와 도교라는 단어를 혼용해 도가의 영향을 받아 크게 성장할 수 있었던 것은 장도릉 천사도張道陵 天師道 덕분이었다. 요즘엔 원시천존의 지위를 높이려고 황제, 노자, 장도릉 삼조三祖로부터 유래했다는 설이 있다.

유가의 중추가 인仁이라면 도가의 중추는 자연自然이다. 사람은 모두 사물을 소유하는 즐거움은 알고 있지만, 사물을 소유하지 않는 즐거움은 모른다. 자연을 추구하는 도가의 목적이 사물을 소유하지 않는 즐거움이라는 것을 말해준다. 자연의 극치는 마치 갓난아이와 같고, 무식한 것, 이것이 무無이고, 사물의 성性을 받지 않으니 자연스럽다고 할 수 있다. 이 경지를 할 수 있다면 도가에서는 지인至人이라고 한다.

도가의 학설은 노장 자연 천도관天道觀을 위주로 하여 사람들이 사상적, 행위적으로 도를 본받아야 한다는 '생이불유生而不有, 위이불시爲而不恃, 장이부재長而不宰'를 강조한다. 정치적으로는 '무위이치無爲而治' '불상현(不尙賢, 使民不爭)'을 주창하고, 그 후 도가 사상은 명가 법가와 결합해 황로지학이 되었다. 위진魏晉 간 현학이 성행할 때 왕필 등이 노장을 유가 경문으로 해석하여 유교와 도가의 융합을 이룩하기도 하였다. 불교학이 중국에 전래된 후 불교도들도 노장으로 불전을 해석하고 불도가 합류하는 추세를 보이기도 했다.

도가사상은 중국 정치, 사상, 과학기술, 문화예술 등에 모두 깊은 영향을 미치는 중국 전통문화의 중요한 구성 부분이다.

4. 도가학파道家學派

도가학파, 노장 학설을 중심으로 한 학술파는 진나라 때 형성되었다. 그 학설은 도를 최고 철학의 범주로 하여 도를 세계 최고의 진리로, 도를 우주 만물의 본원, 도를 우주 만물이 생존하는 근거로 삼는다. 이 학파는 자연, 사회, 인생 사이의 관계를 탐구하기 위해 도道를 사용한다. 주요 대표인물로는 복희伏羲, 황제黃帝, 노자老子, 장자莊子, 열자列子, 귀곡자鬼穀子, 장량張良, 사마휘司馬徽, 제갈량諸葛亮, 유백온劉伯溫, 왕통王通 등等이다. 도가는 도교 형성의 기초이고 도교는 도가의 계승과 발전이다.

노자는 도가학파의 창시자로 장자는 노자의 사상을 계승 발전시켰다. 그의 철학사상과 그가 창시한 도가학파는 중국 고대 사상문화의 발전에 중요한 기여를 했을 뿐만 아니라 중국의 2500여 년간 사상문화의 발전에 심대한 영향을 미쳤다.

장자莊子(기원전 369년~286년)는 명주 안휘성 몽성현인의 유명한 사상가, 철학자와 문학가로 도가학파를 대표한다.

장자는 자유를 숭상하기 때문에 동종 초위왕楚威王의 초빙을 물리치고, 생애에 걸쳐 노자사상의 계승과 발전에 자만自滿을 하였다. 후세는 그를 노자와 함께 노장老壯이라고 불렀다. 이들의 철학사상 체계는 사상학계에서 노장철학으로 추앙받고 있다. 노자의 정수를 가장 많이 얻은 두 사람 중 한 명이다. 나머지 한 사람은 한비韓非이다.

장자는 '내성외왕사상內聖外王思想'이 유교에 미치는 영향이 심원하다는 점을 최초로 제시했다. 한漢 초初에 이르러서는 유교儒敎와 도가道家가 서로 정치사상 분야에서의 투쟁이 더욱 첨예화되기도 하는 등 갈등도 있었다.

역대 도가학자들은 여전히 봉건정종封建正宗과 대립되는 이단 신분으로 학술, 문화 창조 활동과 비판 활동에 광범위하게 종사하고 있다. 그리고 끊임없이 진전을 하여 많은 중요한 성과를 거두었으며, 특히 과학, 문예, 철학 사변을 발전시키는 데 있어서 독특한 공헌을 한 바 있다. 이렇게해서 도가문화의 훌륭한 전통이 형성되었다.

한漢 초初에 이르러 사마담은 처음으로 선진先秦의 학술을 총결산하여 '음양陰陽, 유儒, 묵墨, 명名, 법法, 도道'의 6가六家로 귀결하였고, 평론에서도 독존도가獨存道家라고 하였다.

춘추천국시대에는 일가를 이룬 학파들이 많이 출현해 제자백가諸子百家, 백가쟁명百家爭鳴시대라고 인구人口에 회자膾炙되기도 했다.

★ 6가六家 : 음양가陰陽家,·유가儒家, 묵가墨家, 명가名家, 법가法家, 도덕가道德家.

★ 9가九家 : 유가儒家, 도가道家, 음양가陰陽家, 법가法家, 명가名家, 묵가墨家, 종횡가縱橫家, 잡가雜家, 농가農家 등 춘추전국 시대의 아홉 학파를 가리킴. 9류九流라고도 함.(九家에서 소설가小說家를 추가하여 10개 학파로도 불리었음.)

上德不德章 第三十八

論德(덕을 논함)

上德不德. 是以有德. 상덕부덕. 시이유덕.

下德不失德, 是以無德. 하덕불실덕, 시이무덕.

上德無爲而無以爲, 상덕무위이무이위,

下德爲之. 而有以爲. 하덕위지. 이유이위.

上仁爲之. 而無以爲, 상인위지이무이위,

上義爲之. 而有以爲, 상의위지이유이위.

上禮爲之. 而莫之應, 則攘臂而仍之. 상례위지, 이막지응, 즉양
비이잉지.

故失道而後德, 失德而後仁, 고실도이후덕 실덕이후인,

失仁而後義, 失義而後禮, 실인이후의, 실의이후례.

夫禮者, 忠信之薄. 而亂之首也. 부례자, 충신지박, 이란지수야.

前職者道之華, 而愚之始也 전직자도지화, 이우지시야.

是以大丈夫, 處其厚, 不處其薄, 시이대장부, 처기후, 불처기박,

居其實, 不居其華. 거기실, 불거기화.

故去彼取此. 고거피취차.

상덕은 덕이라 하지 않으니 이로써 덕이 있으며
하덕은 덕을 잃지 않으려 하기 때문에 덕이 없네.

상덕은 무위로 하니 이로써 함이 없고
하덕은 유위로 하니 이로써 함이 있다네.

상인은 이를 행하면서 했다고 여기지 않고
상의는 이를 행하면서 좋다고 여기고
상례는 이를 행하고 응하지 않으면 팔을 걷어붙이고 덤비네.

그러므로 도를 잃은 뒤에 덕이 있고 덕을 잃은 후에 인이 있으며
인을 잃은 의가 있고 의를 잃은 뒤에 예가 있네.
무릇 예라는 것은 충과 신이 엷어진 것이니 혼란의 시작이네.

앞서 안다는 것도 도의 꽃이지만 어리석음의 시작이니
이로써 대장부는 그 두터움에 처하지 얄팍함에 머무르지 않으며
그 내실에 머무르지 그 화려한 껍질에 머무르지 않는다네.

그러므로 저 화려한 껍질을 버리고 이 두터운 내실을 취하네.

上德不德. 是以有德 下德不失德. 是以無德.

'상덕부덕上德不德'을 직역하면 '상덕은 덕이 아니다'이다. 왜 그럴까? 상덕은 도와 마찬가지로 무위이며 형이상학적 용어이기 때문이다. 덕이 도에서 근원을 이루어 도와 통해 있으니 그 성과 질이 도와 같다고 보아야 한다. 도가 무형이고 무정하고 무명하지만 소유하지 않은 것이 없으며 있지 않은 곳이 없고 함이 없으나 이루지 못하는 것이 없다. 그러나 스스로 자랑하지 않으며 소유하지도 않으니 이와 같은 것들이 사람에게 응하게 되면 곧 덕德이 되는 것이다. 그래서 상도常道와 상덕上德은 서로 통하고 있으며 이것은 내재적이고 실질적이며 무형적이고 자연적인 것인 반면 하덕下德은 유위有爲로서 외재적이고 표면적이며 형식이 있는 다분히 사람이 인위적으로 작위作爲한 것들이다. 이와 같이 형식적이지 아니하고 마치 도가 하듯이 없는 것 같으나 사실은 크게 베풀어 이롭게 하는 것을 상덕이라고 한다.

'하덕 불실덕下德 不失德'은 직역하면 '하덕은 덕을 잃지 않으려고 함'이다. 이 말은 덕이란 것을 가지고 있다는 뜻이어서 이것은 무위가 아닌 유위이며 형이하학적 용어이다.

이렇게 뜻을 가지고 있으면서 자신이 고의로 그 덕을 드러내 보이거나 좋은 일이라고 자랑하며 자기를 알리려고 한다면 이것은 하덕인 것이다. 이러한 덕은 덕이 나타나 보일지라도 실제로는 덕이라 할 수 없다.

上德無爲, 而無以爲, 下德爲之, 而有以爲.

도의 본성은 무위자연이다. 도의 본성이 나타난 상덕은 무위인데 이와 같은 무위는 자연적인 것이다. 그래서 이것을 '상덕은 무위하니 이로써 함이 없는 것'이라고 한다.

하덕의 유위는 고의적이며 작위적인 것으로 자연에 배치되기 때문에 '하덕은 유위하니 이로써 함이 있는 것'이라고 한다.

上仁爲之, 而無以爲, 上義爲之, 而有以爲. 上禮爲之, 而莫之應. 則攘臂而仍之.

도덕道德이 뿌리라면 인仁, 의義, 예禮는 줄기라고 할 수 있다. 그래서 도, 덕, 인, 의, 예, 이 다섯 가지는 한 몸이다.

'상인위지上仁爲之'는 무위로써 행하는 것을 상인上仁이라고 한다. '이무이위而無以爲'는 일을 함에 공로가 이루어지더라도 인위적으로 집착을 버려야 한다는 것이다. '상의위지上義爲之'는 천리와 인심을 따르고 개인의 감정을 따르지 않는 것을 상의上義라고 한다. 여기서 '이무이위而無以爲'는 무언가를 해야겠다는 의도를 가지고 자신의 위엄을 성취하고자 자신을 드높이는 것을 말한다. '상례위지上禮爲之'는 장유유서나 남녀유별과 같은 예禮를 위해 제도를 만들고 위엄 있는 의식을 질서 있게 행하는 것을 말함이다. '이막지응 즉양이잉지而莫之應 則攘而仍之'는 예를 행함에 번거로움이 많아 응하지 않으니 억지로 하라고 함을 말함이다.

상인은 상덕을 계승하여 무위의 행함이고, 상의는 하덕을 계승하여 유위의 행함이다. 상례는 제도의 속박아래 응하지 않으면 강제로 끌어들이는 행위이다.

도道가 체體이고 덕德이 용用이라고 보아서 인仁, 의義, 예禮는 주체적 작용의 표현 형식이다,

故失道而後德, 失德而後仁, 失仁而後義, 失義而後禮,
夫禮者, 忠信之薄, 而亂之首也.

'고실도이후덕故失道而後德'이란 도가 쇠퇴해지고 난 이후에는 덕이 생
긴다는 말이고, '실덕이후인失德而後仁'은 덕이 쇠퇴하고 난 이후에는 인
이 나타나고 따라서 인이 없어지고 난 이후에는 의가 분명해지고 의가
쇠퇴하게 되면 예를 갖추는 것을 퍼뜨린다는 말이다. 대저 예라는 것은
근본을 폐하고 말단만을 다스리는 도구이므로 충성과 신의가 날로 엷어
짐을 말하는 것이다.

前職者, 道之華. 而愚之始也. 是以大丈夫處其厚, 不
處其薄, 居其實, 不居其華.

알지 못하면서도 아는 듯이 앞을 내다보는 것처럼 한다면 이것은 도
의 실속을 잃어버리고 도의 화려한 껍질만을 얻는 것이다. 도의 내실을
버리고 화려함만을 좇는다면 어리석음의 시작이라 할 수 있다. '시이대장
부처기후是以大丈夫處其厚'에서 대장부란 득도한 성인을 말함이고 성인은
두텁고 소박한 곳에 몸을 머무르게 한다는 말이다. 그렇게 함으로 번잡
하고 혼란스러운 세상에는 몸을 맡기지 않고 충성과 신의에 처신하지만
화려한 겉모습의 말은 따르지 않는다는 것이다.

故去彼取此.

그런고로 저 화려한 껍질과 같은 엷음을 버리고, 이 두터운 열매와 같
은 내실을 취하는 것이다.

논덕論德(덕을 논함)

공덕功德

덕은 남이 전해주거나 가져다 바치는 것이 아니고 내가 실생활에서 하나씩 만들어 가면서 쌓아가는 것, 이것이 공덕이다.

우리들도 수행으로 공덕을 쌓아 영혼을 맑게 하여 하늘을 감동시킴으로써 결국에는 물질적 행복과 정신적 행복을 함께 누린다는 전제 아래 언제나 내 앞에 닥친 모든 여건의 호好 불호不好를 가리지 않고 만족해하면서 그대로 받아들이는 것이 중요하다.

도가의 수련은 선善한 사람이 되어 공덕功德을 쌓는 행行을 많이 하여 하늘을 감동시키는 것, 이것을 위해 수련하는 것이다. 내가 좋은 일을 했다고 해서 즉 덕을 쌓았다고 그것을 마음속에 새기고 집착해서 우쭐되는 것은 선사善事가 아니고 호사好事가 되어 버린다. 공덕은 수혜자도 모르게 해야 하며 배려한 자도 바로 잊어버려야 참다운 공덕이라고 할 수 있기 때문이다.

하나만 예를 든다면, 어렵고 가난한 사람에게 금전을 베풀어서 그 사람이 가난을 벗어나 부자가 되었어도 그 수혜자가 그 사실을 몰라야 한다. 만약 누구로부터 도움을 받아 내가 부자가 되었다고 알게 되면 이것은 공덕 즉 선사善事가 아니고, 좋은 일 즉 호사好事가 되어 버린다. 선사善事를 행했다면 하늘과 땅과 시혜자만 알아야 하며 시혜자도 이에 집착하지 않고 바로 잊어 버려야 이것이 상덕上德이고 참다운 공덕功德이 되는 것이다. 한 가지 고사를 곁든 예를 들어 보겠다.

중국 남북조 시대의 양나라 무제는 불심이 뛰어나고 불사도 많이 하여 '불심천자'라는 호를 얻은 황제다. 보리달마菩提達磨와 양무제와의 대화는 유명하다.

양무제가 묻기를 "짐은 왕위에 오른 지금까지 절을 짓고, 경전을 출간하고, 불교를 위한 정책을 펼쳤습니다. 내게 어떤 공덕이 있습니까?"

달마가 대답하기를 "아무런 공덕이 없습니다."

이 대답은 불교를 위한 업적을 남겼어도, 이러한 정책이 대가를 바라지 않는 무위無爲의 선사善事가 되어야 하는데 자기의 정책이나 공로를 자랑하고 집착하였기에 유위有爲의 호사好事가 되어 버렸다. 그래서 공덕이 없는 것이다.

仁之與德不多程 어질다는 것은 덕을 베푼 것이니 길이 많지 않아
爲與無爲前後行 함과 함이 없음을 전후에서 행하는구나.
待問有爲何所似 함이 있는 것은 무슨 까닭인지 물어보니
夜來月到脚跟明 밤이 오면 달도 와서 발뒤꿈치가 밝다고 하네.

昔之得一章 第三十九

法本 (근본을 본받음)

昔之得一者, 석지득일자,

天得一以淸, 천득일이청,

地得一以寧, 지득일이녕,

神得一以靈, 신득일이영,

谷得一以盈, 곡득일이영.

萬物得一以生, 만물득일이생.

侯王得一以爲天下正. 후왕득일이위천하정.

其致之一也. 기치지일야.

天無以淸將恐裂, 천무이청장공렬,

地無以寧將恐發, 지무이녕장공발,

神無以靈將恐歇, 신무이영장공헐,

穀無以盈將恐竭, 곡무이영장공갈,

萬物無以生將恐滅, 만물무이생장공멸,

侯王無以貴高將恐蹶. 후왕무이귀고장공궐.

故貴必以賤爲本, 고귀필이천위본,

高必以下爲基, 고필이하위기,

是以侯王自謂孤寡不轂, 시이후왕자위고과불곡,

此其以賤僞本邪? 차기이천위본사?

非乎! 비호!

故致數車, 無車不欲 고치수차, 무차불욕,

碌碌如玉, 落落如石. 녹록여옥, 낙락여석.

320

옛날에 하나를 얻은 것은 이러했느니
하늘은 하나를 얻어 맑고
땅은 하나를 얻어 편안하고
신은 하나를 얻어 신령하고
계곡은 하나를 얻어 가득 차고
만물은 하나를 얻어 생겨나고
제후와 왕은 하나를 얻어서 천하의 바름으로 삼았다.

이를 더욱 미루어 말한다면
하늘이 맑지 못하면 장차 갈라질까 두렵고
땅이 평안하지 못하면 장차 무너질까 두려우며
신이 신령스럽지 못하면 장차 소진할까 두렵고
계곡이 가득차지 못하면 장차 마를까 두려우며
만물이 생겨나지 못하면 장차 없어질까 두렵고
제후와 왕이 고귀하지 못하면 장차 넘어질까 두렵네.

그러므로 귀함은 천함으로 근본을 삼고
높음은 낮음으로 기초를 삼는다네.
이 때문에 제후와 왕은 스스로 고독한, 부족한, 착하지 못한 사람이라
하니
이는 천함으로 근본을 삼음이 아니겠는가?

그렇지 않은가!
고로 수레의 부품을 헤아려 보아도 그 자체는 수레가 없는 것이니
옥과 같이 빛을 발하거나 돌과 같이 천대받길 바라지 않네.

昔之得一者, 天得一以淸, 地得一以寧, 神得一以靈, 谷
得一以盈, 萬物得一以生, 侯王得一以爲天下正.

여기서 중요한 것은 오직 하나만을 얻었다는 것이다. 하늘도, 땅도, 신
도, 계곡도, 만물도, 제후나 제왕도 하나만을 얻어서 이 우주를 생성해 가
고 있는 것이다. 만약 둘 이상을 얻기를 원했다면 이 세상은 또 어떤 결과
물이 생겼을까? 하늘은 하나를 얻어 맑고 밝을 수 있고, 땅은 하나를 얻
어 편안하고 고요하며, 신은 하나를 얻어 변화무쌍하고, 계곡은 하나를
얻어 가득 채우며 끊어지지 않고, 만물은 하나를 얻어 모두 이루어지고,
제후나 왕은 하나를 얻어 천하를 태평하고 바르게 할 수 있음을 말한 것
이다.

★ 사람의 생명生命은 일기一氣를 얻어 시작되었다.

무릇 천지는 태공太空을 근본 삼아 사람과 짐승 만물을 생겨나게 하
였다고 한다.

사람은 아버지의 정精과 어머니의 혈血, 하늘의 양기와 땅의 음기, 태
양의 양혼陽魂과 달의 음백陰魄, 화火의 양신陽神과 수水의 음정陰精을 받
아 생겨나는 것이니 사람의 몸은 천지의 기가 조화를 이루어 생겨난 것
이다.

사람은 지선至善을 근본 삼아 여러 모습으로 태어나는데 부모의 이기
二氣가 교합함에 이르러서 부는 곧 양이니 먼저 나아가고 음이 뒤를 따
르는데 진기가 진수를 만남으로서 순수한 정精(정자)을 이룬다. 이 순수
한 정이 이미 나와 있으면 모의 음陰이 나아가서 만나면 쓰임이 없게 되
어 그것을 씻어 내지만 모의 양陽이 먼저 나아가서 만나면 자궁의 앞에
서 혈血(난자)이 이어받음으로써 정과 혈이 포태胞胎를 이루니 비로소 무

극이 맺혀진다.

이것은 부의 정과 모의 혈로써 조화하여 형체를 이뤄낸 것이어서 처음으로 하나의 기(一氣)가 생긴 것이다. 티끌 하나 없는 순수한 무극상태의 태태胎胎는 진기眞氣를 품고 모의 자궁으로 들어가 날이 지나고 달이 차면 진기의 조화로 사람이 이루어진다.

이처럼 사람은 순수한 공空에서 시작된다. 처음 교합할 때 부의 정이 먼저 나가고 모의 혈이 뒤에 가서 혈이 정을 감싸면 여자가 된다. 여자는 속이 양이고 겉은 음이니 모의 형상이요 대개 혈이 바깥에 있기 때문이다. 만약 모의 혈이 먼저 나가고 부의 정이 뒤에 가서 정이 혈을 감싸면 남자가 된다. 남자는 속이 음이고 겉은 양이니 부의 형상이요 대개 정이 바깥에 있기 때문이다.

모의 자궁으로 들어간 포태는 어머니의 기와 호흡에 의해 줄이 생기게 된다. 그 줄은 어머니와 연결되어 있고 점차 늘어지며 그 속이 대롱처럼 텅 비어 있어 기가 그 줄을 통해 왕래한다. 그 줄은 앞에는 배꼽 뒤로는 콩팥에 통하고 위로는 협척에서 인당 산근(양 눈썹 사이)에 이르러 구멍이 쌍을 이룬다. 쌍을 이룬 구멍은 아래로 코끝에 이르러 두 개의 콧구멍을 이루어 내니 인체 부위의 제일 첫 번째 작품이다. 비조鼻祖라는 어원은 여기에서 연유되었다. 이때부터 나의 기는 어머니의 기와 통하게 되며 어머니의 기는 천지의 기와 통하게 되고 천지의 기는 태허의 기와 통하게 되면서 구멍과 구멍이 서로 통하여 닫히고 막히는 일이 없어지면서 반달은 양을 생하고 반달은 음을 생하니 이로 말미암아 오장이 생성되고 육부도 생기면서 주천을 이루는 365골절이 만들어지고 84,000의 솜털구멍이 생기는 등 인체 부위가 차례로 완성되어 간다.

수정란受精卵 중 최소 부분의 양이 머물러 있으면서 최초로 장부를 만든 곳이 양兩 신장腎臟이다. 인체 최초의 원양元陽이 실제로 양 신장 속에 있어서 신장을 생生한 다음 신장은 비장脾臟을 낳고 비장은 다시 간장肝臟을 낳고 간장은 다시 폐장肺臟을 낳고 폐장은 다시 심장心臟을 낳으니 인체의 오장五臟이 완성된다. 이로써 인체 주요 장부인 오장을 완성했으니 다음은 육부六腑를 만들 차례다. 오장 중 마지막으로 만들어진 심장은 자기와 짝을 이룬 소장小腸을 낳는다. 다음으로 소장은 대장大腸을 낳고 대장은 담膽을 낳고 담은 위장胃腸을 낳고 위장은 방광膀胱을 낳아서 육부도 완성시킨다. 이 모두는 정과 혈을 조화하여 형체를 이루어 놓은 것이다.

여기서 재미있는 것은 각 장부의 생성하는 과정이 모두 오행의 상생관계가 아닌 상극관계에서 이루어진다는 점이다.

태아의 생장 과정

태초太初 ; 기의 시작, 우주본체의 원시단계, 남녀 음양 2기가 교합하기 이전단계, 태시太始라고도 함,

이기二氣 : 음양 2기, 현대 과학 논리로는 정자의 기와 난자의 기,

정혈精血 ; 정자와 난자

포태胞胎 ; 수정란

태질太質 ; 형形의 시작, 음양 2기가 교합하여, 새로운 생명을 생성하는 시후時候, 질質은 물질, 혹은 물체

음승양생陰承陽生 ; 태아의 질을 잡아 승착承着시켜, 태아의 기가 생장함. 양은 태아의 기를 이루고 음은 태아의 물질을 이룸

기수태화氣隨胎化 ; 태아의 기와 태아의 질이 붙어서 함께 운화하는 것

其致之 一也, 天無以淸, 將恐裂, 地無以寧, 將恐發, 神
無以靈, 將恐歇, 穀無以盈, 將恐竭, 萬物無以生, 將恐
滅, 侯王無以貴高. 將恐蹶.

그 하나씩을 미루어 말한다면 하늘이 맑음을 유지하지 못한다면 반
드시 어지럽고 혼란스러워 부서지게 되고, 땅이 평안을 유지하지 못한다
면 반드시 화산이 폭발한다거나 지진이 발생하며, 신이 신령스러움을 유
지하지 못한다면 신묘한 공능을 잃어버리게 되고 계곡이 가득함을 유지
하지 못한다면 반드시 흘러가버려 고갈될 것이며 만물이 생장하여 번성
하지 못하게 되면 반드시 쇠망하여 절멸하게 되고 제후나 제왕이 권세의
지위를 유지하지 못하면 반드시 성문이 무너지게 된다.

故貴必以賤爲本, 高必以下爲基, 是以侯王自謂孤寡不
穀, 此其以賤僞本邪?

반드시 존귀해지고자 한다면 마땅히 천박함을 근본으로 삼아야 하
고, 반드시 고귀해지고자 한다면 마땅히 아래를 근본으로 삼아야 하니,
제후나 제왕은 스스로 고독한 사람, 부족한 사람, 착하지 못한 사람이라

말한다. 이것이 바로 귀함은 천함으로 근본을 삼는다는 것이 아니겠는 가?

非乎! 故致數車, 無車不欲, 碌碌如玉, 落落如石.

그렇지 않은가! 이것은 수레를 만드는 이치와 같다 할 것이다. 수레가 아직 만들어지지 않았을 때는 각종 부속만이 어지럽게 널려 있고 제각각 이어서 하나의 부속품일 뿐이다. 수레가 만들어진 후에는 그 부속들은 하나의 수레 가운데 함께 결합되어 수레가 완성되니 그 부속의 길거나 짧은 것이나, 크거나 작거나, 높거나 낮거나 하는 등의 차별이 전부 없어 지는 것이다. 녹록碌碌은 적음에 비유한 것이고 낙락落落은 많은 것에 비 유한 것이니 옥은 적기 때문에 귀하게 보이고 돌은 많기 때문에 천하게 보이는 것이다. 사람들에게 옥과 같이 귀하게 되려거나, 돌과 같이 천하게 되려 하지 말고, 마땅히 그 중中과 평平을 취해야 함을 말한 것이다.

법본法本(근본을 본받음)

만수일본萬殊一本

이 장에서 청淸, 녕寧, 영靈, 영盈, 생生, 정正의 이 여섯 가지는 혼 원일기混元一氣의 평형성平衡性을 유지하는 것과 통해 있다. 이 여 섯 가지는 하나를 얻었기에 그 하나가 빛나게 되었다. 만약 둘을 얻었다고 가정을 한다면 그 둘이 경쟁을 하거나 시비가 생겨서 대 립을 하므로 평형성은 부서지고 그 둘은 공멸해 버렸을 것이다.

특히 이 장에서는 귀천貴賤이나 고하高下 등을 인용하여 대립 되는 두 가지를 하나가 되는 일본一本을 제시함으로써 평형과 조화와 통일을 이루게 됨을 강조하였다. 통치자의 '존귀함'은 '천함'을 바탕으로 삼고 있다는 진리를 인식하여, 통치자는 세상 사람들이 천시하는 '고孤'나 '과寡' '불곡不穀'(수레가 만들어지기 이전의 부속품) 등과 같은 호칭으로 자신을 낮춤으로써 백성들에게 겸허하게 임해야 한다는 것으로, 이것은 스스로 행해야지 남을 의식해서 하는 행위는 안 된다는 것임을 설파하고 있다. 옥도 아니고 돌도 아닌 그 중中을 찾아야 할 것이다.

사람이 수태할 때 맨 처음에 무극이 먼저 맺히고 이 무극을 좇아서 태극과 양의와 사상과 팔괘가 생겨나 사람의 온몸을 구성하게 되는데 이는 일본一本을 연유로 해서 흩어져서 만수萬殊가 되는 것으로 이는 범부凡夫가 생기는 도인 것이다. 또한 이로 좇아 만수萬殊는 64괘로 복귀하고 또 이로 좇아 64괘는 16관으로 돌아가며 이로 연유하여 16관은 모두 팔괘로 돌아가고 이로 말미암아 팔괘는 모두 사상으로 돌아가고 이로 말미암아 사상은 모두 양의로 돌아가고 이로 말미암아 양의는 태극으로 무극으로 돌아가게 되는데 이로 말미암아 만수는 일본一本으로 복귀하나니 이는 성聖을 낳은 도道인 것이다.

一者名爲不二門 이름이 하나라면 문도 둘이 아니니
得門入去便安身 문을 얻어 들어서자마자 몸이 편안하네.
當年曾子一聲唯 당시 오직 증자 일성이니
慢了閻浮多少人 염라대천에 있는 사람을 몇 명이나 태웠다네.

反者道之動章 第四十

去用(쓰임을 버림)

反者道之動, 반자도지동,
弱者道之用. 약자도지용.

天下萬物生於有, 천하만물생어유,
有生於無. 유생어무.

되돌아감은 도의 움직임이고
약한 것은 도의 작용이다.

천하 만물은 있음에서 생겨나고
있음은 없음에서 생겨난다네.

反者道之動, 弱者道之用.

'반反'은 근본으로 되돌아감을 말함이다. 근본이라는 것은 도가 움직이는 작용이니 움직여 작용하면 만물을 낳아서 번창하게 하는 것이다. 만약 이를 어긴다고 한다면 멸망을 면치 못할 것이다.

'약자도지용弱者道之用'은 여기서의 약자란 힘이 약한 것이 아니고 부드러움의 유약柔弱을 말함이다. 부드럽고 나긋나긋하다는 것은 도의 성性이기도 하니 영원한 쓰임이기 때문에 항상 지탱할 수 있고 오래갈 수 있는 것이다.

天下萬物生於有, 有生於無.

하늘 아래 모든 만물은 모두 천지로부터 생겨났는데 이는 천지가 있어서 그곳에 바탕을 두고 태어난 것이다. 즉 천지가 있기 때문에 생겨난 것이다. 그러면 천지는 어디에서 왔는가? 우주가 탄생하기 전, 무극無極의 헤아릴 수 없는 홍몽鴻濛(하늘과 땅이 아직 갈라지지 아니한 상태)한 기운이 음陰과 양陽으로 분열을 시작했는데 가볍고 맑은 것은 위로 떠서 하늘이 되었으며 그 질質과 성정性情은 양陽이다. 무겁고 탁한 기운이 아래로 내려와 엉긴 것을 땅이라 하였는데 그 질과 성정은 음陰이다. 맑은 기운과 탁한 기운이 서로 섞인 것을 사람이라 하는데 그 질과 성정은 음양陰陽이 서로 합해서 조화를 이루고 있는 것이다.

이것이 천지 탄생, 즉 무無, 없음에서 유有, 있음이 된 것이다. 다른 말로는 무극無極에서 태극太極으로, 선천先天에서 후천後天세계가 되었다고도 하고 『도덕경』에서는 도道에서 가도可道가 되었다고 한다. 후천세계에서는 모두 형상이 있는 사물이고 모두 생생과 멸滅이 있어 영원히 존재할 수가 없다. 후천後天의 천지가 있어(有)서 생생이 있었지만 멸할 때는 다시 무無, 즉 선천先天으로 돌아가는 것이다.

거용去用(쓰임을 버림)

매월 달의 운행에 따른 음양의 소장과 괘상

일 시	음양의 진행으로 소장消長되어 가는 과정	괘상
初一日 亥時	天上日月竝行. 천상의 해와 달이 병행하여 곤괘가 되어	坤爲地 괘
初三日 巳時	進一陽. 一陽이 나아가서 복괘가 되고	地雷復 괘
初五日 亥時	進二陽. 二陽이 나아가서 임괘가 되고	地澤臨 괘
初八日 巳時	進三陽. 三陽이 나아 가는데 鉛八兩이 되어 태괘가 되고	地天泰 괘
初十日 亥時	進四陽. 四陽이 나아가서 대장괘가 되고	雷天大壯 괘
十三日 巳時	進五陽. 五陽이 나아가서 쾌괘가 된다,	澤天夬 괘
十五日 亥時	進六陽. 六陽이 나아가는데 건괘가 된다.(君子終日乾乾. 純陽之體也. 若不用火鍛煉. 過此必又生陰矣 역경에 군자는 종일토록 건하고 더욱 건하여서 순양체이다. 만약 화를 써서 단련하지 않으면 이것이 지나쳐 반드시 음이 생긴다.)	乾爲天 괘
十八日 巳時	進一陰. 一陰이 나아가서 구괘가 되고	天風姤 괘
二十日 亥時	進二陰. 二陰이 나아가서 돈괘가 되고	天山遯 괘
二三日 巳時	進三陰. 三陰이 나아가서 汞半斤이 되어 비괘가 되고	天地否 괘
二五日 亥時	進四陰. 四陰이 나아가서 관괘가 되고	風地觀 괘
二八日 巳時	進五陰. 五陰이 나아가서 박괘가 된다	山地剝 괘
三十日 亥時	進六陰. 六陰이 나아가서 곤괘가 된다.	重地坤 괘

全壁而歸也注心 온 벽을 쌓고 돌아가도 마음을 쓴다면

有生無處此機深 살아있어도 처함이 없으니 이것이 깊은 기회라네.

與君評論曹溪水 그대와 함께 기해氣海의 문을 평론하니

一滴難酬萬兩金 한 방울로는 만 냥의 금을 받기 어렵다네.

上士聞道章 第四十一

同異(같고 다름)

上士聞道, 勤而行之. 상사문도, 근이행지,
中士聞道, 若亡若存. 중사문도, 약망약존,
下士聞道, 大笑之. 하사문도, 대소지.
不笑不足以爲道. 불소부족이위도

故建言有之, 고건언유지,
明道若昧, 명도약매,
夷道若纇, 이도약류,
進道若退, 진도약퇴,

上德若谷, 상덕약곡,
大白若辱, 대백약욕,
廣德若不足, 광덕약부족,
建德若偸, 건덕약투,
質眞如渝. 질진여투.

大方無隅, 대방무우,
大器晚成, 대기만성,
大音希聲, 대음희성,
大象無形, 대상무형,
道隱無名, 도은무명,
夫惟道善貸且成. 부유도선대차성.

상등사람은 도를 들으면, 부지런히 실천하고
보통사람은 도를 들으면, 반신반의하고
하등 사람은 도를 들으면 크게 비웃네.
비웃지 않는다면 이를 도라 하기에 부족하네.

전하는 말에 이런 것이 있는데
밝은 도는 어두운 것 같고
평평한 도는 울퉁불퉁한 것 같고
나아가는 도는 물러나는 것 같으니

상덕을 지닌 사람은 마치 계곡과 같고
너무 깨끗한 것은 더러운 것 같으며
넓은 덕은 부족한 것 같고
확고하게 세운 덕은 일시적인 것 같으며
질박하고 진실된 것은 변하는 것 같아

큰 네모는 모퉁이가 없고
큰 그릇은 늦게 이루어지고
큰 소리는 드물게 소리를 내고
큰 모습은 형상이 없고
도는 숨어 있어 이름이 없지만.
도는 잘 빌려주면서 또한 잘 이루게 한다네.

上士聞道, 勤而行之, 中士聞道, 若亡若存, 下士聞道, 大笑之, 不笑不足以爲道.

천성이 완전히 갖추어진 상등上等의 사람들은 도道를 들으면 그 오묘함을 깨달아 스스로 실행하지만 천성이 반만 갖추어진 중등中等의 사람들은 도를 들으면 반신반의 하면서 실행을 하다가 다시 멈추고를 반복하는 것을 말하며 하등下等의 사람은 도를 들으면 그 천성이 칠정육욕에 가리어서 코웃음을 치면서 세상맛을 누리려는 욕구 때문에 부귀와 명리를 좇아 달려갈 뿐이니 만약 이 같은 비웃음을 사지 않는다면 도의 참다운 뜻을 나타내기는 부족한 것이다.

故建言有之, 明道若昧, 夷道若類, 進道若退.

전하는 말에 이런 말이 있는데 큰 도를 밝게 깨달은 사람은 마치 우매한 사람 같아서 드러나 보이지 않는다.

'이夷'는 넓고 크다는 뜻으로 큰 도를 지닌 사람은 스스로를 특별하게 여기지 않는다. '진도약퇴進道若退'는 앞서서 도를 얻은 사람은 마치 뒤처져 미치지 못한 것처럼 보인다.

上德若谷, 大白若辱, 廣德若不足, 建德若偸, 質眞如渝.

'상덕上德'은 무위의 덕이어서 깊은 골짜기와 같다. 크게 결백하고 깨끗한 사람은 더럽고 욕된 것처럼 보이지만 자신을 밝은 것처럼 드러내지 않으며, 덕을 드넓고 크게 행하는 사람은 마치 어리석고 아둔하여 모자란 사람처럼 보인다.

大方無隅, 大器晚成, 大音希聲, 大象無形, 道隱無名, 夫惟道善貸且成.

여기서 노자는 방정, 그릇, 소리, 형상의 4가지 큰 것을 제시하고 자연의 이치와 비유하면서 이 큰 것들 외 이 장에서 열거한 모두는 도를 지닌 사람들이 반드시 저절로 자연의 이치에 따르게 된다는 것을 말한 것이다. 이 4가지는 사자성어四字成語로 회자되어 우리들에게 익숙한 말이기도 하다.

이러한 자연의 이치가 도道의 작용이지만 도는 감추어져 있어서 지적하여 이름 할 수 없지만 오직 도를 따르는 사람에게 정과 기를 잘 베풀어주고 또한 성취시켜 주는 것이 도이다.

동이同異(같고 다름)

명도약매明道若昧

1976년, 전진도용문파全眞道龍門派 16대 계승자 무극도인無極道人, 17대 계승자 청정도인淸靜道人과 청허도인淸虛道人으로부터 15년 동안 도가 수련을 모두 전수받고 18대 계승자가 된 영령자靈靈子 왕리핑(王力平)은 스승으로부터 속세에 남아 있을 것을 권유 받았는데, 청허도인은 제자 영령자에게 이렇게 말했다.

"사람이란 총명하기도 어렵고 어리숙하기도 어렵다. 총명하면서 어리숙하기란 더욱 어렵다. 그러니 한 수를 버리고 한 발자국을 물러서야 마음이 편해진다. 지금 너는 아는 것이 많다. 그러나 네가 아는 것들이 보통사람들에게는 받아들이기가 어렵다. 그래서 노자는 '밝은 도가 어둡게 보인다(明道若昧)'고 말하였다."

도가 수련과정에 활사인活死人이란 과정이 있다. 생生, 활活, 사死의 중간인 활사인은 인간의 죽고 사는 문제라든지 인간의 삶과 또는 죽음 또는 자연과 상관관계를 탐구하는 수련이다. 이 수련을 마치기 위해서는 죽었다가 살아나야 한다.

당시 왕리핑은 이 수련을 무사히 마쳤다. 왕리핑은 살아 있는 사람이기도 하고 죽은 사람이기도 하였다. 바로 '활사인'이었다. 그후 왕리핑은 아주 다른 사람이 되어 버렸다. 말수가 적고 행동도 이상해졌다. 추운 겨울에도 남루한 옷을 걸치고 단추도 채우지 않은 채 가슴을 드러내고 여기저기 돌아다니며 서럽게 울기도 하고 집에서도 말이 없으며 말을 시키면 엉뚱한 대답을 했다. 그 때의 행동이 혹여 이 장에서 말하는 명도약매明道若昧와 상관관계가 있는 건지 궁금하다.

大象無形道隱名 큰 상은 형이 없고 도의 명은 숨었구나.

形名總不向人묘 형과 명은 언제나 남에게는 주지 않는다는데

如今聞者皆應笑 듣는 사람은 모두 웃음으로 응하여

入惟道善貸其成 좋은 도를 빌리므로 소유하는 것을 이루었네.

道生一章 第四十二

道化（도의 변화）

道生一, 도생일,
一生二, 일생이,
二生三, 이생삼,
三生萬物, 삼생만물.

萬物負陰而抱陽, 만물부음이포양,
沖氣以爲和, 충기이위화.

人之所惡, 惟孤寡不穀, 而王侯以爲稱. 인지소악 유고과불곡
이왕후이위칭.
故物或損之而益, 고물혹손지이익,
或益之而損. 혹익지이손.

人之所敎, 인지소교,
亦我義敎之, 역아의교지,
强梁者不得其死, 강양자부득기사,
吾將以爲敎父. 오장이위교부.

도는 하나를 낳고

하나는 둘을 낳고

둘은 셋을 낳으며

셋은 만물을 낳았네.

만물은 음을 지고 양을 품으면서

충기로써 조화를 이룬다네.

사람들은 오직 '고아 같은 사람' '짝 잃은 사람' '부족한 사람'이 되는 것을 싫어하지만 왕이나 공작은 자신들의 호칭으로 여긴다.

그러므로 사물은 덜어내면 더해지기도 하고

혹 보태고자 하면 오히려 덜어지기도 한다네.

사람들이 가르치는 것을

나 또한 가르칠 뜻이 있는데

강한 자는 올바른 죽음을 누리지 못하니

나는 이로써 가르침의 근본으로 삼고자 하네.

道生一, 一生二, 二生三, 三生萬物. 萬物負陰而抱陽,
沖氣以爲和.

도道는 하나(氣)를 낳았고 하나는 둘(陰陽)을 낳았고 셋은 만물萬物을 낳는다. 만물은 음陰을 지고 양陽을 안으며 기氣의 작용으로 조화를 이룬다.

이 장에서 노자는 기氣가 만물의 에너지원임을 설명하고 있다. 이 세계 속에서 가장 큰 에너지원은 기氣라고 할 수 있다. 그런데 이 기를 氣, 炁, 气 이 세 가지로 구분하는데 기氣가 없으면 만물이 생성되지 못하고, 기炁가 없으면 만물이 운행되지 못하며, 기气가 없으면 만물이 일정하지 않게 된다.

기氣는 우주에 인류가 생겨나지 않았을 때부터 이미 존재하고 천지보다도 먼전 생겨난 것이고, 기炁는 물질의 내부에서 운행하는 기를 말하며, 기气는 물질이 바깥으로 방사 배출하는 기를 말한다.

氣天体自然之息 : 기氣는 천지 우주자연이 숨 쉬는 것이고

炁人体宇宙之秘 : 기炁는 인체 우주 안에서 생기는 신비이고

气修真成仙之密 : 기气를 수진하는 것은 신선을 이루는 비밀이다.

奥妙無窮氣炁气 : 세상에서 오묘하고 무궁한 것이 氣·炁·气이다.

王力平 八九년 八월 二十九일

人之所惡, 惟孤寡不穀, 而王公以爲稱, 故物或損之而
益, 或益之而損.

'고아 같은 사람, 짝 잃은 사람, 부족한 사람'이라는 것을 사람들은 싫
어하지만 왕이나 공작이 자신들의 호칭으로 여기는 것은 겸손해하고 자
신을 낮추면서 마음을 비우고 조화로움과 부드러움을 본받고자 하는 것
이니 그렇게 함으로써 덜어내면 더 보태지기도 하는 것이다. 더욱 높이려
는 자는 무너지게 되고 부유함만을 탐내는 자는 화를 당하기도 하는 것
이다.

人之所敎, 亦我義敎之, 强梁者不得其死, 吾將以爲敎
父.

사람들이 가르치려 하는 것이 있지만 나 또한 가르치려고 하는 것이
있으니 횡포하고 힘이 센 사람이 권세에 의지하여 대단한 위세를 자랑하
고 들보같이 강하기만 하여 도와 덕을 지키지 않으면서 다른 사람에게
악한 결과를 심어주는 사람은 올바른 죽음을 누리지 못하는 바, 나는 장
차 이것으로 귀감을 삼아 다른 사람을 가르치는 근본을 삼을 것이다.

도화道化(도의 변화)

도생일道生一

이 장의 요지는 무엇인가? 순양진인은 다음과 같이 설파했다.

태상太上(노자)은 사람에게 가르침을 주는 것은 강함을 억제하
여 약하게 하고 고요함으로서 움직임이 생기는 것이다. 사람이 내

막을 알 수 없는 것을 어찌하여 도라고 할 수 있겠는가. 교묘함이 극에 달하면 이것이 도이다. 텅 빈 가운데 고요함이 극에 달하면 이것이 현이다.

생生이란 것은 어느 곳에서도 생生하고, 텅 빈 가운데에서도 생하고, 고요함 속에서 생하고, 무엇이든 하나여서, 고요함 속에 움직임의 기미가 있어도 생하고, 무심한 데서 보고 있어도 생하니 이 모두를 생生이라고 한다.

도생일道生一이라는 것은 어찌하여 도가 하나를 낳는가 하면, 고요함이 극에 달해 움직임의 기미가 있어, 마치 물건이 있는 것처럼 감이 있는 것, 이것을 도가 하나를 낳는다고 한다. 어찌하여 일은 둘을 낳는가. 만물이 있는 것은 음양이 서로 안고 동정動靜의 기미는 합해져서 허허실실하여 금金은 수水를 생하고 목木은 화火를 생하듯 오행의 상생작용으로 이것이 사시의 절후와 때를 같이 하면서 천지가 나뉘니 이것이 둘을 낳는 것이다, 진심眞心과 진수眞水는 한 번 내리면 한 되가 되고, 허중虛中에 모이면 한 사람의 일생一生이라고 한다.

어찌하여 둘은 셋을 낳는가 하면, 음양이 이미 나누어지고 천지도 이미 분판되었으니 이것은 둘이다.

셋이라고 하는 것은 하늘의 맑은 기운, 땅의 생기, 바람의 청기, 이 세 가지다. 기氣의 청清, 신神의 영령靈, 정精의 결潔이라고도 하고, 정리靜裏가 음양을 가르고 정기精氣가 신神을 동화시켜 허무虛無에 이른 것, 이 세 가지가 있다. 음양을 구분하지 않고, 고요하지 않으면 기氣가 불청不清하며, 불청不清은 정精이 불결不潔하며, 불결

不潔은 신神이 불령不靈하고, 불령不靈하면 안득安得하는 것이 도의 함이다.

어찌 삼생만물이라 하는가. 하늘의 수秀를 얻고, 땅에서 생생을 감내하며, 바람을 타고 변화하면서 그 속에서 천지와 교감을 하는 기氣를 말한다. 그러므로 말하건대, 바람이 없는 곳에 초목이 있으면 비록 하늘의 수秀를 얻고, 땅에서 생생했지만 무성하지 않고, 바람이 없으면 화창하지 않은 것이 필연적인 천리이다.

사람의 수도修道는 비록 고요하지만, 고요한 가운데에 생생이 없고, 음양이 나뉘지 않고 정精은 불결하고, 기氣도 맑지 않고, 신도 불령不靈하면, 완공頑空에 들어가니, 그래서 명命이 서지도 않는 것이, 마치 초목이 바람을 피하는 것과 같다. 신神도, 기氣도, 정精도 고요하지만 이 세 가지는 모두 선천적인 것이다. 허무에 합류하여 음양에 적용하고, 신神은 공空을 부둥켜안으니, 이 세 가지는 응결하여 단丹이 되고, 팔만 사천 모공毛孔이 되고, 삼백육십 골절이 되고, 오장이 다 만들어지고, 피와 맥이 이어지고, 모두 하나 되어, 관두關頭는 허무하여 만물을 낳는 것, 이것을 삼생만물三生萬物이라 부른다.

沖氣爲和大化爐 화기애애함은 큰 화로가 되어 가니
與君說了莫疑狐 그대에게 의심 없는 여우라고 말하노라.
茫茫宇宙人無數 망망한 우주에는 셀 수 없이 많은 사람이 있으나
幾箇男兒是丈夫 사내아이 몇 명만이 대장부라네.

天下之至柔章 第四十三

偏用(두루 씀)

天下之至柔, 馳騁天下之至堅, 천하지지유, 치빙천하지지견,

無有入於無間, 무유입어무간,

吾是以知無爲之有益. 오시이 지무위지유익.

不言之敎, 불언지교,

無爲之益, 무위지익,

天下希及之, 천하희급지.

천하에 가장 부드러운 것이 세상에서 가장 견고한 것을 파고들고
무형의 힘은 틈이 없는 데까지 들어가니
나는 이것으로써 무위의 유익함을 알겠네.

무언의 가르침과
무위의 유익함은
세상 임금에게까지 미치는 일은 드므네.

天下之至柔, 馳騁天下之至堅, 無有入於無間, 吾是以知無爲之有益.

세상에서 가장 부드러운 것을 찾으라면 기와 빛과 물을 들 수 있다. 이 셋은 가장 견고하다고 할 수 있는 쇠와 돌 등을 관통할 수 있고 아무리 단단해도 뚫고 들어가니 통하지 못하는 것이 없다. 여기서 기氣는 형체가 없기 때문에 틈이 없는 곳에도 들고 날수 있어 신명神明과 통하고 만물의 생명까지도 구할 수 있는 것이다. 이것이 무위의 도라는 것이니 나는 무위와 만물이 저절로 조화되어 이루어짐을 보니 이 때문에 무위가 사람에게 유익함을 알고 있다고 말한 것이다.

不言之敎, 無爲之益, 天下希及之.

도의 말 없는 가르침을 본받아 실천하는 것은 도가 인위적으로 하는 일이 없는 무위를 본받아 수련을 하면 정과 신에 유익하고 나라를 다스리게 되면 만백성에게 유익하게 됨에도 세상에는 이 무위가 미치지 못하고 있다고 개탄하는 말이다.

변용偏用(두루 씀)

약유弱柔

이 장에서는 부드러움과 무위를 강조했다. 세상 사람들은 이 사회에서 살아남기 위해서는 강해야 남에게 뒤떨어지지 않고 앞서 갈 수 있다고 알고 또 그렇게 생활하고 있다. 그러나 강하기만 한다면 뻣뻣해지고 딱딱하고 융통성은 없어지고 그렇다 보면 도에서는 자꾸 멀어져 간다. 즉 자연의 이치를 벗어난다는 이야기다.

반대로 약하더라도 부드러우면 나긋나긋해지고 융통성도 발휘되며 대인 관계도 원만해진다. 옛 말에도 '지는 것이 이기는 것'이라는 말이 있는데, 이것은 모두 부드러움에 기초한 것이다.

이 부드러움이 강함을 이길 수 있는 근원은 무위이다. 무위란 무형의 기와 빛과 물과 같은 것으로서 이르지 않는 곳이 없고 하지 않는 것 같지만 하지 않는 바가 없으며 이루지 않는 것이 없지만 어떤 사물을 소유하려하지 않고 공과를 자랑하지도 않으니 사람들은 이것을 자연의 순리라고 말한다. 결국 자연의 순리는 부드러움과 무위이다.

煉炁凝神入至堅 기를 정련하고 신을 엉기면 견고에 든다고

紫陽留下悟眞篇 자양진인은 오진편을 남겼다네.

元來三敎同門戶 원래는 삼교가 문호는 하나인데

先要紊皮可漏禪 중요한 것은 표피는 선을 누설할 수 있다네.

★ 紫陽眞人: 張伯端(984~1082) 북송의 저명한 기공가. 『悟眞篇』 등의 저서를 남김

名與身章 第四十四

立戒(경계를 세움)

名與身孰親? 명여신숙친?

身與貨孰多? 신여화숙다?

得與亡孰病? 득여망숙병?

是故甚愛必大費, 시고심애필대비,

多藏必厚亡, 다장필후망.

知足不辱, 지족불욕,

知止不殆, 지지불태,

可以長久, 가이장구,

명예와 몸 어느 것이 더 귀한가?
몸과 재물 어느 것이 더 소중한가?
얻음과 잃음 어느 것이 더 병폐인가?

지나치게 아낀다면 반드시 크게 허비하고
많이 간직하면 반드시 많이 잃게 된다네.

만족할 줄 알면 욕되지 않고,
멈출 줄 알면 위태롭지 않으니
이로써 장구할 수 있다네.

名與身孰親? 身與貨孰多? 得與亡孰病?

나의 몸은 나의 군주君主이다. 나의 몸이 있기 때문에 명예도 부귀도 따르게 된다. 만약 명리와 부귀를 얻었으나 나의 몸은 그로 인해 병들어 가고 그로 인해 생명이 죽어 간다면 과연 어느 것이 더 병폐인가?

甚愛必大費, 多藏必厚亡.

사람들이 지나치게 색욕을 밝히다 보면 정과 신을 크게 다치게 되고 지나치게 재물을 좋아하다 보면 타락할 수도 있어 불행과 재앙을 당하게 된다면 이것은 얻은 것보다는 잃은 것이 더 많은 것이니 더 큰 손실을 안게 된다는 것이다. 생전에 창고에 많은 것을 쌓아두어도 그것을 지키기 위해서 몸을 상할 수 있고 죽어도 가지고 갈 수 없다. 오히려 몸과 마음만 쇠망해 갈 뿐이다.

知足不辱, 知止不殆, 可以長久.

만족할 줄 아는 사람은 잇속을 끊고 욕심을 버리니 자신을 욕보이지 않으며 멈출 수 있음을 알면 그치게 되어 재물의 잇속에 몸과 마음을 빼앗기지 않고 적당한 데서 그칠 수 있으니 재앙을 만나지 않을 수 있다. 이로써 평안하고 무사하게 되어 수명은 장구하게 되는 것이다.

입계立戒(경계를 세움)

지족知足 지지知止
이 장에서는 분수를 지켜 만족함을 아는 지족知足과, 자기의 분

358

수에 지나치지 않게 그칠 줄을 아는 지지知止에 대해 설명하고 있다. 여기서도 지켜야 할 당위성은 역시 중中이다. 제목에서 말하는 경계를 세우는 데는 그 경계가 중의 위치에서 중심을 잡아야 지족知足할 수 있고 지지知止할 수 있다고 본다.

이와 같은 것은 평범하여 세속에서 별로 어렵지 않다고 생각하는 사람이 많을 것이나 실제로 자신의 명예와 이익이 눈앞에 닥친다면 지족知足과 지지知止를 실천하기란 그리 쉽지가 않다. 자신에게 욕되지 않고, 위태롭지 않고, 장구하기 위해서는 우리 모두 지족知足하고 지지知止하여야겠다.

此身不比四肢身 이 몸은 사지에 비할 바가 아니니
解向深頭要門津 심오한 방향을 찾아 문진이 중요하네.
現此一身非外物 지금 이것이 외물이 아닌 하나의 몸이니
帬釵之下有全人 군채 밑에는 모든 사람이 있다네.

★ 帬釵 : 속치마와 비녀.

大成若缺章 第四十五

洪德（큰 덕）

大成若缺, 대성약결,

其用不弊, 기용불폐,

大盈若沖, 대영약충,

其用不窮. 기용불궁.

大直若屈, 대직약굴,

大巧若拙, 대교약졸,

大辯若訥, 대변약눌.

躁勝寒, 조승한,

靜則熱, 정즉열,

淸靜爲天下正. 청정위천하정.

크게 이룬 것이 모자란 것 같지만

그 작용은 끝이 없고

크게 찬 것은 빈 것 같지만

그 작용은 다함이 없네.

크게 곧음은 굽은 것 같고

크게 정교한 것은 서투른 것 같은데

크게 말을 잘하는 것은 더듬는 것 같네.

조급히 움직이면 추위를 이기고

고요하면 더위를 이기니

맑고 고요함은 천하의 정도이네.

大成若缺, 其用不弊, 大盈若沖, 其用不窮.

크게 이루었다는 것은 도와 덕을 크게 실천한 군주를 말한다. 결함이 있는 듯하다는 것은 명성이나 명예를 감추니 마치 훼손되어 보인다는 것이다. 그 마음의 쓰임이 이러하다면 해지고 다하는 때가 없다. 속이 가득 찬 것은 도와 덕이 크게 가득 찬 군주를 말함이니 비어 있는 듯하다는 것은 존귀하면서도 감히 교만하지 않으며 부유하면서도 감히 사치스럽지 않다는 것이다. 마음의 쓰임이 이러한즉 도와 덕은 무궁무진한 때라고 한다.

大直若屈, 大巧若拙, 大辯若訥.

크게 곧다는 것은 도의 법도를 닦아 바르고 곧음이 한결같음을 말하고 굽은 듯하다는 것은 세속의 사람들과 다투지 않아 마치 어리숙어 보여서 비굴한 것 같다는 것이다.

'대교약졸大巧若拙' 뛰어난 솜씨는 재주와 기예가 많다는 것을 말하는데 서투른 듯하다는 것은 감히 자신의 능력을 드러내지 않는다는 것을 말함이다. '대변약눌大辯若訥'은 뛰어난 달변가는 지혜로워서 막힘과 의문스러움이 없다는 의미이고 어눌한 듯하다는 것은 말이 거의 없다는 것을 말한다.

躁勝寒, 靜則熱, 淸靜爲天下正.

여기서 '승勝'은 극에 달한다는 뜻이다. 봄과 여름에는 따스한 기운이 하늘에서 다급하고 빠르게 움직여 만물이 번성하여 커 나가지만, 이 따스함도 극에 달하면 추위가 오고 초목은 시들고 메말라 죽게 된다. 마찬가지로 사람도 너무 군세거나 조급하게 굴면 극에 달한다는 말이다.

'정즉열靜則熱'은 가을과 겨울에는 만물이 땅속에서 고요히 잠들었다가도 극에 달하면 따스해지니 이 따스함은 생명의 원천이라고 할 수 있다. '청정위천하정淸靜爲天下正'이란 맑고 고요할 수 있으면 허무대도를 지녀 본성이 원만하고, 중정中正하여 치우치지 않으면 이것이 천하의 바른 대도라고 할 수 있다.

홍덕洪德(큰 덕)

양덕陽德 음덕陰德

이 장에서도 정언약반正言若反의 이치에 관해 설명하고 있다. 즉 이루어짐과 모자람(成若缺), 가득 참과 텅 빔(盈若沖), 곧음과 굽음(直若屈), 교묘함과 옹졸함(巧若拙) 말 잘함과 어눌함(辯若訥), 등은 대체로 서로 상반되는 대구對句로 이루어진 말들이지만 중간에 약若 자를 인용함으로써 앞 글자가 극대화되면 오히려 뒷글자의 모습으로 나타나게 된다는 절묘함을 보여주고 있다.

사람이 좋은 일을 하고 보답을 바란다면 그것은 덕행德行이 없는 것이다. 우리가 덕德을 말할 때, 양덕陽德과 음덕陰德으로 나뉜다. 양덕은 덕을 밖으로 발산하여 남에게 내보이려고 하고 보답을 바라지는 않지만 자기의 마음속에 기억하는 것, 즉 호사好事의 덕을 말한 것이고, 음덕은 좋은 일을 하고서도 자기도 모르고 기억하지도 않은 것, 덕을 안으로 감추고 곧 잊어버리는 선사善事의 덕을 말한다. 당연히 음덕陰德만이 공덕功德이 되는 것이다. 이러한 이치를 통해 유추해 볼 수 있는 것은 통치자가 백성들을 다스림에 있어 취해야 할 태도는 움직임(動)이 아니라 바로 고요함(靜)임이 드러났다. 이것이 하상공이 이야기한 홍덕洪德이 아닐까 생각해 본다.

大成若缺直而屈 크게 이룬 것이 모자란 것 같지만 굴屈이 곧 직直이니
惟好觀光於上國 오직 상국에서 관광만을 좋아하네.
有時做箇大間人 때로는 크게 한가한 사람이 되어 보라.
淸淨之中無一物 청정 속에는 아무것도 없나니

天下有道章 第四十六

儉欲(욕망을 단속함)

天下有道, 천하유도,
却走馬以糞, 각주마이분,
天下無道, 천하무도,
戎馬生於郊. 융마생어교.

罪莫大於可欲, 죄막대어가욕,
禍莫大於不知足, 화막대어부지족,
咎莫大於欲得, 구막대어욕득.
故知足之足常足矣. 고지족지족상족의.

천하에 도가 있으면
말이 밭갈이 하고
천하에 도가 없으면
군마가 전쟁터에서 새끼를 낳는다네.

죄는 욕심보다 큰 것이 없고
만족을 모르는 것보다 큰 것이 없으며
욕심을 채우는 것보다 더 큰 허물은 없다네.
그러므로 만족함을 아는 넉넉함은 항상 풍족하네.

天下有道, 却走馬以糞, 天下無道, 戎馬生於郊.

'천하天下'를 군주君主로 비유하면 나라를 다스림에 임금이 도가 있다면 군사를 일으키지 않고 달리는 말을 되돌려 논밭을 갈게 하고, 천하를 자신에 비유하면 몸을 다스리기 위해 색정色精을 되돌려 자신의 몸을 보완하게 한다.

만약 천하의 군주가 도가 없으면 전쟁과 정벌이 그치지 않아 전투하는 말들조차도 전쟁터에서 새끼를 낳을 수밖에 없다.

罪莫大於可欲, 禍莫大於不知足, 咎莫大於欲得, 故知足之足常足矣.

여기서 '죄막대어가욕罪莫大於可欲'은 죄가 막대한 것을 하고 싶어 하는 것 이것을 하상공河上公은 음란함과 여색을 밝히는 것을 말하고 있다. '화막대어부지족禍莫大於不知足'은 재앙으로는 만족을 알지 못하는 것보다 큰 것이 없다고 하는 것은 부유하고 존귀해지면 스스로 자만하여 멈추어야 할 때 멈출 수 없는 것을 말한다.

사람에게 허물이 많은 것은 어떤 것을 얻고자 하는 잇속을 차리자는 탐욕이다. 그러므로 참된 근본을 지고 만족함을 아는 데서 오는 만족함이 항상 욕심이 없는 만족일 것이다.

검욕儉欲(욕망을 단속함)

태상노군설상청정경太上老君說常淸靜經

태상노군은 노자를 말한다. 즉 노자가 말씀하신 『청정경』이라는 말이다. 이것을 중국 삼국시대 오나라의 선인이었던 갈현葛玄 (164~244)이 책으로 펴내 세상에 알리게 되었다. 갈현은 『포박자抱樸子』와 『신선전』의 저자로 유명한 갈홍葛洪(283~363 동진시대 연단 술사)의 증조부이다. 갈현은 이 책을 펴내면서 다음과 같은 글을 남겼다.

"내가 이 진도를 얻은 것은 이 경을 만 편을 염송하고 깨달았노라. 이 경은 천인天人이 배우는 것으로 하사下士에게는 전하지 않았다. 나는 옛적에 이것을 동화제군으로부터 받았고 동화제군은 금궐제군으로부터 받았으며 금궐제군은 서왕모로부터 받았다. 서왕모 이상은 모두 입으로만 전하며 문자로 기록하지 않았으나 내 이제 이를 책으로 엮어 세상에 남기니 상사가 깨달으면 천궁에 오를 것이요 중사가 수련하면 남궁열선南宮列仙이 될 것이요 하사가 얻으면 세상에서 장수를 누리며 삼계三界를 유행하다가 금문에 오르게 되리라."

불교에서는 "반야심경이 팔만대장경을 비롯한 모든 경의 축소판이다."라고 하는데 도가에서는 이 청정경을 그렇게 말하기도 한다.

『반야심경』이 "선남자로서 만약 깊은 반야바라밀다의 행을 어떻게 수행해야 합니까?"라고 묻는 사리자에게, "몸 밖에서 일어나는 고뇌와 마음을 닦아 행하되 반야바라밀다를 의지하고 수행하라."는 관자재보살이 포괄적인 닦음의 말씀을 하신 것이었다면, 『청정경』은 몸 안에서 일어나는 청탁동정과 번뇌와 망상을 다스리

371

는 내면적인 수련을 강조했다고 보여진다. 글자 수는 『반야심경』
이 270자이며 『청정경』은371자이다.

　이 『청정경』도 여러 조사들이 주석을 달아 세상에 내 놓았는데
특히 수정자水精子가 24품으로 나누어 주해하고 혼연자混然子가
각 품마다 도해를 한 주석본이 널리 알려져 읽히고 있다.

天下有道馬不走 세상에 도가 있으면 말이 전장에 가지 않고
天下無道物不夭 세상에 도가 없어도 사물이 요절하지 않으니
過由不及豈妄言 지나침은 미치지 못하니 어찌 망언할 수 있는가
到此一了一切了 여기까지 하나를 마쳤으니 모두를 마친 것이네.

不出戶章 第四十七

鑒遠（멀리 내다 봄）

不出戶知天下, 불출호지천하,

不窺牖見天道, 불규유견천도,

其出彌遠其知彌少. 기출미원기지미소.

是以聖人不行而知, 시이성인불행이지,

不見而名, 불현이명,

不爲而成. 불위이성.

문을 나가지 않아도 천하를 알고,
창밖을 내다보지 않아도 천도를 볼 수 있으니
그 나감이 멀면 멀수록 그 아는 것은 더욱 적어지네.

이로써 성인은 나가지 않고도 알고
드러내지 않아도 명예롭고
인위적으로 하지 않고도 이루는 것이네.

不出戶知天下, 不窺牖見天道, 其出彌遠其知彌少.

경지에 오른 도인은 천하 사람의 몸을 나의 몸같이 보고 천하 사람의 마음을 나의 마음같이 본다. 비록 문을 나서지 않아도 나의 몸과 마음을 되돌아보면 곧 천하 사람들의 몸과 마음을 다 알게 된다는 것이다. 하늘의 도와 사람의 도는 같기에 하늘과 사람은 서로 통하고 정精과 기氣도 관통하게 되니 군주의 기가 고요하면 하늘의 기는 저절로 바르게 되고 군주가 욕심이 많으면 하늘의 기도 번잡스러워지고 흐려지니 길하고 흉한 것은 모두 자신으로부터 말미암은 것이다.

복잡하고 변화가 무쌍한 세상에서 자신을 버리고 밖에서 사물의 끝을 따르거나 자기 집을 떠나서 다른 세상을 살피고 자신의 몸과 마음을 떠나서 다른 사람의 몸과 마음을 관찰하려 하니 그 대상은 더욱 멀어지고 보이는 것도 더욱 적어지는 것을 말함이다.

是以聖人不行而知, 不見而名, 不爲而成.

이런 까닭에 성인은 멀리 나다니면서 모든 행위들을 알 필요가 없고 또 일일이 겪을 필요도 없으니, 마음으로 그것을 알기 때문이다. 성인은 작은 것을 근원으로 하여 큰 것을 알고 안을 살펴서 밖을 알 수 있는 것이다. 위에 서서 인위적으로 하지 않으면 아래에서도 그대로 따르니 사람들은 만족해하고 만물은 스스로 변화하고 이루어진다.

감원鑑遠(멀리 내다 봄)

법신法身

이 장에서는 사람들이 먼저 자기 자신에게서 출발하는 것의 중요함을 알게 하고 있다. 반관내시返觀內視하여 자기의 일체를 깨닫고 멀리 보아서 더 나아가 밖의 사물의 이치를 깨닫는 것이 중요하다. 『청정경』에서는 도가 수련의 진도進度에 대해서 다음과 같이 말했다.

"인심人心이 항상 죽어 있으면 도심道心은 항상 살아 있고 도심이 항상 살아 있으면 망념妄念이 생기지 않는다. 망념妄念이 생기지 않으면 항상 선천先天에 복귀하게 되고 항상 선천에 복귀해 있으면 약묘藥苗가 항상 생하고 약묘가 항상 생하면 진성眞性은 항상 깨어 있고 진성眞性이 항상 깨어 있으면 진상眞常이 항상 반응을 일으키고 진상이 항상 반응을 일으키면 하차河車가 항상 돌고 하차가 항상 돌면 해수海水가 항상 조회하며 해수가 항상 조회하면 화후火候가 항상 단련을 하고 화후가 항상 단련을 하면 금단金丹이 항상 결실을 맺고 금단이 항상 결실을 맺으면 목욕沐浴이 항상 정靜하고 목욕이 항상 정하면 법신法身이 이미 이루어지고 법신이 이루어졌으면 전혀 조금도 할 일이 없다."

이런 경지에 이르면 이 장에서 말하는 모든 것이 가능하다.

目前一寶秘形由 현재 하나의 보물은 비밀스러운 형상이니
何必長歌行路難 하필이면 가는 길이 어려운데 긴 노래인가?
踏破草鞋無覓處 짚신을 신고 답파해도 찾을 곳이 없는데
投壺落箭認中間 투호놀이에 화살을 던져 가운데를 알겠네.

爲學日益章 第四十八

忘知(지식을 잊음)

爲學日益, 위학일익,

爲道日損, 위도일손,

損之又損, 손지우손,

以至於無爲, 이지어무위,

無爲而無不爲矣. 무위이무불위의.

故取天下者常以無事, 고취천하자상이무사.

及其有事, 급기유사.

不足以取天下. 부족이취천하.

학문을 배우면 날로 늘어나고
도를 하면 날로 줄어지네.
줄이고 또 줄이면
무위에 이르게 되니
무위에 이르면 하지 못함이 없게 되네.

천하를 취함에는 항상 일 없음으로 하고
일이 있다면
천하를 취하기에 부족하다네.

爲學日益, 爲道日損, 損之又損, 以至於無爲, 無爲而
無不爲矣.

학문이란 지식을 쌓는 데 있다. 지식을 쌓아 간다는 것이 정교政敎와
예악禮樂을 말함이니 이러한 것들을 날마다 쌓아가다 보면 7정6욕이 더
해진다는 것이다. 도를 수련한다는 것은 자연의 순리를 좇아 무욕으로
살아가는 것이니 7정6욕을 날마다 덜어낸다는 말이다. 이것을 덜어내고
또 덜어내니 잡념은 사라지고 사려하는 마음은 한 생각도 일어나지 않는
상태에 이르니 본성이 밝아지면서 무위의 경계에 이르게 되고 이 경계에
서는 마음이 맑고 밝아서 천지만물의 미묘한 이치까지도 환히 보고 두루
미치지 않음이 없게 된다. 이로써 무無에서 유有가 생기는 것이니 이루지
못할 것이 없다.

故取天下者常以無事, 及其有事, 不足以取天下.

천하를 다스리는 군주는 이와 같은 이치로 일 없음으로 근본을 삼고
사리사욕을 멀리하고 가혹한 정치를 하지 않고 전쟁도 일으키지 않고 모
두를 아무 일 없는 것처럼 유지해야 하는 것이다.

만약 인위적으로 정치, 경제, 군사, 교육 등 모든 것을 다스린다면 번거
로워지고 백성은 불안해하기 때문에 천하를 다스리기에는 부족한 것이다.

망지忘知(지식을 잊음)

잠재능력潛在能力
우리들의 생활 속에서 직감이나 영감은 누구나 한 번쯤 경험

해 보았을 것이다. 이것을 잠재능력이라고 한다. 도가의 학문은 수련을 통해서 얻어진다. 수련하는 가운데 그 고요함 속에서 지혜가 생겨난다. 그렇다고 목석처럼 앉아 있다면 아무것도 얻을 수 없다. 정좌 수련 중에 허무와 고요 속에는 만물의 소재와 징조의 기세가 들어 있어서 이것은 마음의 원시 상태이고 성性의 근본이다. 왜냐하면 이것이야말로 가장 맑고 순결하며 안정되고 고도의 통일을 이루고 있기 때문이다. 매혹되지 않고 집착하지 않으며 무위자연의 상태에서 인간의 두뇌는 최상의 경지에 오르게 된다. 그리하여 잠재된 모든 기능이 다 일어나게 되는 것이다.

허무가 극치에 이르고 고요를 성실히 지켜 그 참됨의 근원으로 돌아간다면 인간의 두뇌는 무의식 상태에 진입하게 된다. 인간의 무의식이란 의식보다 더 넓은 영역이라고 한다. 인간의 모든 경험, 감각, 기억, 정보가 모두 그 안에 저장되어 있기 때문이다. 다만 일부만이 의식으로 떠올라 자각할 수 있을 뿐이다.

인간의 무의식 속에는 인류생명의 역사가 기록되어 있고 우주의 기원과 진화의 과정이 농축되어 있으니 인간의 두뇌 그 자체가 바로 우주의 정보이고 지혜의 천연적인 보물창고라고 할 수 있겠다. 도가에서는 무의식 보다 더 깊게 들어가는 것을 무위라고 한다.

有爲之道須落著 유위의 도는 일의 끝을 맺음이 마땅하고
無爲之道要著落 무위의 도는 귀착하는 것이 중요하다네.
莫向人前認色聲 남 앞에 향하지 않아도 낯가림 소리를 알겠으니
認色認聲已誤却 낯가린 소리를 알아도 이미 잘못했다고 체념하네.

聖人無常心章 第四十九

任德(덕에 맡김)

聖人無常心, 성인무상심,
以百姓心爲心, 이백성심위심,
善者吾善之, 선자오선지,
不善者吾亦善之, 불선자오역선지.
德善矣! 덕선의!

信者吾信之, 신자오신지,
不信者吾亦信之, 불신자오역신지.
德信矣! 덕신의!

聖人之在天下惵惵, 성인지재천하첩첩,
爲天下渾其心, 위천하혼기심,
百姓皆注其耳目, 백성개주기이목,
聖人皆孩之. 성인개해지.

성인은 선입견 없이
백성의 마음을 자신의 마음으로 삼으니
착한 사람은 내가 착하게 대하고
착하지 못한 사람도 나는 또한 그를 착하게 대하니
덕이 선함이라!

신의가 있는 사람은 내가 그를 신의로 대하고
신의가 없는 사람도 내가 또한 신의로 대하니
덕이 신의가 있음이라!

성인이 세상에 임할 때는 두려운 마음을 지니며
천하 사람들의 마음을 흐릿하게 만드니
백성들이 모두 그 귀와 눈을 기울이지만
성인은 그들을 모두 아이처럼 되게 한다네.

聖人無常心, 以百姓心爲心, 善者吾善之, 不善者吾亦
善之. 德善矣!

성인은 사사롭거나 치우침이 없어서 편견을 갖지 않으므로 어떤 고정
된 마음이 없으며 명리를 탐하지도 않고 오직 백성들의 마음을 자기의
마음으로 여긴다.

모든 백성들에게 내가 대할 때 선량한 사람은 선한 마음으로, 선량하
지 못한 사람도 또한 선한 마음으로 대한다. 이렇게 하여 선하지 못한 사
람으로 하여금 선한 사람으로 돌아오게 하여 모든 사람들이 함께 선한
마음을 갖게 하자는 것이다. 이것이 덕으로 교화하고 선을 베푸는 성인
들의 행이다.

信者吾信之, 不信者吾亦信之, 德信矣!

백성들이 믿음으로 대하면 성인도 따라서 그들을 신뢰하고 백성들이
믿지 않아도 또한 믿는 마음으로 대우하니 믿음이 참되지 못한 사람으로
하여금 믿음이 참된 사람으로 돌아오게 하니 이것이 덕으로 교화하고
믿음을 주는 성인들의 행이다.

聖人之在天下惵惵, 爲天下渾其心, 百姓皆注其耳目,
聖人皆孩之.

'첩첩惵惵'이란 두려워서 위압당하는 모양이다. 성인이 세상에 임할 때
는 항상 첩첩惵惵한 마음을 지니니 항상 겸허하고 근신하면서 교만하거
나 사치하지도 않는다. 성인은 세상의 백성들에게 자신들의 마음을 흐릿
하게 만들어서 마치 어리석고 우매해서 통하지 않는 것 같다는 말이니
백성들은 성인의 눈과 귀를 주목注目하게 된다는 것이다. 성인의 마음은

갓난아이의 마음과 같이 순수하고 소박하여 치우치지 않고 온전하다.

임덕任德(덕에 맡김)

평형공平衡功과 오장五臟치료

도가道家 영보통 공법의 하나로서 외동공外動功에 속하는 평형공平衡功은 가장 오래된 토납술吐納術에서 발전하여 완성된 것이다. 수련자의 몸동작과 엄밀한 호흡법을 배합하여 염력念力, 기氣, 백규百竅로 식물, 동물, 인체 및 기타 자연물과 서로 기를 교환하면서 조화를 이루어 평형에 도달하는 것이다.

사람의 몸에는 기가 흐르는 길이 있고 피가 흐르는 길이 있으며 잡물을 배설하는 길이 있다. 나무에도 물론 기가 흐르는 길이 있고 물이 흐르는 길이 있으며 영양분을 받아들이는 길과 잡물을 배설하는 길이 있다. 평형공이란 인체의 신령神靈을 밖으로 내보내고 다시 받아들이는 공법이다. 즉 나무에 대고 수련한다는 것은 나무와 함께 기氣를 교환하여 인체 내 음양오행의 균형을 이루는 것이다. 나무는 추위와 더위를 이겨내고 비바람을 맞아가며 꿋꿋이 자랐기에 생명력이 아주 강하다. 여기에는 우리에게 필요한 것들이 들어 있다.

나무에도 음양오행이 있다. 이것은 색소로 구분하는데 나무에서 품어져 나오는 기의 색이 녹색이면 오행의 목이 되고 나무는 소나무에 해당되고 사람의 몸에서는 간장肝臟에 해당된다. 만약 사람이 간장肝臟에 병이 생긴다면 그것은 간을 생生해주는 수水

(腎臟)가 약해진 까닭이다. 수水가 약해지면 목木(肝)을 생해 주지 못하기 때문이다.(水生木) 신장은 수가 주관하는데 수는 검은 색이고 나무로는 측백나무이다. 간장에 이상이 있을 때에는 먼저 측백나무에 대고 수련하여 신수腎水를 보충 받은 뒤 다시 소나무에 대고 수련해야 간장에 생긴 병을 고치게 된다.

간장의 병은 화火가 성하여 생겨날 수도 있다. 화火가 성하면 목木의 기가 빠져 나가니 화를 먼저 눌러 놓아야 한다.(木生火) 또한 간장의 병은 金이 성해서 생겨날 수도 있다. 금金이 성하면 목木이 견디지 못하니 금金을 제압하고 고칠 수 있다.(金克木)

오행의 상생, 상극, 상모와 오장, 오수, 오색의 대응관계

오행五行	목木	화火	토土	금金	수水
오장五臟	간장肝臟	심장心臟	비장脾臟	폐장肺臟	신장腎臟
오수五樹	松 소나무	桐 오동나무	柳 버드나무	楊 백양나무	柏 측백나무
오색五色	녹綠	홍紅	황黃	백白	흑黑
오행相生	木生火	火生土	土生金	金生水	水生木
오행相克	木克土	火克金	土克水	金克木	水克火
오행相侮	木侮金	火侮水	土侮木	金侮火	水侮土

百姓之心爲我心 백성의 마음은 나의 마음을 움직이니
分明說了莫沈吟 분명히 말하지만 음성이 잠길 일은 없다네.
世人乍識和山鼓 세인들이 얼핏 알기로 산에서도 북소리 난다는데
一下能當幾錠金 단번에 몇 덩이의 금을 감당할 수 있으랴.

出生入死章 第五十

貴生(생명을 귀히 여김)

出生入死 출생입사

生之徒十有三. 생지도십유삼.

死之徒死十有三. 사지도사십유삼.

民之生, 動之死地十有三. 민지생 동지사지십유삼.

夫何故? 부하고?

以其生生之厚. 이기생생지후.

蓋聞善攝生者, 개문선섭생자,

陸行不遇兕虎, 육행불우시호,

入軍不被甲兵, 입군불피갑병,

兕無所投其角, 시무소투기각,

虎無所措其爪, 호무소조기조,

兵無所容其刃, 병무소용기인,

夫何故? 부하고?

以其無死地. 이기무사지.

나오면 살고 들어가면 죽는데

삶의 무리가 열에 셋이 있다면

죽음의 무리도 열에 셋이며

살아 움직이긴 하나 사지에 빠진 사람이 역시 열에 셋이네.

어째서인가?

생을 너무 중히 여기기 때문이다.

들은 바에 의하면 섭생을 잘하는 사람은

육지에서 다녀도 코뿔소나 호랑이를 만나지 않고

전쟁터에서도 무장한 군사의 해를 당하지 않네.

코뿔소는 그 뿔로 들이받을 곳이 없고

호랑이도 그 발톱을 댈 곳이 없으며

칼날은 꽂을 곳이 없다고 하네.

어째서인가?

그에게는 죽음의 자리가 없기 때문이라네.

出生入死 生之徒十有三, 死之徒死十有三. 民之生, 動之死地十有三. 夫何故? 以其生, 生之厚.

나오면 살고 들어가면 죽는 어떤 경계가 있어서 그 곳으로부터 나오면 살고 들어가면 죽는다는 전제하에, 자연의 순리에 따라 천수를 누리는 사람은 열에 셋 정도이고, 타고난 것이 부족하여 천수를 다하지 못하고 중도에 목숨을 잃은 사람들이 열에 셋 정도이고 사람이 살아가면서 방종하고 주색을 탐하고 생활이 풍부하여 일찍 죽는 경우도 열에 셋 쯤 된다. 왜 그런가? 그 생에 대해 너무 집착하기 때문이다.

蓋聞善攝生者, 陸行不遇兕虎, 入軍不被甲兵, 兕無所投其角, 虎無所措其爪, 兵無所容其刃, 夫何故? 以其無死地.

여기서 '선섭생자善攝生者'란 도의 이치를 터득하고 무위의 삶을 알고 도의 수련을 통해 도를 체험하여 생사生死의 출出과 입入에서 어느 쪽이 생지生地이고 생도生道이며 어느 쪽이 사지死地이고 사도邪道인지 알 수 있는 사람을 말한다. 이러한 사람은 위에서 말한 열에 셋씩이 3개이니 아홉 사람이고 나머지 한 사람이 여기에 포함된다고 보아야 한다.

이러한 사람은 수련이 이미 상승上乘공부에 이르러서 특이한 능력을 갖추어 몸 밖에 있는 생명의 생각이나 행위를 제어할 수 있다. 그러므로 그들은 육지에서도 코뿔소나 호랑이를 만나지 않으며 전쟁터에서도 칼의 해를 입지 않는다. 그러므로 코뿔소도 뿔로 받을 수 없고 호랑이도 발톱을 사용할 수 없으며 무장한 군사도 칼을 쓸 수가 없다. 이것은 또 어째서인가? 이것은 그들이 죽음을 당하는 사지에 들어가지 않았기 때문이다.

귀생貴生(생명을 귀히 여김)

허무虛無한 나

신선이나 산신령 들이 호랑이를 옆에 데리고 다니거나 호랑이를 타고 다니는 그림을 볼 수 있다. 이런 현상은 호랑이가 경지에 이른 도인들에게 순종한다는 말이 된다. 그럼 호랑이는 보통사람과 도를 닦은 도인들을 어떻게 구별할까?

모든 짐승들의 눈이 사람들의 눈보다는 더 발달되었다고 한다, 사람들은 볼 수 없는 기체를 개나 고양이 등은 볼 수 있다. 즉 사람은 기체氣體로 되어 있는 귀신을 볼 수 없지만 개나 고양이 같은 짐승들은 이를 볼 수 있다는 것이다.

이러한 기체는 수련을 많이 해서 경지에 이른 사람은 그것이 몸 밖으로 발현되는데 이것을 휘광輝光, 오로라 등으로 불린다. 예수나 석가의 사진을 보면 몸 밖으로 빛이 발하는 것을 볼 수 있는데 이것이 휘광이다, 도가에서는 이것을 무형무질無形無質이라고 하며 '허무虛無한 나'이라고 한다.

몸 밖의 휘광輝光이 상당히 확장되어 타인에게 영향을 줄 수 있을 때 불교에서는 성불成佛하였다고 하고 도가道家에서는 성선成仙하였다고 한다. 저 빛이 타인에게 얼마만큼 좋은 영향을 줄 수 있는지에 따라 이와 같이 표현한다. 이것을 사람들이 육안으로는 볼 수 없다. 그러나 다른 짐승들은 그것을 볼 수 있다고 한다.

이 무형무질의 휘광은 수련을 하여 경지에 이르면 나타나는데 이 경우 속세의 야성野性이 하나도 없어야 하고 청정무위淸靜無爲

해야 발현한다. 그것을 빛의 색깔만 보고도 알아차린 짐승들은 자기들을 해치지 않을 것을 알기 때문에 절대로 공격하지도 않지만 오히려 따르게 된다는 것이다. 마치 갓난아이가 호랑이를 무서워하지도 않고 같이 놀자고 하고, 호랑이도 절대로 아이를 해치지 않는 것도 이 때문이다. 원시 시대에는 인심이 순박하고 본성이 청정하여 품은 욕심도 없어서 짐승과 함께 살면서 협조하였으나 살아가면서 탐욕스런 마음으로 변하여 짐승들을 사냥하기에 이르러 결국 원수가 되었다는 이야기도 있다.

본문 55장에도 이에 관련한 말이 있다. (含德之厚 比於赤子 毒蟲不螫 猛獸不據 攫鳥不搏)

出生入死無窮已 태어나고 죽는 것은 무궁무진하니

惟善攝生不能死 섭생을 잘한다면 죽지 않을 수 있다네.

知生知死却成人 생과 사를 알게 된다면 성공한 사람인데

須入虎穴得虎子 호랑이 굴에 들어가 호랑이 새끼를 얻었다네.

道生之章 第五十一

養德(길러주는 덕)

道生之, 도생지,

德畜之, 덕축지,

物形之, 물형지,

勢成之, 세성지,

是以萬物莫下尊道而貴德. 시이만물막하존도이귀덕.

道之尊, 德之貴, 夫莫之命而常自然. 도지존, 덕지귀, 부막지명이
상자연,

故道生之, 畜之 長之育之, 成之熟之, 養之覆之. 고도생지,
축지, 장지육지, 성지숙지, 양지복지.

生而不有, 생이불유.

爲而不恃, 위이불시.

長而不宰, 장이부재,

是謂玄德. 시위현덕.

도가 낳고

덕이 쌓아

만물의 형태가 드러나고

세를 이룬다네.

고로 만물은 도를 높이고 덕을 귀히 여기시 않을 수 없네.

도를 높이고 덕을 귀하게 여기는 것은 시켜서가 아니라 스스로 그러하기 때문이며

고로 도가 낳고 덕이 쌓으며 자라게 하고 키우고 열매 맺고 성숙시키며 기르고 덮어 준다네.

낳았으나 소유하지 않고

행하여도 자랑하지 않으며

길러주어도 주재하지 않으니

이것을 현묘한 덕이라 한다네.

道生之, 德畜之, 物形之, 勢成之, 是以萬物莫下尊道
而貴德.

무극대도의 혼돈의 일기로 인해 생겨나지 않은 것이 없으며 만물이
그 도를 얻은 것이 곧 덕이다. 온화함을 머금어 윤택하게 조화를 이루게
돕는 것은 모두 덕이 기르는 것이다. 이런 후에야 형체를 갖추게 되니 형
체가 있은 후에는 발육하고 성숙하면서 번성하는 것이다. 이렇게 모두 도
와 덕으로 인하여 조성되므로 그래서 도를 존중하고 덕을 귀하게 여기지
않음이 없다.

道之尊, 德之貴, 夫莫之命而常自然, 故道生之畜之, 長
之育之, 成之熟之, 養之覆之.

도가 존중받고 덕이 귀하게 여김을 받는 것은 도가 만물을 양성하고
발현함이 결코 의도적이 아니고 자연히 그렇게 되는 변화 과정이기 때문
이다. 도로써 조화의 기미가 자라는 것을 '생生'이라 하고, 덕으로써 음양
을 속에 머금은 것을 '축畜'이라 하며, 도로써 낮과 밤으로 변화하는 것
을 '장長'이라 하고, 덕으로써 오기五氣가 더해져 조화하는 것을 '육育'이
라 하고, 도로써 본성이 완전한 것을 '성成'이라 하고, 덕으로써 신神이 온
전하고 기氣가 바른 것을 '숙熟'이라 하고, 도로써 근본을 보호하고 성性
을 굳게 하는 것을 '양養'이라 하고, 덕으로써 그 상한 것을 보호하는 것
을 '복覆'이라 한다.

生而不有, 爲而不恃, 長而不宰, 是謂玄德.

생生, 화化, 성成, 장藏, 모두를 도道가 하는 것인데도 그것은 자기의 능
력이라고 자랑하지 않으며 만물을 기르고 자라게 해도 주재하여 다스리

려고 하지 않는다. 바로 이것이 심원하고 지극한 덕인 것이다.

양덕養德(길러주는 덕)

육肉, 신神, 영靈, 삼체三體

공덕功德을 강조하는 불교나 도교에서는 윤회사상을 신봉한다. 사람이 죽으면 다시 태어난다는 것을 믿는 것인데 일반적으로 이 것은 육체肉體적인 것과 신체神體적인 것, 영체靈體적인 것의 3가지 측면에서 다루어진다.

육체는 부정모혈로 이루어져 부모가 준 것으로 영원히 존재하는 것이 아니고 잠깐 동안 존재하는 것이다. 신과 영도 같이 존재한다. 신이 영을 에워싸고 있는 형태여서 여기서 사람의 지혜가 생긴다고 하며 신이 존재하지 않으면 미련하다고 한다. 육체가 다시 태어나야 신도 다시 환생하는데 이는 몸이 없으면 신이 의탁하지 못하기 때문이다. 신이 누구의 몸에 나타나는 것은 신이 환생하였기 때문이다. 인체에는 영도 존재하는데 영의 활동여하에 따라 신이 강해지거나 약해지는 것이다.

그들의 속성은 아래 표와 같다.

육체肉體 → 일생一生 : 육체를 가지고 있는 현존하는 일생을 말함.

신체神體 → 일시一時 : 신체는 몸에 계속 붙어 있지 않고 일시적인 것.

영체靈體 → 일세一世 : 영체는 몸이 없어도 영원히 존재하는 것.

현재의 육체를 가진 나는 이 생生이 있기 전에도 존재했었으며 지금의 부모 도움을 빌려서 다시 나타난 것이다. 종교적으로 볼 때는 전생이 현생을 결정하고 현생은 다음 생을 결정한다고 보고 있다. 크게 보면 이 결정된 운명 가운데 고칠 수도 없고 바꿀 수도 없는 운명이 있으니 이 부분만큼은 정해진 것이 확실하다.

정해졌다는 것을 수數라고 표현하는데 첫째 성별이다. 남자냐 여자냐는 태어나면서 정해지고 이 운명은 고칠 수가 없다. 다음으로 내가 태어났을 때 부모가 어떤 상황이었는지도 결정되었으며 부모가 자신에게 줄 수 있는 것도 유한한 것이어서 이것 또한 고칠 수 없다. 만약 내가 아프리카에 사는 흑인 부모의 몸을 빌려서 태어났다면 나는 아프리카에서 흑인으로 살고 있었을 것이다. 그리고 흑인 부모가 준 그대로를 물려받았을 것이다. 이러한 것들이 모두 전생에서 쌓은 공덕功德으로 결정되었다.

道生德畜却無思 도를 낳고 덕을 쌓는 것은 생각 없음이고
須彌山上望崑崙 수미산 정상에서 곤륜산을 바라보네.
若也另瞠一雙眼 한 쌍의 눈으로 다른 곳을 보는 것 같으나
便知落處道方尊 곧 도의 행방을 알고 바야흐로 존숭하게 되네.

天下有始章 第五十二

歸元 (본원으로 돌아감)

天下有始, 以爲萬物母, 천하유시, 이위만물모,

旣知其母, 以知其子, 기지기모, 이지기자,

旣知其子, 復歸其母, 기지기자, 부귀기모,

歿身不殆. 몰신불태.

塞其兌, 색기태,

閉其門, 폐기문,

終身不勤. 종신불근,

開其兌, 개기태,

濟其事, 제기사,

終身不救. 종신불구.

見小曰明, 견소왈명,

守柔曰强, 수유왈강,

用其光, 용기광,

復歸其明, 복귀기명,

無遺身殃, 무유신앙,

是謂襲常. 시위습상.

천하에는 시초가 있어 만물의 어미가 되었으니
이미 그 어미를 얻었으면 그 아들을 알게 되고
이미 그 아들을 알고 다시 그 어미로 돌아오면
몸이 다하도록 위태롭지 않네.

그 구멍을 막고
그 문을 닫으면
한 몸이 다하도록 고달프지 않을 것이나
그 구멍을 열고
세상을 건너려고 하면
몸이 다하도록 구제받지 못한다네.

작은 것을 보는 것을 밝음이라 하고
부드러움을 지키는 것을 강함이라 하니
그 빛을 써서
그 빛을 안으로 되돌리면
몸을 망치는 일이 없을 것이니
이것을 일러 상을 계승한다고 하네.

天下有始, 以爲萬物母, 旣知其母, 以知其子, 旣知其子, 復歸其母, 歿身不殆.

우주의 안에는 하나의 시발점이 있다. 이러한 시작은 만물을 생산하는 근본이 되니 그것을 만물의 어미라고 한다. 만약 그 어미를 알게 된다면 이로 말미암아 그 자식을 알게 되고, 이미 그 자식까지도 알게 되었다면 다시 그 어미로 돌아온다면 만물이 생산되는 것을 이해할 수 있게 된다. 이러한 근본의 원칙을 따른다면 몸이 다 할 때까지 위태로움이 없는 것이다.

塞其兌, 閉其門, 終身不勤, 開其兌, 濟其事, 終身不救.

'태兌'는 눈이고 '문門'은 입이다. 눈으로 망령됨을 보지 말아야 하고 입으로는 망령되게 말하지 말아야 한다. 사람이 망령된 것을 보지 않고 말하지 않으면 생명이 다하는 날 까지 근심하는 일이 없을 것이다. 눈을 뜨면 7정6욕을 보게 되고 그것을 증가시킨다면 죽을 때까지 재화나 재앙을 구제받지 못할 것이다.

見小曰明, 守柔曰強, 用其光, 復歸其明, 無遺身殃, 是謂襲常.

아직 싹이 트지 않았고 재화와 재앙이 아직 보이지 않을 만큼 작을 때 볼 수 있는 것을 밝음이라 하고 부드럽고 나긋나긋함을 지켜나간다면 강해진다는 것이다. 자신의 눈빛을 밖으로 활용하여 세상의 이로움과 해로움을 바라보고 다시 그 빛을 되돌려 내면을 밝게 하여 정과 신이 누설되지 않도록 해야 한다. 도가에서는 반관내시 내관 내조 등으로 불린다. 내면을 바라보아 기가 내면에 모이면 내강이 밝아진다.

귀원歸元(본원으로 돌아감)

회광반조回光返照

빛을 몸 안으로 거두어서 이것을 반관내시返觀內視. 반관내관返觀內觀. 반관내조返觀內照의 수련을 거치는 것은 도가 수련의 핵심이다.

이러한 내시內視, 내관內觀, 내조內照를 수련하기 위해서는 목目으로 보기 위하여 목을 찾아야 하는데 그러기 위해서는 몸을 안정시킨 상태라야 목을 찾을 수 있다.

'우리의 몸속에는 곳곳에 눈(目)이 있다'는 말이 있다. 또한 '우리 몸속에는 먼지만큼 작은 물질에도 눈(目)이 있고 그것들은 각자 자기가 무엇을 하는지 알고 있다'는 말로 보아서 그만큼 목目의 영향은 크다 하겠다.

안眼	눈으로 직접 현 상황을 보는 것. 안경眼鏡, 육안肉眼.
목目	눈을 감고 목目으로 보는 것. 시視, 관觀, 조照.
간看	안眼으로 직선直線을 보는 것. 간판看板, 간산看山.
시視	목目으로 보되 거리距離를 말함. 반관내시返觀內視.
관觀	목目으로 보되 범위範圍를 말함. 반관내관返觀內觀.
조照	목目으로 보되 밝은 점點이 나타남. 반관내조返觀內照.

내시內視는 눈길을 슬쩍 한 번만 흘려보면서 지나쳐도 시視라고 한다. 반좌 중 체내를 보면서 머릿속에서부터 아래로 내려가는 과정이 있다. 이때가 내시內視인 것이다. 우리 몸의 머리 공간에는 대뇌 등으로 가득 차 있고 가슴 공간에는 내장기관 등이 가장 많고 하복부 공간도 내장 등이 가득 차 있다. 그러나 하전에서는 상대

적으로 공간이 비어 있어 공간의 움직임이 있을 수 있다. 이 모든 것이 보이도록 하여야 진정한 내시가 될 수 있으며 다음 단계인 내관內觀의 상황을 이어갈 수 있다. 보이지 않는 상황에서는 무엇인가 관觀할 수 없기 때문이다.

내시內視하면서 어느 한 곳에 멈추어서 바라보는 것을 내관內觀이라고 한다. 체외에서 체내로 빛을 거둬들이는 과정을 거쳐 머리에서부터 하복부 아래까지 내려 올 때 눈동자를 약간 아래로 해서 머리 안쪽을 바라보는 자세를 취한다. 이런 자세를 취할 때 머릿속에 약간 밝은 모습이 보일 수 있다. 이런 자세를 두고 내관內觀한다고 표현한다. 이러한 내관수련으로 몸 안의 정기를 온몸에 확산하여 몸 전체의 균형을 이루게 하는데 이 과정을 자아관정自我灌頂이라고도 한다.

내조內照란 체내에서 빛이 생겨서 체내에서 밝아져 비추어 보이는 현상이다. 반관내조返觀內照된 빛은 크거나 작아도 낭비하면 안 된다. 그런 경우 묵운오행默運五行을 하여 빛을 보존하여야 하고 내조현상이 머릿속에서 나타나면 안신조규安神祖竅를 할 수 있다.

知其子復守其母 그 자식을 알고 그 어미를 지키니
不悟飛常空自走 오르는 것을 깨닫지 못하면 항상 헛걸음을 한다네.
覆盆之下用其光 엎질러진 동이에 그 빛을 쓴다면
休向狂中談竅妙 광중을 향해 묘안을 이야기하지 마라.

使我介然章 第五十三

益證(증거를 더함)

使我介然有所知, 行於大道. 사아개연유소지, 행어대도.

唯施是畏, 유시시외,

大道甚夷, 대도심이,

而民好徑. 이민호경.

朝甚除, 조심제,

田甚蕪, 전심무.

倉甚虛, 창심허,

服文彩, 복문채,

帶利劍, 대리검,

厭飮食, 財貨有餘, 염음식, 재화유여.

是謂盜誇. 시위도과.

非道也哉. 비도야재.

내가 아는 것이 있다면 큰 도를 행한다는 것은
두려워하며 베풀어야 한다는 것이네.
대도는 지극히 평탄하고 쉽지만
백성들은 삿된 길로 가는 것을 좋아하네.

조정은 사람이 없고
밭은 황폐하고
창고는 텅텅 비었는데
화려한 의복을 입고
날카로운 칼을 차고
음식은 싫증나도록 먹고 재화는 남아도니
이것이야말로 도둑질한 것을 자랑함이니
이는 도가 아니라 할 것이네.

使我介然有所知, 行於大道. 唯施是畏, 大道甚夷, 而
民好徑.

이 장은 전체적인 내용으로 보아 당대의 왕이나 조정에서 혼란을 거
듭하는 것을 안타깝게 생각하면서 노자가 훈수 내지는 경고하는 메시지
로 보아야 할 것이다.

내가 정사에 대해 큰 앎(所知)이 있었다면 나는 대도를 행하기 위해서
유위가 아닌 무위로 교화를 했을 것이다. 오직 거짓되게 베풀어지는 일
이 있어 도의 뜻을 잃어버릴까 두려워할 뿐이다. 대도는 지극히 평탄하고
쉽지만 백성들은 삿된 길로 가는 것을 좋아한다.

朝甚除, 田甚蕪, 倉甚虛, 服文彩, 帶利劍, 厭飮食, 財
貨有餘, 是謂盜誇, 非道也哉.

조종의 궁궐이나 누대는 잘 정돈되어 있지만 밭에는 황폐하여 잡초가
무성하고 오곡이 가득 들어차야 할 창고는 텅텅 비어 있고 위정자들은
화려한 비단옷을 입고 겉치레를 귀하게 여기며 굳세고 강한 것을 숭상하
여 사치스런 무력을 쓰고 질리도록 마시고 먹어대며 즐기고 욕심 부리며
만족할 줄을 모르고 있다. 백성들은 헐벗고 굶주림에 시달리는데도 조정
에서는 빼앗고 훔친 것으로 사치와 화려함을 누리면서 백성들에게 과시
하는 것, 이 모두는 도가 아니라고 탄식하는 것이다.

익증益證(증거를 더함)

벽곡辟穀 (1)

우리의 몸 안에는 삼시충三尸蟲(팽거彭倨, 팽질彭質, 팽교彭矯)이 있어서 우리의 수련을 방해하고 있다. 이 삼시충은 곡기를 먹고 살기 때문에 벽곡으로 이를 물리칠 수 있다.

벽곡의 원리나 의미로 본다면 첫째, 인체의 노화 및 질병들의 주요 원인은 대장속의 대변이 축적되어 부패되어서 유해물질을 생산해 내고 있기 때문에 이것을 벽곡을 통해 깨끗하게 제거할 수 있다. 우리가 평소 섭취하는 음식에 내재한 사악한 기운을 피할 수 있으며 장기간의 음식물 섭취로 인하여 체내에 쌓여 있는 노폐물을 청소, 제거하기도 한다. 벽곡은 의도적으로 음식의 적폐를 해소하여 몸 상태를 개선하는 의미가 있다. 둘째, 건강미健康美를 찾기 위해서는 이보다 더 좋은 방법이 없다고 하며, 셋째, 음식을 섭취하지 않아 대신 대자연의 우주에 있는 진기를 탈취하여 몸의 탁기나 병기와 교환하는 역할을 하는 것이므로 노화를 방지하고 건강 장수할 수 있다고 한다. 벽곡은 아주 적게 먹거나 전혀 먹지 않고 영양분을 우주에서 받아들이기 때문이다. 모든 생물들은 대자연으로부터 에너지를 받아서 생존하고 성장해 왔다.

공부가 천선공天仙功의 높은 단계에 이르면 벽곡辟穀 수련을 하는데 이때는 단곡斷穀 단식斷食 악고握固 등을 통해 음식을 조절해 나간다. 3일 이상을 단곡斷穀하여야 벽곡이라고 하며 3일 이하는 절식節食이라고 한다. 3일~7일 사이를 단기 벽곡, 8일~14일까지를 중기 벽곡, 15일 이상을 장기 벽곡이라고 한다.

　단곡斷穀은 곡기로 된 음식물을 먹지 않고 과일이나 물만을 마실 수 있다. 그 대신 아침에 일찍 일어나 자연환기법과 큰 나무와의 평형공 등을 통해 영양을 섭취한다. 단식斷食은 아침, 저녁으로 물만 마시고 과일도 섭취하지 않는다.

盜誇盜出自家珍 집안의 보물을 남몰래 칭찬하고 남몰래 내놓으나
覆水難收費苦辛 엎지른 물은 다시 담을 수 없는데도 수고를 거듭하니
只爲良田荒穢了 단지 좋은 밭만을 위하여 황폐해졌네.
如何做得太平民 어떻게 하면 태평한 백성을 만들 수 있을지

善建者不拔章　第五十四

修觀(바르게 봄)

善建者不拔, 선건자불발,

善抱者不脫, 선포자불탈,

子孫祭祀不輟, 자손제사불철.

修之身, 其德乃眞. 수지신, 기덕내진.

修之家, 其德乃餘. 수지가, 기덕내여,

修之鄕, 其德乃長. 수지향, 기덕내장,

修之國, 其德乃豊. 수지국, 기덕내풍,

修之天下, 其德乃普. 수지천하, 기덕내보.

故以身觀身, 고이신관신,

以家觀家, 이가관가,

以鄕觀鄕, 이향관향,

以國觀國, 이국관국,

以天下觀天下, 이천하관천하,

吾何以知天下之然哉? 오하이지천하지연재?

以此. 이차.

잘 세운 집안은 넘어지지 않고
잘 품는 자손은 빗나가지 않으니
자손의 제사가 끊어지지 않는다네.

이와 같이 자신을 수양하면 그 덕이 곧 참되고
이와 같이 가정을 다스리면 그 덕이 여유가 있고
이와 같이 고을을 보살피면 그 덕이 오래가고
이와 같이 나라를 다스리면 그 덕이 풍성하며
이와 같이 천하를 다스리면 그 덕이 두루 퍼지네.

그러므로 몸으로써 몸을 살피고
집으로써 집을 살피며
고을로써 고을을 살피며
나라로써 나라를 살피고
천하로써 천하를 살피니라
내 무엇으로써 천하가 그러함을 알겠는가?
이에 의해서이니라.

善建者不拔, 善抱者不脫, 子孫祭祀不輟.

넘어지지 않게 잘 세워진 집에서 빗나가지 않게 잘 품어서 길러낸 자손들은 가문의 제사가 끊어지지 않는다는 가르침의 말이다.

修之身, 其德乃眞, 修之家, 其德乃餘, 修之鄕, 其德乃長, 修之國, 其德乃豐 修之天下, 其德乃普.

여기서 다섯 가지의 '수지修之'가 등장하는데 여기서 지之는 그것을 가리킨다. 그러면 그것은 무엇인가? 바로 '자식을 바로 세우고 품에 안은 것'을 말한다. 그렇게만 한다면 몸은 참되고, 집은 여유롭고, 고을은 오래가고, 나라는 풍요롭고, 천하에는 그 덕이 두루 미친다는 것이다.

故以身觀身, 以家觀家, 以鄕觀鄕, 以國觀國, 以天下觀天下, 吾何以知天下之然哉? 以此.

앞 문장에 이어서 그러므로 내 몸도 몸의 입장에서 보아야 한다는 것이다. 행여 내 몸이니까 '내 마음대로 보아도 괜찮다'는 것은 아니라는 것이다. 역시 집안이나 고을이나 나라나 천하도 마찬가지이다.

노자는 천하의 이치가 왜 그러한지를 아는 이유를 자기는 천하를 볼 때 천하의 입장에서 천하를 봄으로써 천하가 왜 그러는지 그 이치를 알고 있다고 말한 것이다.

수관修觀(바르게 봄)

벽곡辟穀 (2)

사람은 육체가 성장함에 따라 정情과 욕망이 나타난다. 이 과정에서 사념邪念과 정념正念이 드러난다. 벽곡 과정에서도 육체가 요구하는 것들이 드러난다. 육체는 먹고 싶은 욕망에서 뭔가를 계속 요구하는 생각을 내보내고 몸속에서는 이러한 동요가 생겨서 자꾸 먹으려는 생각과 욕망이 생긴다. 그러나 5일 정도는 아무것도 먹지 않는다 하더라도 몸에는 아무 이상이 없다. 이것을 간단하게 표현하자면 육체적인 신념信念과 몸속의 진정한 신념信念 사이에 다툼이 생기는 것이다.

벽곡은 이 두 가지 신념의 투쟁이라고 말할 수 있다. 정념이 많은 부분을 차지하고 발휘될 때 도가에서는 그 사람을 성인聖人이라고 부른다. 육체적인 신념이 많은 부분을 차지하고 그에 따라 생활을 한다면 그런 사람을 소인小人이라고 한다. 이러한 부분은 벽곡을 하면서 하는 반좌수련 과정에서 모두 드러날 수 있다.

우리의 몸은 음식물을 섭취하지 않으면 체내에서 에너지의 분배가 새로이 이루어지게 된다. 체내의 오장을 포함한 다른 기관도 영양공급의 배치와 순서가 새롭게 이루어진다. 이때의 체내조절은 음식물을 섭취하면서는 불가능하다. 이 과정에서는 물과 기氣를 섭취하면서 체내 조절이 이루어진다. 몸 안의 정기를 밖으로 방사하지 않고 체내에서 움직이게 하여 그 정기를 전신에 분배하는 과정이다. 음식물을 섭취할 때는 내장의 기관을 통해서 에너지가 전신에 분배되었지만 음식물을 먹지 않는 벽곡 상태에서는 체내에 남아 있는 에너지를 재차 분배하는 과정이 새로이 이루어지게 되는 것이다.

觀鄕觀國觀天下 고을과 나라와 천하를 참되게 바라보니
積德修身道有餘 덕을 쌓고 몸을 닦는 도는 여유가 있네.
善建亦知宜善抱 잘 세우고 잘 안아주는 것 역시 알아야 하고
倚需德普自安居 덕을 펴며 의지하니 스스로 안거하네.

含德之厚章 第五十五

玄符(현묘한 징표)

含德之厚, 함덕지후,

比於赤子, 비어적자,

毒蟲不螫, 독충불석,

猛獸不據, 玃鳥不搏. 맹수불거, 확조불박.

骨弱筋柔而握固. 골약근유이악고

未知牝牡之合而峻作, 精之至也. 미지빈모지합이최작 정지지야

終日號而嗌不嗄, 和之至也. 종일호이익불사 화지지야

知和曰常, 지화왈상,

知常曰明, 지상왈명,

益生曰祥, 익생왈상,

心使氣曰強, 심사기왈강,

物壯則老, 물장즉노,

是謂不道, 시위부도,

不道早已. 부도조이.

두터운 덕을 간직한 사람은

갓난아이와 같아서

독충도 쏘지 않고

맹수도 덤비지 않으며 사나운 새도 채어 가지 않네.

갓난아이의 뼈는 약하고 근육은 부드러운데도 움켜짐이 굳세고

남녀의 교합은 모르지만 성기가 온전하게 서는 것은 그 정기의 지극

함이요

종일 울어도 목이 쉬지 않음은 화기가 지극한 때문이네.

조화를 아는 것을 상이라 하고

상을 아는 것을 명이라 하고

생명에 이로운 것을 상祥이라 하고

마음이 기운을 부리는 것을 강하다고 하네.

만물이 크고 강해지는 것은 늙은 것과 같으니

이것을 일컬어 도가 아니라 하며

도가 아닌 것은 일찍 끝나게 된다네.

含德之厚, 比於赤子, 毒蟲不螫, 猛獸不據, 玃鳥不搏.

'적자赤子'란 얼굴이 아직 빨간 갓난아이를 말한다. 이렇게 선천세계에서 갓 태어난 아이는 천진난만하고 순진무구하여 몸속에는 잡것 하나 없는 순수한 몸이다. 몸이 그러한 즉 몸에서 발현되는 휘광도 그렇게 투영된다. 도가에서는 이 휘광을 유형무질有形無質이라고 하며 '허무虛無한 나'라고 한다. 이것을 사람들이 육안으로는 볼 수 없으나 짐승들은 사람의 눈보다 더 발달되어 있어서 그 휘광을 볼 수 있으며 상대의 마음쓰임을 그것을 보고 판단한다. 그러나 후천세계에서 살다 보니 7정6욕으로 가득 채워져서 순수함은 찾아볼 수 없게 되고 마찬가지로 몸에서 발현되는 휘광은 차츰 없어지게 되는 것이다.

도가 수련은 7정6욕을 몰아내고 몸을 청정하게 하므로 함덕지후含德之厚가 되어 가는 과정이다. 200살이 넘은 도인들의 얼굴이 동안이라는 말은 그것을 뒷받침한다.

骨弱筋柔而握固, 未知牝牡之合而峻作, 精之至也. 終日號而嗌不嗄, 和之至也.

위의 문맥을 이어 받아서 갓난아이의 생명력을 말한 것이다. 갓난아이는 여기서 말한 손목, 암수의 생식기, 기관지를 관장하는 괄약근이 잡것 하나 없이 깨끗하여 아무런 장애를 받지 않기 때문이다. 그러나 후천세계에서 살다 보면 오곡 등 음식물을 먹고 살아야 하기 때문에 몸 안에 탁기로 가득 채워져서 괄약근에 때가 끼어서 본래의 기능을 해내지 못하게 되니 위에서 말한 세 가지가 부실하게 되고, 더 나아가 대소변도 지리게 되고 이목구비 오장육부 모든 기능이 둔화된다. 도가의 수련은 이를 원래대로 복원시키는 데 목적이 있다.

424

知和曰常, 知常曰明, 益生曰祥, 心使氣曰強, 物壯則老, 是謂不道, 不道早已.

여기서는 사람의 갓난아이 때부터 늙어가는 과정의 삶을 순리대로 말한 것이다. 상常에서 명明, 명에서 상祥, 상에서 강强, 강에서 노老에 이르기까지, 이것은 순리이고 순행順行이다. 도가의 수련은 역행逆行이다. 그래서 도가 용어로 순즉사역즉선順則死逆則仙(순리대로 살면 죽어 귀신이 되고 역행하는 수련을 하면 신선이 된다)이란 말이 있다.

내가 태어난 지 5000일이 지났다면 몸을 5000일(약 15세) 이전 상태의 몸으로 되돌리는 것이 수련의 목표이다. 그 시기에 사람의 몸은 변화가 가장 심한 때여서 남자나 여자 공히 누정이 되고 월경이 시작되면서 몸의 변화가 몸 전체에서 이루어지기 때문에 그 이전 상태로 되돌리고, 또 다음으로 어머니의 뱃속에서 갓 태어난 그 몸으로 되돌아가는 수련을 하고, 더 나아가 아버지의 정과 어머니의 혈이 처음 만나 한 점을 찍었을 때로 되돌아가는 것이 도가 수련이다.

'시위부도 부도조이是謂不道 不道早已'는 순리대로 살았다면 이것은 도가 아니며 도가 아니면 일찍 죽는다는 말이다.

현부玄符(현묘한 징표)

유형유질有形有質 유형무질有形無質 (1)

육신肉身은 나의 유형유질有形有質이다. 육신은 '후천後天의 나'이기도 하다. 모든 수련은 육신有形有質이 존재하므로 이루어진다.

육신肉身의 변두리에 또 다른 나의 형상이 있는데 이것을 '유형무질有形無質의 나'라고 표현한다. 인체 표면을 감싸는 광환光環 즉 휘광輝光이 나의 유형무질이다. 신외신身外身이라는 표현도 쓴다. 이 유형무질은 '심령心靈이 나에게 주는 나의 형상이다.' 유형무질의 질양質量은 기氣로 형성되어 있어서 일반인은 그 형상을 볼 수 없다. 부모의 정精과 혈血이 하나가 되었을 때부터 이 형상이 생겼다고 한다. '사람은 그 형상에 따라서 자라고 성숙한다'고 전해진다. 우리가 성숙되기 전에 이미 그러한 형상이 있었고 그 형상에 의하여 그 형상대로 우리가 자란다고 도교에서는 말하고 있다.

그래서 도교에서는 외형의 형상을 개선시킴으로써 나의 모습도 변화를 가져올 수 있다고 가르치고 있다. 하나의 결과물인 우리의 육신 자체는 변화시키기 어려우나 자신의 외형인 유형무질부터 개변시켜 변화를 가져오면 우리의 육신이 맞추어 변화할 수 있다는 논리이다. 우리 인체에는 육체적인 나와 유형무질의 나가 하나로 합쳐 있었으나 수련을 통해서 유형무질의 나가 육체적인 나를 둘러싸고 있다고 보면 된다. 인체의 유형무질은 사람마다 크기와 면적이 모두 다르다. 이는 모태 속에 있을 때부터 혹은 태어나서부터 모두 다르다고 보아야 한다. 거기다가 태어나서 7정6욕의 변화에 따라 인체 주위의 휘광이 더 달라질 수 있다.

이 둘의 마음의 속성屬性을 들여다보면 육신의 나는 육심肉心이어서 이기적 속성屬性을 갖는 반면 유형무질은 진심眞心이어서 이기적인 속성을 벗어나는 진실성을 가지고 있다.

赤子何知鳥不攫 적자는 빼앗지 않는다는 걸 새들은 어찌 알았으며
未知牝牡而峻作 암수의 짐승은 성을 아직 몰라도 성기는 일어나고
益生使夭要長存 기氣로 하여금 장수하게 하여 살아남아야 하니
豈但筋柔而固握 어찌 힘줄은 부드러우면서 단단히 쥐고 있는가?

知者不言章 第五十六

玄德(하늘같은 덕)

知者不言, 지자불언,
言者不知. 언자부지.

塞其兌, 색기태,
閉其門, 폐기문,
挫其銳, 좌기예,
解其紛, 해기분,
和其光, 화기광,
同其塵, 동기진,
是謂玄同. 시위현동.

故不可得而親, 고불가득이친,
不可得而疎, 불가득이소,
不可得而利, 불가득이리,
不可得而害, 불가득이해,
不可得而貴, 불가득이귀,
亦不可得而賤, 역불가득이천,
故爲天下貴. 고위천하귀.

아는 자는 말하지 않고
말하는 자는 알지 못하네.

구멍을 막고
문을 닫으며
욕망의 날카로움을 쳐내고
맺힌 한을 풀어헤쳐서
어우러진 빛과 같이 되어서
세속과 하나가 되니
이것이 현묘함과 하나 되는 것이네.

그러므로 도를 아는 사람은 친할 수도 없고
멀리할 수도 없으며
이익을 줄 수도 없고
해를 미치게 할 수도 없으며
귀한 존재가 되게 할 수 없고
미천한 존재가 되게 할 수도 없다네.
그러므로 천하의 귀한 존재가 되는 것이네.

知者不言, 言者不知.

혼원混元한 무극대도는 천지를 낳고 만물을 길러내는 그 작용이 무궁하여 몸이나 마음으로 깨달음을 얻어야지 언어로 표현할 수 없는 것이다. '언자부지言者不知'란 글로도 표현 못하고 말로도 드러내지 못하는 것을 아는 척 말하는 것은 결국 알지 못하는 것이다.

塞其兌, 閉其門, 挫其銳, 解其紛, 和其光, 同其塵, 是謂玄同.

'색기태 폐기문塞其兌 閉其門'은 제52장에 나왔던 말이다. 사람들은 구멍(입)을 막고 문(눈, 코, 귀)을 닫으며, 청정한 상태에서 진도를 길러내 본성을 찾고 삿됨을 끊으라는 것이다. '좌기예 해기분 화기광 동기진挫其銳 解其紛 和其光 同其塵'도 역시 제4장에 나왔던 구절이다. 사람이 아는 체하고, 자기를 드러내 스스로 자랑하고, 뽐내고, 하는 것 등이 예銳에 해당되는 날카로움이다. 분紛이란 어지럽게 뒤섞여 엉긴 것을 말한다. 이 같은 예銳를 꺾고 분紛을 풀어버리고서 지혜와 덕행의 공을 쌓아 진세塵世의 세상에서 부드러운 빛처럼 함께한다면 이것이야말로 심원한 무극대도와 함께 하는 것이다.

故不可得而親, 不可得而疎, 不可得而利, 不可得而害, 不可得而貴, 不可得而賤, 故爲天下貴.

무극대도는 본래 안과 밖의 구분이 없으니 친소親疎관계가 있을 수 없으며 본래 좌와 우의 다름이 없으니 이해利害관계도 있을 수 없으며 본래 높고 낮은 등급이 없는데 어찌 귀천貴賤이 있겠는가? 그러므로 친소親疎나 이해利害나 귀천貴賤의 구별이 없는 무극대도만이 천하에서 가장 진귀한 것이다.

현덕玄德(하늘같은 덕)

유형유질有形有質 유형무질有形無質 (2)

나의 유형무질은 독립적으로도 움직일 수가 있는데 그것은 직접 느낄 수 있다. 또한 나의 유형무질도 자체 의념이 있을 수 있는데 이러한 의념이 나에게 영향을 주어서 공포감을 느끼게 할 수도 있다.

유형무질의 나는 항상 나와 함께하는데 가령 내가 앉았던 자리에 나의 유형무질도 함께하다가 떠난 후에도 흔적이 남아 있는데 나의 수련 수준에 따라 오래 남아있기도 한다.

체내에서는 7정과 6욕의 변화에 따라 여러 가지 심리적인 변화가 일어나는데 그 변화에 따라 인체 외부의 휘광의 색상이나 크기에 변화가 있을 수 있다. 휘광의 색은 오행의 색으로 변화하는데 나의 체내와 관련성이 있다.

나의 유형무질이 실제로 존재하는지를 검증하는 방법이 있다. 수련 중에 유형무질의 나를 통해서 모공과 육신에 압력을 가할 수 있다. 이때 육신 밖으로 나가 지금보다 크게 보일 수 있는데 이것은 유형무질의 영향이다. 수련으로 유형무질의 나를 더 크게 더 두텁게 만들 수 있다. 불교에서도 이 수행을 하는데 '커지게 하고 더 커지게 해서 끝이 없을 정도로 크게 해서 전 세상을 비추게 한다'라고 말한다.

수련 방법으로는 모공호흡을 통해서 빛과 열을 방출하여 그 크기를 키워 나가면서 더욱 뚜렷하게 나타나게 하는데 이는 수련자의 내공의 힘에 의하여 모두 다르게 나타난다.

閉門塞兌得嬴金 폐문 색태하여 금괴를 얻었는데
電掣星飛何處尋 번개가 치고 별이 날아오면 어디에서 찾나.
便遣那吒千手眼 편하라고 보냈는데 천수천안이 어찌 꾸짖는고.
不知佛殿有觀音 불전도 모르는데 관음이 있네.

以正治國章 第五十七

淳風（순풍）

以正治國, 이정치국,

以奇用兵, 이기용병,

以無事取天下, 이무사취천하.

吾下以知其然哉, 以此. 오하이지기연재. 이차.

天下多忌諱, 而民彌貧, 천하다기휘, 이민미빈.

人多利器, 國家滋昏, 인다이기, 국가자혼.

民多技巧, 奇物滋起, 민다기교, 기물자기.

法令滋彰, 盜賊多有, 법령자창, 도적다유.

故聖人云, 고성인운,

我無爲而民自化, 아무위이민자화,

我好靜而民自正, 아호정이민자정,

我無事而民自富, 아무사이민자부,

我無欲而民自樸. 아무욕이민자박.

정도로 나라를 다스리고

기책으로 군대를 움직이고

무사無事로써 천하를 얻어야 한다네.

내가 무엇으로 그러한 줄 아는가? 바로 이런 이유들 때문이네.

군주가 금하는 것이 많으면 백성은 더욱 가난해지고

백성에게 이기利器가 많을수록 국가는 더욱 혼란해지며

사람에게 기교를 중시하면 기이한 물건이 더욱 생겨나고

법령이 밝아지면 질수록 도적은 더욱 늘어만 가네.

그러므로 성인은

내가 함이 없으면 저절로 교화되고

내가 가만히 있어야 백성 스스로 올바르게 되고

내가 일을 벌이지 않으니 백성은 자기 힘으로 부유해지고

내가 욕심을 내지 않아야 스스로 순박하게 된다네.

以正治國, 以奇用兵, 以無事取天下, 吾下以知其然哉, 以此.

'정正'이란 정도를 지킨다는 뜻이고 '기奇'란 기발한 책략으로 속이는 것을 말한다. 나라는 올바름으로 다스리고 군대는 기책으로 움직여 싸운다는 말이다. 그렇게 하여 무사無事로써 천하를 취한다고 한 것은 여러 장에서 강조하였듯이 무위의 순리대로 나라를 다스리라는 것이다. 평범하고 쉬워 보이는 말 같지만 통치자들이 몇 번이고 되새겨볼 말이다.

노자는 천하를 취할 때 왜 무사無事로써 하지 않으면 안 되는가 하는 이유를 바로 '이것이다'라고 말하고 있다. 그것들이 무엇인지 따라가 보자.

天下多忌諱, 而民彌貧, 人多利器, 國家滋昏, 民多技巧, 奇物滋起, 法令滋彰, 盜賊多有.

세상에다 기휘忌諱, 이기利器, 기교技巧, 법령法令 등을 통해 백성들을 편안하게 하려 하지만 오히려 백성들은 더 가난해지고, 국가는 더 혼미해지고, 괴이한 물건들만 더 나오게 되고, 도적은 더 늘어간다는 것을 이야기하고 있다.

故聖人云, 我無爲而民自化, 我好靜而民自正, 我無事而民自富, 我無欲而民自樸.

그러므로 성인이 말씀하시는 것을 빌려서 앞 문장에 대한 답을 내놓았다. 내가 인위적이고 작위적으로 하는 일이 없이 자연스럽게 무위로 하므로 백성들이 저절로 변화를 이루어 내고, 내가 고요함을 좋아하여 말을 하거나 가르치지 않아도 백성들 모두가 스스로 알아서 정도를 행하고, 내가 일을 꾸미지 않으므로 백성들은 자신의 일만을 편안히 하기 때문에 모두가 저절로 부유하게 되고, 내가 항상 욕심을 부리지 않고 화려하게 꾸미지도 않으니 백성들도 스스로 소박해진다는 것이다.

순풍淳風

유형유질有形有質 유형무질有形無質 (3)

도가道家에서는 체내體內를 명심明心이라고 표현하고 체외體外를 견성見性이라고 표현한다. 명심견성明心見性의 상황이 되었을 때 즉 몸 밖과 몸 안에 똑같은 상황이 이루어졌을 때 빛이 순조로워져서 모든 것이 안정된다,

'나의 속도 밝고 내 겉도 밝으면 어떠한 일을 해도 잘 풀린다'고 한다. 반면에 만약 '내 속도 어둡고 겉도 어둡다면 무슨 일이 있더라도 무슨 일이든 처리하지 않는 것이 좋다'고 한다. 이 속과 겉을 자기의 마음에 드는 형상形象과 색상色相으로 전환한 후 일을 처리하는 것이 좋다고 한다. 명심明心이 내강內腔을 비우는 지난한 수련을 했듯이 견성見性 또한 수련의 정도가 만만치 않다.

우리의 수련과정은 유형무질有形無質의 형상形象과 색상色相을 완벽하고 아름답게 만드는 데 있다고 볼 수 있다. 이러한 색상을 유위有爲의 상태가 아닌 무위無爲의 상태, 즉 무의식적인 상태에서 순간적으로 색을 추가함으로써 변화되어 나타나는 색상을 견성見性이라고 한다. 우리가 겉 표면의 색상色相을 변화시켜서 상대방이 나를 바라보았을 때 그 기분이 좋아지게 하거나 우리가 겉

과 속을 일치시켜서 우리의 속마음에서 나오는 말을 듣고 상대방이 기분이 좋아지게 될 때, 즉 몸 밖의 능력이 상당한 정도에 이르러서 만인에게 상당한 영향을 줄 수 있을 때 견성見性이라고 한다. 몸 밖의 휘광輝光이 상당히 확장되어 타인에게 영향을 줄 수 있을 때 불교에서는 성불成佛하였다고 하고 도가道家에서는 성선成仙하였다고 한다. 저 빛이 타인에게 얼마만큼 좋은 영향을 줄 수 있는지에 따라 이와 같이 표현한다.

명심견성明心見性 이후로 다시 머리를 들어 묵운오행默運五行을 하거나 다른 수련修煉을 하게 되면 그 내용은 엄청나게 달라질 수 있다.

수련은 인체人體에너지와 인체人體 밖의 에너지를 이용하여 유형무질有形無質의 외형外形과 색상色相을 변화시키는 내용이다. 마음속의 변화로 인하여 유형무질의 나의 외형外形이 변화할 수 있다. 수련을 거치고 나서 다시 자기의 마음속으로 되돌아와서 변화를 일으키는 과정도 있다.

天下從敎多忌諱 세상에서 가르침을 기피하는 경우가 많으니
我惟幾個小兒名 나는 몇 명의 아이들뿐이네.
不知奇處用兵拙 이상한 점을 알지 못해 용병술이 서투른데
眼下知之卽太平 지금 그것을 아는 것은 바로 태평이라네.

其政閔閔章 第五十八

順化(순화)

其政閔閔, 기정민민,
其民醇醇, 기민순순,
其政察察, 기정찰찰,
其民缺缺, 기민결결,

禍兮福所倚, 화혜복소의,
福兮禍所伏, 복혜화소복,
孰知其極? 숙지기극?
其無正邪? 기무정사?
正復爲奇, 정복위기,
善復爲妖, 선복위요.
民之迷, 其日固久. 민지미, 기일고구.

是以聖人, 시이성인,
方而不割, 방이불할,
廉而不劌, 염이불귀,
直而不肆, 직이불사,
光而不耀, 광이불요.

그 정치가 어두운 듯 흐릿하면

그 백성은 순박해지고

그 정치가 너무 조급해지면

그 백성은 모자라고 못되게 된다네.

화는 복이 나오는 원인이 되기도 하며

복은 화가 숨어드는 곳이네.

누가 그 끝을 알겠는가?

그 기준은 없는 것인가?

바름은 다시 바르지 못한 것이 되고

착한 것은 다시 요사함이 되거늘

백성이 어리석은 날이 참으로 오래되었네.

그러므로 성인은

성인은 크다 해서 나누지 않고

모서리가 튀어 나왔지만 잘라내지 않고

곧다고 해서 잡아 늘리지 않고

빛으로 빛나게 하지 않는다네.

其政閔閔, 其民醇醇, 其政察察, 其民缺缺,

이 문장을 직역하면 '그 정치가 민민하면 백성이 순순하고, 그 정치가 찰찰하면 백성이 결격하다'이다. 즉 정치를 함에 우둔하고 무디어 보이게 한다면 백성들은 더욱 더 순박해진다는 것이고, 또한 정치를 함에 치밀하고 용의주도하게 한다면 백성들은 허물은 많아지고 더욱 부족해진다는 것이다. 이 말은 자연의 순리에 따르는 다스림이 아니고 인위적인 법령에 의한 통치의 불완전성을 지적한 것이다.

禍兮福所倚, 福兮禍所伏, 孰知其極? 其無正邪? 正復爲奇, 善復爲妖, 民之迷 其日固久.

전화위복轉禍爲福이란 말이 있다. 재앙이 바뀌어 오히려 복이 된다는 말과 같은 맥락이다. 호사다마好事多魔란 말도 있다. 좋은 일에는 반드시 마가 따른다는 말과 일맥상통한다. 그래서 노자는 말한다. '누가 그 끝을 알겠는가?' 그리고 '그 올바른 기준은 없는 것인가?' 바름이 뒤집히면 바르지 못한 것이 되고 착함이 변하여 요사한 것이 되는 세상이니 백성들은 이러한 뒤집히고 변화하는 원인에 대하여 미혹된 지 이미 오래되었다.

是以聖人, 方而不割, 廉而不劌, 直而不肆, 光而不耀.

이 문장은 자연에서 생긴 그대로 보존하여야지 인위적이고 억지로 변형을 시키지 않는다는 말을 한 것이다. 이로써 성인은 큰 것은 큰 대로, 잘난 것은 잘난 대로, 모난 것은 모난 대로, 못생긴 것은 못생긴 대로, 둥근 것은 둥근 대로, 긴 것은 긴 대로, 어두운 곳은 어두운 대로 자연에서 스스로 얻어진 그대로 보존해야지 변형시키지 않는다는 것을 말하였다.

순화 順化

공간空間, 시간時間, 기氣

천지가 운용運用 하는 기미機微를 공간空間, 시간時間, 기氣라는 세 가지 측면으로 인식해 볼 필요가 있다,

공간적 측면에서 논하면 위는 하늘이고 아래는 땅이다. 고인들은 하늘과 땅의 거리를 84,000리라고 규정했다. 하늘에 속하는 위의 면이 42,000리이며 양陽의 위치이고 땅에 속하는 아래의 면이 42,000리로 음陰의 위치에 있으면서 음양이 승강昇降을 반복하고 있다고 보고 있다.

시간적 측면을 따른다면 1년은 4계(1계=90일) 8절(1절=45일) 24절기(1절기=15일) 72후(1후=5일) 360일, 4320시진時辰(1시진=2시간)으로 구분해 놓았다. 하루는 12시진이다,

기의 측면을 따르면 하늘과 땅 사이에 음양의 기가 운행하면서 4계절과 한 달과 또 하루를 이끌어 가고 있다. 음중의 양기와 양중의 음기가 모두 규율이 있어서 땅의 기온 변화도 따르게 된다. 모두 기의 작용이다. 지기地氣가 상승하여 올라간 것은 구름이 되고 흩어지면 비가 되어 내린다. 천기天氣가 하강하여 흩어지면 안개가 되고 응결하면 이슬이 된다. 음기가 쌓여 과해지면 이슬, 비, 서리, 눈이 되고 양기가 과해지면 안개, 연기, 구름과 노을이 생긴다.

인체도 마찬가지다.

공간空間적 측면에서는 심장은 하늘에 비유하고 신장은 땅에 비유하며 그 거리는 8촌 4푼이다. 음양으로는 간장은 양이며 폐장

은 음이다.

시간時間적 측면을 따르면 1일을 8괘(1괘=3시간)를 써서 8개의 시간으로 나누어 표시 하였고 이것을 천시의 4위四位 즉 자子, 오午, 묘卯, 유酉의 시간으로 분류했다. 자(腎)에서 묘(肝)까지는 음 가운데 양이 절반이니 태음으로서 소양을 일으키고 묘에서 오(心)까지는 양 가운데 양이니 순소양이 태양을 일으키고 오에서 유(肺)까지는 양 가운데 음이 반이니 태양으로 소음을 일으키고 유에서 자(腎)까지는 음 가운데 음이 있으니 순소음이 태음을 일으킨다. 이것이 하루 중의 시時이며 사람이 살아있는 한 계속 순환 반복한다,

기氣의 측면을 따르면 자시에 신장 가운데 기氣가 생겨서 묘시에 간에 도달하고 오시에는 심장으로 도달한 기가 쌓여서 액液이 생기고 유시에는 그 액이 폐장에 도달하며 자시에 액이 신장에 쌓여 기가 생긴다. 인체의 음양의 기가 운행하면서 음중의 양, 양중의 음기가 모두 규율이 있어 변화를 일으킨다,

直而不肆極希夷 곧아도 늘리지 않으니 희와 이를 다함이고
百丈竿頭未是危 백척간두가 위태위태한 것만은 아니라네.
識得聖賢心地用 성현을 알아보고 마음 쓰임을 다하니
早應臭腐化神奇 일찍 썩어 문드러진 것이 신기하게 만드네.

治人事天章 第五十九

守道（도를 지킴）

治人事天莫若嗇. 치인사천막약색.

夫唯嗇, 是謂早復. 부유색, 시위조복.
早復謂之重積德. 조복 위지중적덕.
重積德, 則無不剋. 중적덕, 즉무불극.
無不剋, 則莫知其極. 무불극, 즉막지기극.
莫知其極, 可以有國. 막지기극, 가이유국.
有國之母, 可以長久. 유국지모, 가이장구.

是謂深根固蒂. 시위심근고체,
長生久視之道. 장생구시지도.

사람을 다스리고 하늘을 섬김에 아끼는 것처럼 좋은 것이 없다네.

대저 오로지 아끼는 것, 이것을 일찍 간직함이라 하며
일찍 얻어 간직함은 덕을 두텁게 쌓음이라 하고
두텁게 덕을 쌓으면 이기지 못하는 것이 없네.
이기지 못함이 없으면 자기 덕의 끝을 알지 못하고
그 덕의 끝을 알 수 없을 정도면 나라를 소유할 수 있고
나라를 소유한 어미는 이로써 장구할 수 있다네.

이를 일러 뿌리가 깊고 꼭지가 단단하다고 하니
장생할 수 있는 도라고 한다네.

治人事天莫若嗇.

'색嗇'이란 절약하여 낭비하지 않는다는 뜻이다. 대개 백성을 지도하고 하늘을 받드는 것이 서로 다른 일이라 생각하지만 사실은 이 두 가지 일을 쉽게 하기 위해서는 아껴야 한다는 것이다. 대개의 군주들이 그러했듯이 방탕하지 않고 정욕을 아끼고 망령된 행동을 하지 않아서 색嗇을 지킴으로써 곧 도를 지킨다는 말이다.

夫唯嗇是謂早服, 早服謂之重積德. 重積德則無不剋. 無不剋則莫知其極. 莫知其剋則可以有國. 有國之母可以長久,

'조早'는 앞서다는 뜻이며 '복服'은 얻어 간직함을 의미한다. 아낌으로써 앞서 얻어 간직한다면 이것은 거듭 덕을 쌓아가는 것이고 그렇게 되면 해결하지 못하는 것이 없게 된다. 이렇게 해결하지 못하는 것이 없게 될 경우 그 끝을 알 수 없게 되고, 이런 상황에서는 나라를 소유할 수 있다고 보며 나라를 소유한 그 뿌리 즉 어미는 도를 의미하는 것이니 장구할 수 있다는 것이다.

是謂深根固蔕, 長生久視之道.

나무의 뿌리가 깊지 않으면 뽑히게 되고 과실의 꼭지가 단단하지 않으면 떨어지게 되지만 조복에서 중적덕으로 또 무불극으로 또 막지기극으로 소유한 나라는 뿌리는 깊고 열매는 단단한 것과 같아서 장구할 수 있으니 이것이 바로 도이다.

수도守道(도를 지킴)

득오도자得悟道者

득오도자得悟道者라고 하는 것은 선인善人이 공功을 쌓고 행行을 많이 해서 천심天心을 감동시켜서 명사明師를 만나게 되면 겸손한 마음으로 대도를 구하여 받고 항상 그 이치를 참오參悟하고 밤낮으로 그 도道를 꾸준히 수행하여 도중에 절대로 포기하지 않고 다만 공과功果가 원만히 이루어지는 시기가 되면 단서丹書가 내려와서 허물 벗고 천상天上에 오르게 되어 바야흐로 마땅히 마치게 된 것을 이른 것이다. 이제야 비로소 방도訪道하고 구도求道하고 득도得道하고 오도悟道하고 수도修道하고 수도守道하고 성도成道하고 요도了道하는 이 여덟 개의 도道 자는 대장부로서 능히 마쳐야 할 일이다,

도道를 이루고 덕德이 갖추어지고 공과功果가 원만해져서 양신陽神이 들어 올려지면 삼관三官의 보주保奏로 선동仙童이 접인接引하여 구소九霄를 지나 옥경玉京에 올라 제불諸佛을 친견하며 상제上帝를 배알하고 중조衆祖가 모여 금모金母께 조회朝會할 제 공功의 대소大小를 대조對照하여 품급品級을 정하시고 과果의 원만圓滿과 결결缺에 따라서 천작天爵을 봉봉함 받고 선의仙衣를 받아 입어서 그 몸이 영화롭고 옥과玉果와 경장瓊漿으로 그 배(腹)를 젖게 한다.

삼승과 구품은 공에 의하여 정해지고 오선팔부는 과果를 보아서 주어지는데 혹은 중천中天에 거거居하기도 하고 혹은 서천西天에

거居하기도 하니 이 모두가 극락이다. 혹은36천에 머물기도 하고 혹은 72지地에 머물기도 하니 이 모두가 복지福地이다. 혹은 삼청에 머물기도 하고 혹은 10지十地에 머물기도 하니 모두가 청정에 속한다. 높고 낮음 크고 작음이 공功에 의해 획득하여 정해지는바 털끝만큼도 사사로움에 꺾임이 없고 인연과 분수에 따라 청정의 복을 누리게 될지니라. (水精子註解 淸靜經에서)

有國之母重積德 나라를 소유한 어미는 덕을 다시 쌓으니
深根固蔕可長生 뿌리가 깊고 꼭지는 단단하여 장생할 수 있네.
五更早起無巴鼻 오경에 일찍 일어나면 코맹맹이 소리를 못 내니
却是街頭有夜行 오히려 길거리에는 밤길이 있다네.

治大國章 第六十

居位(자리에 머뭄)

治大國. 若烹小鮮. 치대국. 약팽소선.

以道莅天下 其鬼不神. 이도리천하 기귀불신
非其鬼不神, 其神不傷人. 비기귀불신 기신불상인
非其神不傷人, 聖人亦不傷人. 비기신불상인 성인역불상인

夫兩不相傷. 부양불상상.
故德交歸焉. 고덕교귀언.

큰 나라를 다스리는 것은 작은 생선을 익히는 것과 같네.

도로써 천하에 임하면 그 귀신도 신기를 부리지 않게 되고
귀신이 신기를 부리지 못하는 게 아니라 신기로 사람을 해칠 수 없다네.
귀신만 사람을 해칠 수 없는 게 아니라 성인 또한 사람을 해치지 않네.

양쪽 모두 서로를 해치지 않으니
그러므로 덕이 서로에게 돌아간다네.

治大國, 若烹小鮮.

'소선小鮮'이란 작은 고기이다. 작은 고기를 삶거나 구울 때 각별한 정성을 필요로 한다. 큰 나라에는 풍속과 문화가 다른 여러 부류의 백성들이 있게 되는데 이들을 교화할 때에 법령이라는 큰 가마솥에 넣고 한꺼번에 삶아서 그들을 장악하려 하지 말고 작은 고기를 익히듯이 정성을 들이라는 말이다.

以道莅天下, 其鬼不神, 非其鬼不神, 其神不傷人. 非其神不傷人. 聖人亦不傷人.

'리莅'란 마주대하여 임한다는 뜻이다. '귀鬼'란 재앙을 끼치는 완악한 무리를 말한다. '신神'이란 영험하고 신통함을 말한다. 천지간의 모든 사물은 도로 말미암아 생하고 덕으로 길러지는 것이다. 그러므로 만물은 도를 존중하고 덕을 귀하게 여기지 않음이 없다. 이러한 신념으로 세상에 임한다면 어리석고 교활한 귀신일지라도 신통을 부리지 못한다. 귀신이 신기를 부리지 못하는 것이 아니라 사악하고 교활한 것은 바른 곳으로 들어가지 못하니 도와 덕을 지닌 무위자연한 사람을 해칠 수가 없는 것이다. 그 귀신이 사람을 해칠 수 없음은 도와 덕을 겸비한 성인이 제위에 올랐기 때문에 역시 사람을 해치지 아니하는 것이다.

夫兩不相傷, 故德交歸焉.

귀신과 성인이 함께하며 양쪽 모두가 서로를 해치지 않으니 사람은 양지에서 다스림을 얻고 귀신은 음지에서 다스림을 얻어 사람은 성과 명을 온전하게 하고 귀신은 그 정과 신을 보존할 수 있기 때문에 덕이 서로에게 돌아가는 것이다.

456

거위居位(자리에 머묾)

회영억망回嬰憶望 (1)

도가의 연단술과 또는 이와 관련되는 수련은 주로 몸의 건강과 무병장수를 실현함에 목적이 있다. 결태과정은 주로 심리의 개변改變과 원시적 기억을 찾는 데 목적이 있다. 원시적 기억은 현재의 기억이 형성되기 이전의 시기에 우리가 존재하면서 형성한 기억을 말한다. 예를 들면 우리는 모태 속에서 10개월가량 머무를 때 기억이 없다고 생각한다. 실제로는 누구나 그때의 기억을 가지고 있지만 잊어버렸을 뿐이다. 출생한 후로도 모두 기억하지 못할 수 있다. 그러나 우리의 육신은 모든 기억을 가지고 있다. '회영억망回嬰憶望'을 연기수심 과정에 편입하여 가장 원시적인 기억을 되살리는 훈련을 하는 것이다.

자기의 의식을 몸속에 집어넣는 것이 회영억망回嬰憶望이다. 회영억망의 첫 번째 단계는 나의 의식 또는 형상을 돌이켜서 나의 내부에 넣는 것이다. 그러기 위해서는 자기의 신神(눈)과 의意(귀)를 자기의 체내에 넣어야 하고, 다음으로 나의 삶을 돌이켜 보고 가장 좋았던 순간을 떠올릴 수 있는지 언제가 가장 좋았던 시기인지를 선택할 수 있는지 관찰해 보고 가장 좋았던 때를 선택하여 그 의식을 체내의 심心속으로 집어넣는 것이다.

반대로 살아오는 중에 가장 좋지 않고 고통스러웠을 때를 선택할 수도 있다.

하지만 이러한 순간을 찾기는 쉽지 않다. 우리의 삶이 계속되고 있기 때문에 가장 좋았던 순간을 특정 짓기가 쉽지 않다. 우리가 살면서 미래에 희망을 남겨 놓은 부분도 있기 때문에 과거 어느 순간을 가장 좋았던 시기로 단정하기 어려운 것이다.

兩不相傷故德歸 두 사람은 서로 상하게 하지 않고 옛 덕으로 돌아가니
鬼非不害自無欺 귀신은 반드시 해치지 않으며 자신도 속이지 않는다네.
抱琴有意過西苑 거문고를 들고 뜻이 있어서 서원을 지나다 보니
彈者彌多聽者稀 탄금자는 많으나 듣는 사람은 드므네.

大國者下流章 第六十一

謙德(겸양의 덕)

大國者下流. 대국자하류.

天下之交. 천하지교.

天下之牝. 천하지빈.

牝常以靜勝牡. 빈상이정승모.

以靜爲下. 이정위하.

故大國以下小國. 則取小國. 고대국이하소국 즉취소국.

小國以下大國, 則聚大國. 소국이하대국 즉취대국.

故或下以取, 或下而取. 고혹하이취 혹하이취.

大國不過欲兼畜人. 대국불과욕겸축인.

小國不過欲入事人, 소국불과욕입사인.

夫兩者各得其所欲. 大者宜爲下. 부양자각득기소욕, 대자의위하.

큰 나라는 강으로 치면 하류와 같아서

천하 사람들이 모여드는 곳으로

천하의 암컷이 되느니라.

암컷은 늘 고요함으로 수컷을 이기고

고요함으로 낮은 데로 임하니

고로 큰 나라는 작은 나라 아래로 낮춤으로써 작은 나라를 얻고,

작은 나라는 큰 나라의 아래로 낮춤으로써 큰 나라를 얻게 되네.

고로 혹은 낮춤으로써 얻기도 하고 혹은 낮은 곳에 있게 하여 얻기도

한다네.

큰 나라는 사람들을 모아서 육성하고자 할 뿐이며

작은 나라는 큰 나라에 들어가 섬기고자 할 뿐이네

큰 나라나 작은 나라가 각자 바라는 바를 얻으려면 큰 나라가 마땅히

낮추어야 하네.

大國者下流, 天下之交, 天下之牝.

여기서 노자는 큰 나라를 강의 하류로 비유했다. 강은 하류로 갈수록 강폭이 넓어지고 수량도 많아지고 무수히 많은 작은 지류支流가 상류와 중류에서 모여들어 합쳐진다. 그래서 '천하지교天下之交'라고 했으며 하류는 모든 것을 다 받아들이기 때문에 '천하지빈天下之牝'이라고 했다.

牝常以靜勝牡, 以靜爲下, 故大國以下小國. 則取小國. 小國以下大國. 則取大國. 故或下以取. 或下而取.

암컷이 수컷을 굴복시키고 음이 양을 이길 수 있는 이유는 편안하고 고요함에 의해서이다. 고요함은 움직이는 모든 것을 흡수 순화시킨다. 그러므로 대국이 강의 하류처럼 겸손하게 낮출 수 있으면 강의 지류를 흡수할 수 있듯이 소국을 얻을 수 있고 또한 소국도 스스로 낮춤으로써 대국을 취할 수 있는 것이다. 그래서 빈牝이란 그 아래에 듦으로써 취하기도 하고 아래가 되는 것을 택하기도 하는 것이다.

大國不過欲兼畜人, 小國不過欲入事人, 夫兩者各得其所欲, 大者宜爲下.

큰 나라가 낮춤을 잃지 않으면 작은 나라들과 더불어 인재를 육성할 수 있고 작은 나라는 큰 나라에 들어가 그들에게 섬김을 다할 것이다. 이렇게 함으로써 큰 나라나 작은 나라가 바라는 바를 얻으려면 마땅히 큰 나라가 겸손하게 자신을 낮춰야 하는 것이다.

★ 이러한 세계관 내지 시국관은 노자 당시 주나라가 은나라를 멸망시킨 뒤 공로가 있는 제후들에게 나누어준 봉토들이 200여 개에 달하는데

이를 나라로 본 것이다. 지금의 나라 형성 취지에 걸맞지 않는 것으로 지금의 세계관과는 격세지감이 있다 할 것이다.

겸덕謙德(겸양의 덕)

회영억망回嬰憶望 (2)

회영억망回嬰憶望은 체내에 보존된 자기의 오래된 기억을 되살리는 과정이다. 기억에는 신체 내의 기억과 사유속의 기억이 있다고 하였다. 두 가지의 기억은 통일되지 않는 경우가 많다. 두 가지 기억이 통일되면 어떤 일을 하더라도 쉽게 할 수 있다고 한다.

두 눈을 닫은 상태에서 자기의 형과 색을 찾는 과정에서 형과 색을 찾음으로써 자기의 가장 좋았던 때를 되살리고 기억을 되찾는 것이다. 여기서 두 귀까지 닫고 나면 신과 의가 하나로 될 수 있다.

이 과정은 우리가 잉태되었을 때의 기억을 되찾는 공부이기도 하다. 이 과정에서 신과 의가 머무는 곳에서 신, 기, 형, 색의 네 가지 중에서 최소한 한 가지는 몸속에 거둘 수 있다. 그것이 기라면 그 느낌과 움직임을 따라 신을 그 속에 집어넣을 수 있고 다시 형을 느낄 수 있고 형이 생성되면 색이 나타나게 된다.

'가장 좋은 때를 생각하라'고 해서 젊을 때의 형상을 진짜로 생각할 수 있는데 이 때 형상만 있고 질이 없을 수 있다. 이러한 경우 형을 중심으로 다른 세 가지를 얻을 수 있다. 그 형에 기를 주입하여 움직임이 생기게 하고 기가 주입되었을 때에는 신神이 따라갈 수 있다. 또는 차츰차츰 여러 가지를 동시에 주입해 놓고 다른 한

가지가 또 새롭게 나타남으로써 안정이 되는 수도 있다.

회영억망回嬰憶望은 자기를 자신의 마음(心)속에 넣는 과정이다. 수련 목적은 자신의 소중함을 스스로 깨닫고 자기를 사랑하도록 하는 것이다. 연단 수련도 마찬가지로 자신의 육신에 스스로 많은 관심을 가지고 자신을 사랑함에 목적이 있다. 육신을 제외한 원시적인 자신에게 관심을 갖고 사랑하며 자신의 진심을 수련하는 과정이다.

下流非是下流人 하등인이라고 신분이 낮은 것을 말함이 아니라네.
以靜勝人要一眞 조용함으로 사람을 이길 때는 반드시 진실해야 하느니
牝牡之交宜處下 암수가 사귀는 것도 마땅한 곳이 있어야 하듯이
惟應分付下流人 오직 응분의 대가는 하등인에게 나누어 주어야 하네.

道者萬物之奧章 第六十二

爲道〈도를 행함〉

道者萬物之奧, 도자만물지오,

善人之所寶, 선인지소보,

不善人之所保. 불선인지소보.

美言可以市, 미언가이시.

尊行可以加人, 존행가이가인.

人之不善何棄之有? 인지불선하기지유?

故立天子, 置三公. 고입천자, 치삼공.

雖有拱璧以先駟馬. 수유공벽이선사마.

不如坐進此道. 불여좌진차도.

古之所以貴此道者, 何也? 고지소이귀차도자, 하야?

不曰求, 불왈구,

以得有罪以免耶? 이득유죄이면야?

故爲天下貴. 고위천하귀 .

도는 만물의 심오함이라
선한 사람의 보배이고
선하지 않는 사람도 보호받는 곳이네.

화려한 말은 시장에서 떠들어댈 수 있고
훌륭한 행동은 사람에게 권할 수 있는 것이지만
사람이 선하지 않다고 해서 어찌 버리겠는가?

그러므로 천자를 세우고 삼공을 둘 때에
비록 옥을 두 손에 받쳐 들고 사두마차를 앞세운다 할지라도
앉아서 이 도를 내세우는 것만 못하다.

옛날에 이 도를 귀하게 여겼던 까닭은 왜일까?
구하면 얻을 수 있게 되고
죄가 있어도 면할 수 있다고 하지 않았는가?
그러므로 천하의 귀한 것이 된다네.

道者萬物之奧, 善人之所寶, 不善人之所保.

'오오奧'란 깊고 신묘하다는 뜻이다. 만물은 청정하고 허무한 자연의 도에서 생겨 나온 것이다. 가히 만물의 어미가 아닐 수 없다. 청정하고 허무한 도가 한 점의 잡된 것이 없는 선한 사람들에게는 보배이다. 그러면 선하지 못한 사람은 어떠한가? 청정하고 허무한 도는 그러한 사람들도 내치지 아니하고 보호하는 것이다.

美言可以市, 尊行可以加人, 人之不善何棄之有?

아름다운 말은 시장에서 거래할 때 쓰일 뿐이다. 그것도 거래가 끝나면 그냥 끝이다. 그러나 존귀한 행실은 다른 사람들에게 권할 수도 있고 보탬을 주는 것도 가능하다는 것이다. 그렇다면 행실이 존귀하지 않고 착하지도 않은 사람에게는 어떻게 해야 하는가? 노자는, '그러한 사람이라도 어떻게 버릴 수 있겠는가?'라는 답을 내놓았다.

故立天子, 置三公, 雖有拱璧以先駟馬, 不如坐進此道.

'천자天子'를 옹립하고 '삼공三公'(太師, 太傅, 太保)을 둘 때에 이를 경축하기 위해서 '공벽拱璧', 즉 두 손으로 받들어서 진귀한 보배를 가지고 천자가 타는 네 필의 말에 먼저 갖다 바치는 것도 조용히 앉아 수도修道를 진전시키는 것만 못하다는 것이다.

古之所以貴此道者. 何也? 不曰求, 以得有罪以免耶? 故爲天下貴.

옛날에 이 도를 귀하게 여겼던 까닭을 무엇인가? 하고 묻고 있다. 천자나 삼공이 그 권세로 불선不善함을 다 교화하지 못해도, 오직 도만이 구하면 얻을 수 있고 불선하여 죄를 지은 사람도 그것을 면하게 해줄 수 있어서, 그러므로 천하에서 귀한 것이라고 할 수 있다.

위도爲道(도를 행함)

현규玄竅

정좌靜坐 중에 몸속 내강內腔을 완전히 비운다음 무의식 상태에서 그 공간空間 안에서 움직이는 부위를 찾는다. 그 움직이는 부위를 현규玄竅라고 한다. 우리의 몸속에서는 아주 작은 공간이 생긴다. 몸속의 작은 공간이 몸속 어느 내장에 부착되게 되면 이는 병病의 시원始原이 된다. 현규玄竅가 생기고 나서 내장에 부착되면 병이 시작이다. 현규에는 기氣가 포함되어 있다. 차츰 기는 물질로 변환된다. 기가 물질로 변환되는 중에 내장에 병이 생기는 것이다.

현규 속에는 고苦와 악惡이 있고 고와 악 속에는 명사冥師가 있다고 한다. 이 말은 병이 있다면 병 속에 치료하는 방법이 있다는 것을 의미하는 말이다. 사람마다 체내에는 현규가 있고 그 소리를 들을 수 있다. 이 때 자기의 의념意念을 현규에 둔다. 현규를 중심으로 호흡을 진행한다. 조금씩 호흡을 진행하면서 현규를 확장시킨다. 현규를 확장하다 보면 몸의 어느 부위가 움직일 수 있다. 나중에는 체내의 내강內腔까지 모두 확장한다. 처음에는 의념意念으로 현규를 조절한다. 내강內腔까지 확장한 다음에는 의념으로 내강의 호흡을 조절하고, 내강의 호흡을 진행한 후에는 육신을 조절한다. 그 후에는 내강으로 육신을 이끌어 움직이고, 육신으로 체외의 외형外形을 이끌어 움직인다. 이 과정에 3개의 공간이 하나의 공간으로 통합된다. 하나로 통합된 이후에도 크게 확장할 수 있다. 이 과정에서 현규 속에 들어 있던 기氣가 확장되어 소멸될 수 있고 마음속의 질병의 질疾도 소멸할 수 있다. 3개의 공간이 같이 움직이면서 하나의 공간이 된다. 공간이 하나로 되는 경우 육신이나 내강을 생각지 않는다. 하나의 큰 공간 빛으로 충만된 하나의 공간이 되고 육신 전체가 하나의 현규가 되는 것이다.

이러한 훈련방법이 몸속의 질疾과 병病을 없애는 작용을 한다. 내강도 없어지고 몸도 없어지고 외형도 없어진다. 밝은 빛 모양만 남아 있는 상태가 된다. 정좌를 하다 보면 몸이 아주 커지는 느낌이 들 때도 있다. 최종적으로 확장시켜서 밝은 빛으로 충만된 상태를 만들어 간다.

어떤 일 때문에 매듭이 풀리지 않거나 내가 누구를 미워하고 있다면 미워하는 심정을 현규 속에 넣고 확장을 시킬 수 있다. 미워하는 사람이 나의 현규 속에서 확장되면 나에게 어떠한 영향을 주는지 살펴볼 수 있다. 몸 전체보다는 일부에 영향을 줄 수 있다. 그 뒤 미워한 사람을 다시 만났을 때 유쾌하고 기분이 좋아질 수 있다. 심적인 질疾과 병病을 없애는 방법이기도 하다.

善人之寶萬物奧 선인의 보배는 만물의 오묘함이나
不善之人人所保 불선한 사람도 사람으로 보호하고 있다네.
人之不善可存之 사람이 착하지 않아도 존립할 수 있으니
日月去兮進此道 이 도가 나아가니 해와 달도 가고 있네.

爲無爲章 第六十三

恩 始(은혜의 시작)

爲無爲, 위무위,

事無事, 사무사,

味無味, 미무미,

大小多少, 대소다소,

報怨以德, 보원이덕,

圖難於其易, 도난어기이,

爲大於其細. 위대어기세.

天下難事必作於易, 천하난사필작어이,

天下大事必作於細, 천하대사필작어세,

是以聖人終不爲大, 시이성인종불위대,

故能成其大. 고능성기대.

夫輕諾必寡信, 부경락필과신,

多易必多難, 다이필다난,

是以聖人猶難之, 시이성인유난지,

故終無難. 고종무난.

무위로 행하고
무사로 일하며
무미로 맛을 삼으라.

큰 것은 작게 하고 많은 것은 적게 하여
원한을 덕으로 갚으며
어려운 일은 쉬울 때 도모하고
큰일은 작을 때 처리한다네.

천하의 어려운 일은 반드시 쉬운 일에서 시작되고
천하의 큰일은 반드시 작은 것에서 비롯되는 법이라네.
그러므로 성인은 큰일을 하지 않게 되니
이 때문에 오히려 크게 이룰 수 있다네.

무릇 가벼운 승낙은 반드시 믿음이 적고
쉬운 것이 많으면 반드시 어려움도 많아지니
그래서 성인은 비록 일이 쉬어도 오히려 어렵게 대하며
그러므로 끝내 어려움을 겪지 않는다네.

爲無爲, 事無事, 味無味.

하늘의 도는 무위하지만 덮지 않는 것이 없고 땅의 덕도 무위하지만 실어내지 않은 것이 없고 무위로 자연이 화육되지 않음이 없으니 '비록 무위하나 하지 않음이 없는'것이다. 무사無事도 인위적으로 조작하지 않고 자연스럽게 일을 처리함을 말한다. 무미無味로 맛을 삼으라는 것도 달콤함에 빠지지 말라는 경고이다.

大小多少, 報怨以德, 圖難於其易, 爲大於其細.

크고자 하면 작아지게 하고 많아지고자 하면 적어지게 해서 원한을 덕으로 갚아야 한다는 말이다. 어려운 일을 도모하고자 하면 그것이 아직 쉬운 때에 해야 하며 큰일을 하고자 하면 반듯이 작은 것부터 시작해야 하는 것이니 이것은 재앙이나 혼란도 작은 것으로부터 오게 되니 그때 대처를 쉽게 할 수 있다는 것이다.

天下難事必作於易, 天下大事必作於細, 是以聖人終不爲大, 故能成其大.

천하의 어려운 일도 반드시 쉬운 데에서 일어나고 천하의 큰일도 반드시 미세한 데서 일어난다. 미세하고 작은 일도 오래오래 행하여 양이 많아지면 질이 변하게 되는 것이다. 그러므로 성인은 끝내 큰일을 하려고만 하지 않기 때문에 큰일을 이룰 수가 있는 것이다.

夫輕諾必寡信, 多易必多難, 是以聖人猶難之, 故終無難.

대게 가볍게 무언가를 허락하면 반드시 신뢰가 적은 법이며 이것은 신중하게 말하지 않기 때문이다. 또한 너무 쉽게만 여기면 반드시 어려움도 함께 따르게 되는 법이니 신중하게 고민을 하지 않았기 때문이다. 이 때문에 성인은 몸을 움직여 일을 시작하고 실행할 때는 나아가고 물러남을 신중하게 풀어나가니 몸이 다할 때까지 어려운 일을 당하지 않은 것은 해로운 일이 깊어지기 전에 벗어나기 때문이다.

은시恩始(은혜의 시작)

호흡呼吸 (1)

호흡을 하는 방법으로 "식무출입息無出入(호흡은, 나가고 들어옴이 없게 해야 하며) 심불생멸心不生滅(마음은, 생기고 멸하는 것이 없어져야 한다)"이라는 말이 있다.

우리가 최고의 수련서로 알고 있는 '태을금화종지太乙金華宗旨'에서는 수련자가 지켜야 할 호흡법 등을 자세하게 설명하고 있다. 이를 인용한다.

"여조(呂洞賓)께서 말씀하시기를 배우고 익힘에 있어서 가장 으뜸이며 핵심이 되는 내용은 다만 잡된 것이 섞이지 아니한 순수한 마음만으로 실천하여 나가는 것일 뿐이다. 여러 가지 효험이 일어나지만 그것은 얻으려고 하지 아니 하여도 저절로 그렇게 일어나는 것이다. 크게 뭉뚱그려서 볼 때 처음 배우고 익히는 경우에 잘못을 저지르기 쉬운 것은 어두움 속으로 깊이 빠져 버려서 정신이 없게 되는 것 즉 혼침昏沈과, 이 생각 저 생각 걷잡을 수 없을 정도로 마음이 어지럽게 흩어지는 것, 즉 산란散亂, 두 가지라고 할 수 있다. 이러한 잘못을 물리치고 나면 하늘의 비밀을 열어볼 수 있는 어떠한 구멍(竅)이 생기게 되는데 그렇게 되기 위하여서는 마음을 숨(息)에 함께 붙어 있도록 하는 수밖에는 없다. 숨(息)이라는 것은 스스로의 마음이며 스스로의 마음은 숨(息)이 되고 있는 것이다. 마음이 한번 움직이면 곧 기氣가 생기게 되는데 그 이유인즉 기라는 것은 본래 마음이 변화되어서 이루어진 것이기 때문이다.

우리들 사람의 생각은 그 움직임이 지극히 빨라서 눈 깜짝할 사이에 하나의 헛된 생각 즉 망념妄念이 생겼다가 사라지는데 그러는 과정에 한 번의 호흡이 그에 따라서 이루어지게 된다. 그러므로 속에서 일어나는 호흡과 밖에서 일어나는 호흡은, 마치 사람의 목소리와 메아리가 서로 따르는 것과 같다. 결국 하루에 몇 만 번의 숨(息)을 쉬니 그 자체로서 몇 만 번의 헛된 생각(妄念)을 일으키는 것이다.

그와 같이 흘러서 내면세계의 밝음을 유지하는 정신(神明)이 다 새나가 버리면 마치 나무가 죽어서 마르는 것과 같고, 불 꺼진 재가 싸느랗게 식는 것과 같아진다. 그렇다고 생각, 즉 망념이 없어지기를 바라겠는가? 생각을 없앨 수는 없다. 또한 숨(息)이 없어지기를 바라겠는가? 숨도 없앨 수는 없다. 이도 저도 아니면 어떻게 하란 말인가? 결국 그러한 병病을 일으키는 얼게 자체가 바로 약藥으로 될 수 있음을 알아서 그렇게 되도록 하여야 하는 것이다. 다름 아니라 마음과 숨이 서로 붙어서 의존하는 일, 심식상의心息相依가 그것이다."

早知爲大於其細 일찍 알았다는 것은 그 세세함보다 커서
天下難事作於易 세상의 어려운 일들은 쉬운 것부터 하니라.
我若不因師指明 내가 스승에 의해 밝게 지시받지 않았다면
舌頭那識味中味 어찌 혀끝에 그 맛의 속맛을 알리오.

其安易持章 第六十四

守微(미세함을 지킴)

其安易持, 기안이지,

其未兆易謀, 기미조이모,

其脆易破, 기취이파,

其微易散, 기미이산,

爲之於不有, 위지어불유,

治之於未亂. 치지어미난.

合抱之木, 生於毫末, 합포지목, 생어호말.

九層之臺, 起於累土, 구층지대, 기어누토.

千里之行, 始於足下, 천리지행, 시어족하.

爲者敗之, 위자패지,

執者失之. 집자실지.

聖人無爲, 故無敗. 성인무위, 고무패.

無執, 故無失, 무집, 고무실,

民之從事, 常於幾成而敗之. 민지종사, 상어기성이패지.

愼終如始, 則無敗. 신종여시, 즉무패.

是以聖人欲不欲, 시이성인욕불욕.

不貴難得之貨. 불귀난득지화.

學不學. 학불학.

復衆人之所過. 복중인지소과.

以輔萬物之自然而不敢爲. 이보만물지자연이불감위.

480

안정된 것은 유지하기 쉽고
조짐이 없을 때가 도모하기 쉬우며
여린 것은 깨트리기가 쉽고
미약한 것은 흩어지기 쉽네.
일이 아직 드러나기 전에 하고
아직 혼란스러워지기 전에 다스려야 하네.

아름드리 나무도 털끝만 한 싹에서 생겨나고
구층 누각도 한 줌 흙에서 일어나고
천리 길도 발밑에서 시작된다네.
억지로 하려고 하는 자는 실패하고
집착하는 자는 잃게 되네.

성인은 무위無爲에 임하므로 실패함이 없고
집착함이 없으므로 잃어버리는 것이 없네.
사람들이 일을 하면 항상 거의 성공할 즈음에 실패하는데
끝에 신중하기를 처음처럼 한다면 실패는 없게 되네.

이 때문에 성인은 욕심 없음으로 하고자 하고
얻기 어려운 재화를 귀하게 여기지 않으며
사람들이 배우지 않는 것을 배우고
뭇 사람들이 모르고 지나치는 곳으로 되돌아가서
만물이 자연스러움을 도울 뿐 감히 억지로 하지 않네.

其安易持, 其未兆易謨, 其脆易破, 其微易散, 爲之於不
有, 治之於未亂.

안정되었다는 것은 여러 가지가 있겠지만 여기서는 번뇌와 망상, 허영
과 사치, 음탐한 정욕, 7정6욕이 일어나지 않는 상태라고 말하고 싶다. 이
러한 상태가 유지되면 사고칠 일이 없을 것이다. 다음으로 조짐이 없을 때
가 도모하기 쉬우며, 여린 것은 깨트리기가 쉽고, 미약한 것은 흩어지기 쉬
우며, 일이 아직 드러나기 전에 하고, 아직 혼란스러워지기 전에 다스려야
한다는 것은 평이한 말이지만 가슴에 담아두어야 할 말이기도 하다.

合抱之木生於毫末, 九層之臺起於累土, 千里之行始於
足下, 爲者敗之執者失之.

우리 속담에 '천리 길도 한 걸음부터'란 말이 있는데 그 근원은 『도덕
경』이라는 것도 처음 알았다. 이렇듯 우리의 일상생활에서 쓰이고 있는
잠언箴言과 속담, 사자성어 등 평이하고 소박한 경구들이 오늘날 까지도
널리 쓰이고 있는 것들이 무수히 많다는 것은 노자의 철인다운 면모와
그 사유의 깊이를 엿볼 수 있다.

聖人無爲, 故無敗, 無執, 故無失, 民之從事, 常於幾成
而敗之, 愼終如始. 則無敗.

성인이 무위로 한다는 것은 일부러 화려하게 꾸미지 않고 억지로 음
탐해 하지 않으며 잇속을 챙기지 아니하고 남에게 해를 주거나 하는 행
위를 하지 않으므로 실패 또한 없는 것이다. 또한 집착하여 쌓아두지 않
고 덕으로 어리석은 자를 교화하므로 잃는 것도 없다는 것이다. 사람들
이 일을 하면 항상 거의 성공할 즈음에 실패하는데 시작할 때의 마음처

럼 마지막에도 신중하기를 처음처럼 한다면 실패는 없게 될 것이다.

是以聖人欲不欲, 不貴難得之貨, 學不學, 復衆人之所
過. 以輔萬物之自然而不敢爲.

성인이 하고자 함이 없음을 하는 것은 앞장에서 말한 무위, 무사, 무
미로 이미 밝혔고 얻기 어려운 재화를 귀하게 여기지 않는다는 것은 그
것이 재앙을 불러온다는 것을 알기 때문이며 사람들이 배우지 않는 것
을 배운다는 것은, 세상 사람들은 나라를 다스리는 것을 배우지만, 성인
은 몸 다스리는 것을 배운다는 것이며, 뭇 사람들이 모르고 지나치는 곳
으로 되돌아간다는 말은 세상 사람들은 본本을 지나쳐 버리고 지말枝末
에만 매달리니 결국 본말本末이 전도되어 버린 것을, 성인은 말末에서 본
本으로 되돌아가서 근본을 되찾는 것을 말하는 것이니 이러한 모든 것은
만물이 자연스럽게 순환하는 것을 도울 뿐 감히 억지로 하지 않기 때문
이다.

수미守微(미세함을 지킴)

호흡呼吸 (2)

호흡은 육체의 본질이다. 호흡이 육체의 본질이기 때문에 호흡
이 어떤 신체에서 사라져 버렸다면 그 신체는 말라 죽어버린다. 호
흡은 생生의 길이다. 생의 길이는 호흡이다. 이 육체 속에 호흡이
머물러 있는 동안만큼 생은 지속된다. 호흡이 건강에도 좋다는 것
은 오늘날에도 잘 알려져 있는 과학 상식이다. 살아 있는 모든 생

물들이 생명을 유지하는 데 가장 기본적이고 중요한 에너지원이 산소이다. 체내에 산소가 부족하면 아무리 영양 섭취를 잘 해도 연소가 되지 않아 에너지로 전환할 수 없고 불완전 연소물인 노폐물만 축적되어 몸에 이상이 생기게 된다.

호呼는 탁기濁氣가 나가는 것이며 흡吸은 청기淸氣가 들어오는 것이다. 호흡은 묵은 탁기를 몸 밖으로 내보내고 새로운 맑은 청기를 몸 안으로 이끌어서(吐故納新) 음양을 평온하게 하는 비밀의 열쇠이고 또한 오장육부를 조화롭게 조절하는 공능을 갖고 있다.

호기呼氣는 양陽으로 분류되며 코를 통해 나가면서 양을 내리고 심장과 폐장을 돕는다. 흡기吸氣는 음陰으로 분류되며 코를 통해 체내에 들어오면서 음을 내리고 간장과 신장을 돕는다. 이런 호흡과정에서 체내는 음과 양으로 분리되어 태극 모양이 되는 것이다, 인체를 음양으로 나누면 머리 쪽은 양, 아래 하복부는 음이고, 등 쪽은 양, 앞쪽은 음, 좌측은 양, 우측은 음이다. 좌우의 음양 관계만은 남자와 여자가 달라 여자는 좌측이 음 우측이 양이 된다.

聖人心上起經綸 성인의 마음속에 경륜이 생겼으니
機事不密則害成 그런 일이 기밀성이 없으면 해가 될 수 있네.
能復衆人之所過 여러 사람의 허물을 만회할 수 있으니
月從西墜日東升 달이 서쪽에서 지고 해는 동쪽에서 뜬다네.

古之善爲道章 第六十五

淳德(순박한 덕)

古之善爲道者. 고지선위도자.
非以明民, 비이명민,
將以愚之. 장이우지.

民之難治, 以其智多. 민지난치 이기지다.
以智治國, 國之賊. 이지치국 국지적.
不以智治國, 國之福. 불이지치국 국지복.
能知此兩者, 亦楷式. 능지차양자 역해식.
能知楷式, 是謂玄德. 능지해식 시위현덕.

玄德深矣, 遠矣. 현덕심의, 원의.
與物反矣, 여물반의.
乃至於大順. 내지어대순.

옛날에 도를 잘 닦은 자는
백성들이 영민하지 않게 하였고
장차 어리석게 하였네.

백성을 다스리기 어려운 것은 지모가 많기 때문이니
그러므로 지모로 나라를 다스리면 나라의 적이 되고
지모로 나라를 다스리지 않는 것이 나라의 복이네.
이 두 가지를 아는 것을 해식이라 하고
이 해식을 알 수 있음을 일러 현묘한 덕이라고 하네.

현묘한 덕은 깊고도 멀어서
현세와는 반대로 보이지만
이후 크게 순응하는 경지에 이르게 된다네.

古之善爲道者, 非以明民, 將以愚之.

옛날의 성인과 군자 그리고 도에 밝은 임금은 도의 순수하고 소박한 성품을 본받아 무위의 정치를 향하여 백성을 잘 다스렸다. 백성이 지식을 이용하여 서로 속이고 잇속을 탐하여 남에게 피해를 주지 못하도록 우둔하게 만들었다는 것이다.

民之難治, 以其智多, 以智治國, 國之賊. 不以智治國, 國之福. 能知此兩者, 亦楷式, 能知楷式, 是謂玄德.

백성들을 다스리기 어려운 까닭은 그들의 지식이 너무 많아 교묘함과 거짓됨을 행하기 때문이다. 지식과 지혜가 많은 사람으로 하여금 나라의 정사를 맡게 하면 반드시 도와 덕을 멀리하고 권위만을 앞세워 나라의 도적이 되어 버리기 때문이다. 반대로 그런 사람에게 정사를 맡기지 않으면 위아래가 서로 친화하게 되고 정직함을 지키니 이것은 나라의 복이다. 이 두 가지 즉 지식과 무지를 아는 것 또한 올바른 법식을 아는 것이니 이 해식을 알고 깨닫는 것, 이것을 일러 하늘과 같은 덕을 지녔다고 한다.

玄德深矣. 遠矣. 與物反矣. 乃至於大順.

하늘의 덕을 지닌 사람은 그 깊이를 헤아릴 수 없고 너무 멀어서 다다를 수가 없는 고로 만물과는 반대되는 것 같지만 만물과 반대되기 때문에 큰 순리에 이를 수 있게 되는 것이다.

순덕淳德(순박한 덕)

호흡呼吸 (3)

자세를 잡고 앉을 때에는 눈을 가늘게 내려감아 마치 발簾을 내린 것과 같은 상태로 되는데 그런 뒤에는 눈길을 코끝에다 맞추어 놓고 그 상태를 그대로 지켜낼 수 있게 되면 모든 긴장과 의식을 풀어서 억지스러운 요소들을 모두 내려놓는다.

그러나 모든 것을 내려놓는 일을 끝까지 지켜낼 수 없을지도 모르기 때문에 마음을 모아서 끊어지지 않게 하면서 숨(息)의 소리를 듣게 되는 것이다. 숨의 들고 나는 소리가 귀에 들려서는 아니 되는 것이 배우고 익히는 요령이다.

여기에서 숨의 소리를 듣는다는 것은 그 소리 없는 소리를 듣는다는 것을 가리킨다. 한번 소리가 나게 되면 그 숨은 거칠고 들떠 있는 것이라서 가늘어질 수가 없다. 그러니 마음을 잘 참아내면서 숨을 가볍고 가벼우며 알 듯 모를 듯하게 하여 시간이 지나면 지날수록 억지스러움을 다 내려놓고 더욱더욱 숨이 없는 듯한 상태로 되며 숨이 없는 듯한 상태도 시간이 지남에 따라 더욱 깊어지고 더욱더욱 고요한 상태로 되어야 한다. 그와 같이 오래도록 지켜 나가노라면 그 숨이 없는 듯한 상태조차도 갑자기 뚝 끊어진다. 이것이 곧 태어나기 이전 상태에서의 참된 숨(眞息)이라는 것이 눈앞에 이루어진 것이다. 마음과 몸이 그것을 알아차릴 수가 있다.

무릇 마음이 가늘게 되면 숨도 가늘어지니 마음이 하나로 되면 기氣를 움직이고, 숨이 가늘게 되면 마음도 가늘어지니 기氣가 하나로 되면 마음을 움직이게 한다. 마음이 흩어짐 없이 한곳에 머물게(定心) 하려면 반드시 그보다 먼저 기를 길러야 한다고 하는데 그것 역시 마음을 가지고는 처음으로 손을 대서 시작할 곳이 없으므로 기氣로 말미암아서 그 실마리를 삼는 것이다. 이른바 잡된 것 없이 순수한 기(純氣)를 지켜낸다는 것이다.

이것이 바로 큰 성인들께서 마음과 기氣의 어울림을 살펴 그때 그때 알맞게 사람을 가르치는 방법을 잘 세워서 뒷사람들에게 은혜를 베풀어 준 것이다.

君子不以智治國 군자는 지혜로 나라를 다스리지 않으므로
常知楷式是玄德 항상 해식楷式을 아는 것을 현덕이라고 하네.
千蹊百徑要知歸 여러 가지 방법을 다 알고 돌아오게 되니
若不知歸名國賊 만약 돌아오는 것을 모른다면 국가의 적이네

江海爲百谷王章 第六十六

後己 (자신을 뒤로 함)

江海所以能爲百谷王者. 강해소이능위백곡왕자.

以其善下之. 이기선하지.

故能爲百谷王. 고능위백곡왕.

是以聖人欲上民. 시이성인욕상민.

必以言下之. 필이언하지.

欲先民. 욕선민.

必以身後之. 필이신후지.

是以聖人處上而民不重. 시이성인처상이민부중.

處前而民不害. 처전이민불해.

是以天下樂推而不厭. 시이천하락추이불염.

以其不爭. 이기부쟁.

故天下莫能與之爭. 고천하막능여지쟁.

강과 바다가 뭇 계곡물의 왕이 될 수 있는 것은
그것의 본성이 아래를 향하기 때문이니
그러므로 뭇 계곡들의 왕이 될 수 있네.

그러므로 성인이 백성 위에 있고자 한다면
반드시 말을 낮추고
백성들 앞에 있고자 한다면
반드시 그 몸을 뒤에 두어야 하네.

이 때문에 성인은 위에 있어도 백성들이 힘겨워하지 않으며
앞에 있어도 백성이 해치지 않는다네.
이 때문에 천하가 기꺼이 추대하되 싫어하지 않고
다투려 하지 않으니
천하의 누구도 그와 더불어 다툴 수가 없네.

江海所以能爲百谷王者, 以其善下之, 故能爲百谷王.

강과 바다는 모든 계곡에서 흐르는 조그만 시냇물들이 아래로 흘러 합해진 큰물이다. 그래서 물은 아래를 지향하고 있다. 모든 계곡을 휘감아 돌아 강이나 바다같이 낮은 곳으로 모였으니 강과 바다를 모든 계곡의 왕이라고 한 것이다.

是以聖人欲上民, 必以言下之. 欲先民, 必以身後之.

이 때문에 성인이 백성의 위에 있고자 한다면 반드시 말부터 자신을 낮추고 겸손함을 지녀야 하며 백성들의 앞에 있고자 한다면 반드시 백성들을 앞세우고 자신을 뒤에 두어야 한다.

是以聖人處上而民不重, 處前而民不害, 是以天下樂推而不厭, 以其不爭, 故天下莫能與之爭.

이로써 성인이 윗자리에 있으면서 백성들이 기쁜 마음으로 따르게 하니 백성들은 우러러 보면서도 힘겨워하지 않으며 또한 백성들의 앞에 있다 할지라도 성인이 부모와 같다고 생각하고 해를 끼치지 않으니 이 때문에 온 세상이 천거하고 추대하는 것을 즐거워하고 누구도 싫어하는 사람이 없는 것이다. 그 누구와도 다투려 하지 않으니 그러므로 천하가 그와 더불어 다투지 않는다.

후기後己(자신을 뒤로 함)

호흡呼吸 (4)

"마음과 기를 닦는 일을 배우고 익히는 경우에는 언제나 반드시 마음을 고요히 하여야 하며 기氣를 잡된 것이 섞이지 아니하고 순수하도록 하여야 한다. 그렇다면 어떻게 하면 마음이 고요할 수 있는가? 그렇게 할 수 있는 작용이 호흡 속에 들어 있다.

호흡이 나가고 들어오는 것을 오직 마음으로만 스스로 알고 있어야 되지 귀에 그 소리가 들려서는 아니 된다. 귀에 그 소리가 들리지 아니하면 가늘어지고 가늘어지면 맑아지는데 거꾸로 소리가 들리면 기氣가 거칠어지고 거칠어지면 흐려지고 흐려지면 곧 저절로 어두움 속으로 빠져 들어가서 잠(昏沈)이 오게 마련이다.

비록 그와 같이 마음의 작용이 호흡 속에 들어 있기는 하지만 그 작용을 올바른 쪽으로 이루어지기 위하여서는 아주 훌륭하게 그 작용을 이용할 줄 알아야 한다. 모든 진리가 그러하듯이 이 마음의 작용이라는 것도 결국 작용하지 아니하는 작용이다. 오직 알 듯 모를 듯(微微)하게 빛으로 비추고(照) 마음으로 들어야만(聽) 할 뿐이다."

이상의 수련법을 조식調息이라고 한다.

聖人處下復何爭 성인이 밑에서 처신하니 어찌 다툼이 있으랴.

江海納汚仍太淸 강과 바다로 들어오는 오염은 맑음으로 거듭나고

默顧當前正法眼 눈앞의 상황을 돌아보면 현재가 올바른 법이니

擡頭暗室月分明 고개를 들면 암실과 달이 분명하도다.

天下皆謂我道大章 第六十七

三寶(세 가지 보물)

天下皆謂我道大, 似不肖. 천하개위아도대, 사불초.

夫唯大, 故似不肖. 부유대, 고사불초.

若肖久矣. 약초구의.

其細. 기세.

我有三寶, 持而寶之. 아유삼보, 지이보지.

一曰慈. 일왈자.

二曰儉. 이왈검.

三曰不敢爲天下先. 삼왈불감위천하선.

慈. 故能勇. 자. 고능용.

儉. 故能廣. 검. 고능광.

不敢爲天下先. 故能成器長. 불감위천하선. 고능성기장.

今舍慈且勇. 금사자차용.

舍儉且廣. 사검차광.

舍後且先. 사후차선.

死矣. 사의.

滋以戰則勝, 以守則固, 자이전즉승, 이수즉고.

天將救之, 以慈衛之. 천장구지. 이자위지.

천하가 모두 내가 말하는 도는 커서 닮은 것이 없는 것 같다고 하는데
오직 크다 보니 그러므로 닮은 것이 없는 것 같네.
만약 무엇인가를 닮은 지 오래되었다면
그것은 작았을 것이네.

나에게 오랫동안 지녀 온 세 가지 보물이 있으니
하나는 '자애'이고,
둘은 '검소함'이며,
셋은 '감히 천하에 나서지 않음'이네.

자애롭기 때문에 용감할 수 있고
검약하기 때문에 널리 베풀 수 있으며
감히 천하에 앞서지 않기 때문에 큰 그릇을 지닌 우두머리가 될 수 있
다네.

요즘 사람들은 자애를 버리고 용감해지려 하고
검소하지도 않으면서 우선 베풀려고만 하며
뒤서는 것을 버리고 앞서기만 하니
이렇게 하면 죽게 된다네.

자애로움으로 싸우면 이기게 되고 지키려 하면 견고해지네.
하늘이 선한 사람을 돕고자 할 때는 자애로움으로 그를 에워싼다네.

天下皆謂我道大, 似不肖. 夫唯大, 故似不肖. 若肖久矣. 其細.

도는 커서 포용하지 않는 것이 없으며 미세하여 들어가지 않는 곳이 없다. 그래서 구체적인 형상을 지닌 사물과 비교하여 말할 수 없다. 만일 형상으로 비교할 수 있다면 곧 하나의 구체적인 사물로 비추어져 사소한 것이 될 것이다.

我有三寶, 持而寶之. 一曰慈. 二曰儉. 三曰不敢爲天下先.

도 안에는 세 가지 보배를 머금고 있으니 그 하나가 자애이다. 세상 만물은 자애로운 가운데에서 생장하는 것이다. 그 둘은 검약이다. 인위적으로 조작하지 않고 무위 청정으로 자연에 순응하며 앞세워 내세우지 않기 때문이다. 마지막 셋은 스스로 나타내지 않고 스스로 겸손하여 낮은 곳에 처하면서도 사물보다 앞에 나가지 않는 것이다.

慈, 故能勇. 儉, 故能廣. 不敢爲天下先, 故能成器長.

자애롭기 때문에 용감할 수 있으며 검소하기 때문에 널리 베풀 수 있고 감히 천하에 앞서지 않기 때문에 큰 그릇을 지닌 우두머리가 될 수 있다는 것을 말하고 있다.

今舍慈且勇, 舍儉且廣, 舍後且先, 死矣. 滋以戰則勝, 以守則固, 天將救之, 以慈衛之.

요즘 사람들은 자애를 버리고 용감해지기부터 먼저 하려들고 검소하지도 않으면서 우선 베풀 생각부터 하려들며, 뒤서는 것을 버리고 앞서기만 한다는 것은 자慈와 검儉이 우선이고 다음으로 용勇이나 광廣을 실행해야 함에도, 용과 광을 앞세우면 본말이 전도되니 이렇게 하면 그 끝은 죽음이라는 것이다. 자애로움으로 싸우면 이기게 되고 지키려 하면 견고해지네. 하늘에 있는 장수는 선한 사람을 돕고자 할 때는 자애로움으로 그를 에워싼다고 했다. 도가에서 말하는 호법신護法神을 연상시키는 대목이다.

삼보三寶(세 가지 보물)

호법신護法神 (1)

호법신에 관한 재미있는 일화가 있어 이를 소개하고자 한다.

의상대사가 당나라 유학시절 종남산의 지장사에서 당대의 교학을 집대성하여 새로이 화엄사상을 정립해 가던 승려 지엄至嚴의 문하생이 되었다. 의상은 지엄의 많은 제자들 가운데 가장 촉망받는 제자로 성장했다. 얼마 지나지 않아 의상의 학문은 오히려 스승을 능가하기에 이르렀다.

지장사 이웃에는 유명한 도선율사道宣律師가 살고 있었다. 도선은 언제나 끼니때가 되면 하늘에서 보내주는 음식을 먹었으므로 절에서 지은 밥은 먹지 않았다. 그러한 도선이 하루는 신라에서 온 유학승인 의상이 학문이 깊고 덕행과 법력이 높다는 소문을 듣고 하늘 음식을 한 끼 대접하고 싶어서 초대하였다. 의상은 도선의 초대를 받고 찾아가서 그릇을 놓고 좌정하여 하늘의 음식이 나오기를 기다렸다. 그러나 아무리 기다려도 음식은 나오지 않았다, 그리하여 의상은 할 수 없이 끼니를 굶고 돌아왔다. 의상이 돌아간 뒤에서야 천사가 음식을 가져왔다.

"무엇 때문에 이렇게 늦게 왔는가?" 도선이 천사에게 물었다.

"신병神兵이 온 골짜기에 가득 차서 길이 막혀 들어올 수가 없었습니다. 그래서 늦은 것입니다."

천사들의 대답이었다. 그때서야 도선은 의상의 도와 덕행이 높아서 신병들이 호위하고 있었다는 사실을 알게 되었다. 자기보다도 도력이 높다고 생각한 도선은 하늘의 음식을 그대로 두었다가 이튿날 다시 의상과 그의 스승 지엄을 함께 초청하여 대접했다고 한다.

慈儉本爲天下先 자애와 검약은 본래부터 천하의 제일이니
若加精進契前賢 약간의 정진만으로 전 현인을 맞이하네.
始惟不肖終當肖 처음은 닮지 않았으나 종당에는 닮았으니
正是千錢一貫穿 바로 천금의 돈이 일관되게 뚫었네.

善爲士章 第六十八

配天(하늘에 짝함)

善爲士者不武. 선위사자불무.

善戰者不怒. 선전자불노.

善勝敵者不爭. 선승적자부쟁.

善用人者爲之下. 선용인자위지하.

是謂不爭之德. 시위부쟁지덕.

是謂用人之力. 시위용인지력.

是謂配天. 시위배천.

古之極. 고지극.

훌륭한 무사는 무력을 쓰지 않고
싸움에 능한 자는 화내지 않으며
훌륭한 승자는 적과 다투지 않고
남을 잘 부리는 자는 남의 아래에 들어가네.

이것을 일러 '다투지 않는 덕'이라 하고
이것을 일러 '사람을 활용하는 힘'이라고 하며
이것을 일러 '하늘에 짝한다'고 하였으니
예부터 내려온 지극한 도라고 하네.

善爲士者.不武 善戰者不怒. 善勝敵者不爭. 善用人者
爲之下.

훌륭한 무사는 무력을 쓰지 않는다는 것은 도와 덕을 귀히 여기고 앞
세우기 때문이며, 싸움에 능한 자는 화내지 않는다는 것도, 훌륭한 승자
는 적과 다투지 않는다는 것도 모두 도의 정신인 자애와 검약으로 대하
기 때문이며, 남을 잘 부리는 자는 남의 아래에 들어간다는 것도 자신을
낮춤으로써 사람들을 자기의 사람으로 만들 수 있는 것이다.

是謂不爭之德, 是謂用人之力, 是謂配天, 古之極.

다투지 않는 덕이란 자신을 낮추어서 생긴 것이고 이렇게 함으로써 사
람을 활용하는 힘을 얻게 되니 이러한 것을 행할 수 있는 사람은 그 덕이
하늘과 짝하게 된다. 이것이 곧 예부터 내려오는 지극히 중요한 도이다.

배천配天(하늘에 짝함)

호법신護法神 (2)

신체神體는 일시적이다. 일 년 12달 신들려 지내지 않는다. 신神
이 몸에 들어와서 있으면 갑자기 머리가 아프거나 생각이 잘 나지
않는 등 표현이 내 의지와는 다르게 나타난다. 이런 현상은 일시적
인 것으로 1년 365일 계속되지는 않는다.

우리가 세상에 존재하기 이전에 영靈은 있었다. 육체肉體와 신체
神體와는 달리 영체靈體는 영원히 존재한다. 정좌수련 중 안신조규
에서는 영체를 중점적으로 수련하여 영체의 작용으로 신체와 육

체의 변화를 가져오게 한다. 안신조규에서 거둬들이는 신광神光이 곧 영체이다. 이 3체로 인해서 3가지 호법신護法神 즉 보호신이 생긴다.

전세호법 轉世護法	신과 영을 육체에 보내주는 작용을 한다. 죽으면 자격이 시작해서 육체로 다시 태어나기 직전까지의 호법신이다.
종생호법 終生護法	모체 속에서 성장 과정부터 세상에 태어날 때까지 호법신이다. 이 과정에서 중요하게도 건강하고 총명함이 결정된다.
금생호법 今生護法	출생 후부터 죽을 때까지 나의 운명을 보호 작용을 하는 호법신이다. 이 3가지 호법신은 보호능력이 제한되어 있어서 전지전능하지는 않다.

전세轉世는 "너는 어디서 왔냐?"이고

종생終生은 "너는 어디로 가냐?"이며

금생今生은 "너는 무엇을 하고 있으며 어디로 갈려고 하냐?" 하고 반문하며 살아가야 하는 것이 인생살이의 전부이며 이것을 슬기롭게 사는 것이 지혜이다.

우리의 신체에 존재하는 신이나 영은 전생에서 전해져 내려오는 것이며 금생호법(보호신)은 이들을 제지하고 통제할 힘이 없다고 한다. 가령 영靈이라는 것은 하늘이 우리의 몸에 출장을 보낸 것인데 금생호법(보호신)은 이 영보다 급수도 낮아서 통제가 안 되는 것이다. 이때의 영은 우리의 몸을 빌려 작용을 하게 된다. 영이 임금이라면 금생호법은 신하와 같아서 호법신이 제한을 많이 받는다. 그래서 영과 금생호법이 배합이 잘 이루어져야 하고 평화적이어야 한다. 우리가 수련을 하는 것도 이 영을 평화적으로 활용하기 위해서이다.

육체는 사람에게만 한하지 않는다. 동물, 나무, 화초 등 식물도 육체이며 이들도 신神도 있고 영靈도 있다. 그리고 사회가 발전되고 지적향상이 절대 가치를 누린다고 해도 이 3가지를 부정할 수 없으며 이 범주에서 벗어날 수도 없다. 현대 과학의 발전은 자연과 멀어지고 변화를 가져와 영을 고정시키고 신도 외적으로 작용하지 못하며 육체는 제한성을 갖게 한다. 이러한 현상은 인간과 자연이 자연스럽지 못하고 이 자연스럽지 못한 것은 인간과 만물에게 나쁜 영향을 미치게 되며 그것은 좋은 현상이라고 볼 수 없다. 과학과 자연의 모순이다.

善用人者爲之下 남을 잘 다루는 자는 아랫사람을 위하고
善彎弓者爲之射 활을 잘 당기는 자는 궁술을 위하듯이
萬丈懸崖撒手時 만길 낭떠러지에서 손을 뗄 때
方明了弓弦卸 이제야 명백하게 활시위를 당기네.

用兵有言章 第六十九

玄用(현묘한 용병)

用兵有言. 용병유언.

吾不敢爲主而爲客. 오불감위주이위객.

不敢進寸而退尺. 불감진촌이퇴척.

是謂行無行. 시위행무행.

攘無臂, 양무비,

仍無敵, 잉무적,

執無兵, 집무병,

禍莫大於輕敵. 화막대어경적.

輕敵幾喪吾寶. 경적기상오보.

故抗兵相加. 고항병상가.

哀者勝矣. 애자승의.

병법에 대한 금언이 있으니

나는 감히 주인이 되지 않고 객이 되며

한 치를 나아가기보다는 한 자를 물러나네.

이를 일러 하지 않고도 하였다 하며

팔뚝을 걷어붙이는 일이 없으니 팔이 없는 것 같으며

나아가 공격하는 일이 없으니 적이 없는 것 같고

병력이 없어도 지켜내는 것이네.

적을 얕보는 것보다 더 큰 화 없으니

적을 얕보게 되면 나의 보물(몸)을 거의 잃게 될 것이네.

그러므로 대항하는 군사와 맞설 때는

전쟁을 애통해 하는 쪽이 이기는 것이다.

用兵有言, 吾不敢爲主而爲客, 不敢進寸而退尺.

노자는 군사작전의 용병술을 싫어하였기 때문에 자신의 생각에 근거하여 용병의 의의를 설명하고 있다. 여기서 노자는 '위주爲主'로 하지 않고 '위객爲客'으로 하여야 한다고 말하고 있다. 주도권을 갖지 않고 객관적으로 임해야 한다는 말이기도 하다. 결국 양쪽의 피해를 줄이자는 의도로 보인다.

또한 한 치 앞으로 나아가기보다는 도리어 한 자를 물러난다고 하는 말은 우리에게 익숙한 말이기도 하지만 감히 성인만이 할 수 있는 말이기도 하다.

是謂行無行, 攘無臂, 仍無敵, 執無兵.

'양攘'이란 힘을 써서 팔뚝을 펴고 걷어붙이는 것이고 '잉仍'이란 적에게 임하여 적을 공격함을 말하고 병兵이란 칼과 창의 무기를 말한다.

이를 일러 하지 않고도 하였다 하는 것이며 팔뚝을 걷어붙이는 일이 없으니 팔이 없는 것 같다고 한 것이며 나아가 공격하는 일이 없으니 적이 없는 것 같다고 했고 병력이나 무기가 없어도 지켜내는 것이라고 말하고 있다.

禍莫大於輕敵 輕敵幾喪吾寶, 故抗兵相加, 哀者勝矣.

적을 얕보는 것보다 더 큰 화가 없다는 것은 적은 우리보다 항상 뛰어나다는 생각을 가져야 한다는 것이며, 결국 적을 얕보게 되면 나의 몸을 잃게 될 것이라고 경고하고 있다. 그러므로 대항하는 군사와 맞서서 싸울 때는 무력을 써서 이기려고 하는 것보다는 전쟁을 통해 죽어가는 생명을 애통해 하고 불쌍히 여겨 슬퍼하는 쪽이 승리를 획득하는 것이라고 말하고 있다.

현용玄用(현묘한 용병)

신광神光

도체導體가 실하고, 우주의 신광神光을 안으로 끌어 비추게 해서 서로 껴안고 있다면 황정黃庭(중전)에 영원히 살지만, 영아嬰兒 같아서 마치 무지하고 무식한 것 같다. 그러나 그로 말미암아 병과 마를 씻어내고 무극의 대도를 걸을 수 있다, 천지를 아우르고 비로소 나의 본성本性을 얻고, 나의 심신을 회복시키고, 천문이 하늘을 열고 땅을 닫아서 나의 태화太和의 기운을 보충하여. 하늘의 맑음은 떠서 위에서 합하고 땅의 무거운 탁濁은 아래에서 합하여 나의 몸과 마음을 맑게 조화시키며, 나의 본래 모습을 밝혀 양신을 회복하여, 온 천지에 통하여, 땅에 도달하지 않는 곳이 없고 비추지 않은 곳이 없다.

일반적으로 사람들은 단지 눈에 보이는 실재의 사물에만 주목할 뿐, 보이지 않는 무형의 허무虛無에는 관심이 없다. 유가 그 쓰임이 있는 것은 바로 무가 있기 때문이며 그 역할은 무궁무진하고 근본에 가깝다는 것을 알아야 한다.

이러한 작용은 꼭 사물에만 국한되지 않는다. 정신적인 면에서도 마음을 비우라. 머리를 비우라는 말은 무無의 쓰임이 이것들을 맑고 안정되게 해주는 작용을 하는 것을 증명해 보이는 것이다.

불교에서도 무와 유를 가리켜 '공즉색空則色 색즉공色則空'(비어 있음은 사물의 본질이고 사물은 본래 허무한 공이다)라고 했다.

吾寶非金亦匪珍 나의 보물은 금도 아니고 비匪도 진품이니
若輕其敵喪其親 적을 가볍게 여겨 그 친척을 여의는 것 같네.
臨深履薄如精進 깊은 길을 가는 것이 마치 정진하는 것이니
作主先當會其賓 주인이 되기 전에 먼저 그 손님을 만나야 하네.

吾言甚易知章 第七十

知難(알기 어려움)

吾言甚易知, 甚易行. 오언심이지, 심이행.
天下莫能知, 莫能行. 천하막능지, 막능행.

言有宗. 언유종.
事有君. 사유군.
夫唯無知. 부유무지.
是以不我知. 시이불아지.

知我者希, 則我者貴. 지아자희, 즉아자귀.
是以聖人, 被褐懷玉. 시이성인, 피갈양옥.

나의 말은 매우 알기 쉽고 실천하기 쉬운데
천하가 잘 알지 못하고 잘 실천하지 못하네.

말에는 처음 한 사람이 있고
일에는 그 주체가 있는 법이니
오로지 무지하라고 말하는 것은
그것이 나를 아는 것이 아니기 때문이네.

자기를 아는 자는 드물고 자기를 본받는 자도 귀한지라
고로 성인은 허름한 옷을 입어도 가슴에는 구슬을 품고 있다네.

吾言甚易知, 甚易行, 天下莫能知, 莫能行.

노자가 말하기를 "내가 말한 것은 모든 것을 살피고 생략해서 말했으므로 알기 쉽고 또한 실천하기 쉬운데 세상 사람들은 잘 알지도 못하고 잘 실천하지도 않는다." 고 말한 것이다.

言有宗, 事有君, 夫唯無知, 是以不我知.

말에는 그 말을 처음 한 사람의 으뜸 되는 가르침이 있고, 일에는 그 일을 하는 주체나 관련자가 있는 법이다, 오로지 무지하라고 말하는 것은 세상의 지식이라는 것들이 자기를 진실로 알게 하는 지식이 아니기 때문이다.

知我者希, 則我者貴, 是以聖人, 被褐懷玉.

'갈褐'은 삼의 실로 짠 거친 옷감의 옷이다. 남루하고 허름한 옷의 상징이다. 그런데 품속에는 옥玉을 품고 있다고 했다. 그러면 그 옥은 무엇을 말하는 것인가? 이것은 도가에서 말하는 금단金丹이다. 이 단丹을 품으면 금강불괴金剛不壞 즉 금강석같이 무너지지 않는 몸이 된다는 것이다. 세상의 무소불위無所不爲의 권력과 무진장無盡藏의 부富를 누린다 해도 한번 쓰러지면 어쩌지 못하지만, 수련하여 금단金丹을 형성하였다면 금강석같이 무너지지 않는다.

지난知難(알기 어려움)

금단金丹 (1)

도가에서는 정좌수련靜坐修煉을 통해 금단金丹의 몸으로 만드는 수련에 역점을 둔다. 그 금단金丹의 오묘한 비밀은 유위有爲를 이용하여 무위無爲로 들어가는 데 있다. 먼저 그대는 춤추는(정좌靜坐) 법을 배워야 하고 모든 에너지를 춤 속으로 몰입시켜야 한다. 그리고 어느 날 고요가 절정에 이르고 온몸이 황홀감에 취해 있으면 갑자기 춤추는 유위(식신識神)는 사라지고 무위(원신元神)의 춤이 시작될 때 그 신비한 경험이 시작된다. 그때 그 무위의 상태에서 그대는 춤이 저절로 일어나는 것을 보게 된다.

거기에는 그대가 어떤 노력을 해야겠다는 유위(의식)는 있을 수 없으며 만약 어떤 의식을 갖는 즉시 무위는 사라져 버린다. 그것은 행위 없는 행위이다. 그것이 명상의 전부이고 무위로 들어가는 유일한 길이다. 곧 바로 무위로 들어가는 법은 없다. 무위의 상태에서 내단內丹 형성에 필요한 소약을 하전下田에 모으고 영성靈性 있는 외약과 대약을 끌어와 합일시키며 몸 안의 용호龍虎가 교구交媾하고 감리坎離도 부합하고 연홍鉛汞이 상투하여 진식眞息이 발동하고 진종자眞種子가 생기는 등 어려운 수련 과정을 거쳐서 오랜 기간 수련으로 이를 팽련烹煉 시킴으로써 금단金丹을 만들어낼 수 있다.

금단의 몸이 얻어지면 무너지지 않는 금강불괴金剛不壞의 몸이 된다. 금단이 이미 이루어지면 곧 신선神仙에 이른다.

知我者希空碌碌 자기를 아는 것이 드물어서 남을 따르는 모양이고

聖人被褐仍懷玉 성인의 옷은 허름하지만 여전히 옥을 품고 있네.

知者非難行惟難 아는 것은 어렵지 않으나 실행하기는 어려우니.

千錢一貫爲之足 천금의 돈은 일관되게 만족하다고 하네.

知不知章 第七十一

知病(병을 앎)

知不知, 上. 지부지, 상.
不知知, 病. 부지지, 병.
夫唯病病. 부유병병.
是以不病. 시이불병.

聖人不病. 성인불병.
以其病病. 이기병병.
是以不病. 시이불병.

알면서도 알지 못하는 것처럼 하는 것은 좋은 일이고
알지 못하면서도 아는 체하는 게 병이라네.
오로지 이런 병은 워낙 흔하고 많아서
이 때문에 병인 줄 모르네.

성인에게는 그런 병이 없는데
그것은 병을 병인 줄 알기 때문이며
이로써 병이 없는 것이네.

知不知, 上. 不知知, 病. 夫唯病病, 是以不病.

알면서도 알지 못하는 것처럼 하는 것은 좋은 일이자 최상의 덕이라고 할 수 있다. 알지 못하면서도 아는 체하는 게 병이라는 것은 그 사람의 부덕한 경거망동을 지적한 것이다. 오로지 이런 병은 워낙 흔하고 많다는 것은 그만큼 사회가 어지러워져서 병인데도 불구하고 사람들의 인식이 그러한 것들이 병인 줄 모른다고 질책한 것이다.

聖人不病, 以其病病. 是以不病.

밝은 도를 지닌 성인에게는 알지도 못하면서 안다고 하는 그런 병이 없는 것은 그것이 병인 줄 알기 때문이며 이것을 알고 있는 이상 행실도 그에 걸맞게 함으로 이로써 병이 없는 것이라고 한다.

지병知病(병을 앎)

금단金丹 (2)

도교에서는 '신령神靈이 존재하므로 사람 몸에 단丹이 형성될 수 있다'고 한다. 수련을 거쳐서 차츰 차츰 순서대로 단이 형성된다고 하였다. 누구에게나 적용되는 말이지만 대부분 사람들은 체내에서 한곳에 집결시키지 못하고 본인이 사용하지 못하기 때문에 단을 만들지 못하고 있다.

하전에 신神을 기氣 속에 주입되면서 무게감이 느껴질 수 있는데 이는 결단結丹이 생기는 현상이다. 결단현상은 인체 내에서 단단하게 알맹이가 형성되는 현상이다. 단이 생기면서 단단한 고체로 고정되고 기화되지 않는 경우가 있을 수 있다. 기화되지 않고 고체의 결정체로 고정되어 버리면 불교에서 말하는 사리舍利가 되어 버린다. 바람직한 것은 결단 현상이 발생하였지만 단단해지지 않고 말랑 말랑 했을 때 그것을 다시 기화氣化시키는 것이 가장 좋다. 기화되지 않고 단단한 상태로 있다면 일상생활에도 영향을 준다. 그 중에서도 몸이 매우 민감해지고 몸의 상태를 제압하기가 어렵다. 그러나 나이가 90 이상이면 그대로 두어도 상관없다. 결국 단을 체내에서 집결시킬 줄도 알아야 하고 자기 몸의 에너지로 전환할 줄도 알아야 하고 단을 사용하여 남을 도울 줄도 알아야 현명하다.

한 곳에 집결되었던 단丹이 인체에너지로 분산될 때에는 그 내용물이 달라진다. 그 속에는 지혜가 들어 있고 몸에 확산되면서 밝은 나의 모습을 볼 수 있거나, 하전에 밝은 빛을 볼 수 있으며 아름다운 경물을 볼 수도 있다. 이것도 수련목적의 하나이다.

大人之病病當心 어른의 병환은 조심해야 마땅하니
不用藥醫只用鍼 약과 의사를 쓰지 않고 침만을 쓰네.
鍼得血膿俱下了 침으로 피고름이 다 떨어져 나갔으니
脫除勞療似觀音 힘써 치료하여 병을 제거하니 관음과 같네.

民不畏威章 第七十二

愛己(자신을 아낌)

民不畏威, 大威至矣. 민불외위, 대위지의.

無狹其所居. 무협기소거.

無厭其所生. 무염기소생.

夫唯不厭, 是以不厭. 부유불염, 시이불염.

是以聖人自知不自見. 시이성인자지부자견.

自愛不自貴. 자애부자귀.

故去被取此. 고거피취차.

백성이 위엄을 두려워하지 않으면 큰 위엄에 이른다네.
그 거처하는 곳을 업신여기지 않으며
그 안에서 사는 것들을 싫어하지 않으니
무릇 싫어하지 않기에 이로써 싫어지지 않는다네.

이 때문에 성인은 자기를 알면서도 스스로 드러내지 않고
스스로 아끼면서도 스스로 드러내지 않으니.
그러므로 저것은 버리고 이것은 취한다네.

民不畏威, 大威至矣. 無狹其所居, 無厭其所生. 夫唯
不厭, 是以不厭.

'위威'는 권력자 세도가 등이 통치의 수단으로 쓰는 위엄과 권세를 뜻
한다. 만약 백성이 위엄과 권세를 두려워하지 않았다면, 그만큼 태평한
사회를 이룬 것을 말하며 앞으로도 더 큰 태평에 이른다는 말이다. 그러
한 사회가 이루어진다면 그 권력자나 세도가들이 거처하는 곳을 업신여
기지 않고, 그 안에서 사는 것들을 싫어하지 않으니 무릇 싫어하지 않기
에 이로써 싫어지지 않게 된다는 것이다.

是以聖人自知不自見. 自愛不自貴 故去被取此.

이 때문에 성인은 자기를 알면서도 스스로 드러내지 않는 것은 도와
덕을 닮아가자는 것이다. 스스로 아끼면서도 스스로 드러내지 않은 것은
도와 덕이 하는 것이며 무협無狹과 무염無厭으로 이미 말해주고 있다. 그
러므로 저것은 버리고 이것은 취한다고 했다.

애기愛己(자신을 아낌)

금단金丹 (3)

하늘과 사람이 통하는 느낌을 받았다면 선천의 기운은 자연이
돌아오게 된다. 하늘은 선천의 기운이고 사람은 후천의 형상이다.
그런데 몸의 안과 밖과 사방 위아래가 모두 후천의 음양에 속해
있다. 오로지 선천의 한 점 지극한 양의 기운이 아득하고 헤아릴
수 없는 저 안에 혼용되어 있어 지극히 허령虛靈하니 구하여 보기

가 어렵다. 비록 바깥에서 왔다 하나 실은 안으로 말미암아 잉태된 것이다. 만약 후천後天이 없다면 선천先天을 무슨 수로 불러내겠는가? 만약 후천後天이 선천先天을 얻지 못한다면 어떻게 변화하고 통달할 수 있겠는가?

이것은 바로 무無 속에서 유有가 생긴 것이며 유 속에서 무가 생긴 것이다. 무는 유로 인하여 흘러서 상象을 이루고 유는 무로 인하여 감응하여 신령과 통한다.

선천 후천의 두 기운은 계곡이 소리에 응하는 것과 같다.

신선神仙의 묘용妙用은 단지 선천의 진양眞陽의 기운을 채취하여 금단의 어미로 삼고 자신의 양기陽氣를 점화하여 순양純陽의 체體로 변화시키는 데 있다. 자신의 원신(本性)을 연마함이(煉己) 익어감에 따라 선천이 조화를 일으키고 현주(玄珠: 사리 금단)가 모양(象)을 이루게 되고, 태을(太乙: 원신)이 참(眞)을 머금게 되고 육신과 정신이 모두 신묘해지고 도와 더불어 참(眞)으로 합하게 된다. 이 모든 것은 자연히 그러한 것이지 한 터럭이라도 인위적 노력이 필요한 것이 아니다. 단丹을 수련할 때에는 용호龍虎, 수화水火를 의지하여 그에 따라야 한다. 기 가운데 액을 낳고, 액 가운데 기를 낳는다. 신장은 기의 근본이고 심장은 액의 근원이다. 명근命根이 견고하니, 황홀하면서 기 가운데서 저절로 진수眞水가 생기고, 심원心源이 청결하니, 깊고 어두운 가운데 액 중에서 저절로 진화眞火가 생긴다. 화火 중에서 진용眞龍을 취할 줄 알고, 수水 중에서 진호眞虎를 취할 줄 알아야 한다, 이때 용호가 서로 교합하여 황아黃芽로 변하고, 황아(眞龍과眞虎)가 결합하여 대약을 이루니, 곧 금단이 형성된다.

自知已是己靈明 스스로 옳다고 여겨 이미 자신의 영명함을 아는데
內養功夫熟且純 안에서 기른 내공이 숙련되고 순수하네.
能自愛兮惟不厭 자애할 수 있다는 것은 오직 싫어하지 않는 것이니.
怡然理順樂天眞 딱 이치에 맞는 하늘의 진리를 즐기네.

勇於敢章 第七十三

任爲(함에 말김)

勇於敢則殺. 용어감즉살.

勇於不敢則活. 용어불감즉활.

此兩者. 차양자.

或利或害. 혹리혹해.

天之所惡. 천지소악.

孰知其故? 숙지기고?

是以聖人猶難之. 시이성인유난지.

天之道, 不爭而善勝. 천지도, 부쟁이선승.

不言而善應. 불언이선응.

不召而自來. 불소이자래.

坦然而善謀. 탄연이선모.

天網恢恢, 疎而不失. 천망회회, 소이불실.

용감하게 감행해서 죽는 것과

단호하게 행함을 거부해서 사는 것

이 두 가지는

혹 이롭게도 보이고 혹 해롭게도 보이는데

하늘이 그 싫어하는 바를

누가 안단 말인가?

이 때문에 성인도 오히려 그것을 어렵게 여긴다.

하늘의 도는 싸우지 않고도 잘 이기는 것이고

말하지 않아도 올바르게 응하는 것이고

부르지 않아도 스스로 오는 것이고

너그럽게 잘 도모하므로

하늘 그물은 넓게 트여 있는 것 같아도 놓치는 것이 없네.

勇於敢則殺, 勇於不敢則活. 此兩者. 或利或害. 天之所
惡. 孰知其故? 是以聖人猶難之,

용감하게 감행해서 죽는 것이란 과감한 용기는 강함으로 인하여 목숨
을 잃게 된다는 것이다. 단호하게 행함을 거부해서 사는 것이란 과감하지
않는 용기로 겸손하고 낮추어 일에 대응하는 것으로 이로써 몸을 보존하
게 되는 것이다. 이 두 가지는 혹 이롭게도 보이고 혹 해롭게도 보이지만
그러나 사람이 살아가면서 몸을 보존하는 것이 최우선인 만큼 살아 있
는 것을 이롭다고 볼 수 있지만 하늘이 그 좋아하고 싫어하는 뜻을 누구
도 알 수 없고 성인마저도 하늘의 뜻을 모르니만큼 이 때문에 성인도 오
히려 그것을 어렵게 여기고 있다는 말이다.

天之道. 不爭而善勝. 不言而善應. 不召而自來. 坦然而
善謀. 天網恢恢. 疎而不失.

하늘의 도는 싸우지 않고도 잘 이긴다는 것은 도의 작용인 자연의 순
환에서도 볼 수 있다. 하루 중에 밝은 낮과 어두운 밤이 있는데 누구든
어두운 것이 싫다고 종일 밝게 할 수는 없는 것이 도의 작용이다. 일 년
중 4계절의 변화도 그 누구도 자연의 순환을 막지 못하는 것은 마찬가지
다. 말하지 않아도 올바르게 응하는 것을 예로 들면 봄이 다하면 여름이
되는 것은 누가 말한다고 해서 생기는 것이 아니고, 부르지 않아도 스스
로 오는 것도, 다 도의 작용인 자연의 순환이다. 이러한 진리는 아무리 세
월이 흘러도 추호의 변함도 없이 너그럽게 잘 도모하고 있는 것, 또한 하
늘의 도가 작용하는 까닭이다. 그래서 노자는 하늘 그물은 넓게 트여 있
는 것 같아도 놓치는 것이 없다고 말한 것이다.

임위任爲(함에 맡김)

양생養生 (1)

　양생법養生法은 결과적으로 인생을 순조롭게 즐기기 위해서 건강과 장생長生에 목적을 두고 있다고 단언해도 과언이 아니다. 이 양생법은 심신단련을 목적으로 하는 고대 중국의 전통 학문의 일종으로서 지금까지도 성행하여 각종의 수단과 방법을 통하여 심신을 단련하여 생명의 연장을 도모하고 있다.

　양생법에는 음양을 조절하여 기혈을 조화롭게 한다든지, 원칙적인 정신을 보전하고, 하고 싶은 것들을 절제하고. 또한 섭생을 통해서, 서예를 통해서, 무예를 통해서, 벽곡辟穀을 통해서 등등, 신선의 도를 터득하는 양생법은 많은 종류가 있는데 여기서는 선도를 통한 건강관리의 양생법을 알아보기로 한다.

　선도를 수행함에는 얕은 것으로부터 차츰 깊은 단계로 발전해 나가야 한다. 여기서 얕은 단계란 건강을 유지하는 것을 말한다. 즉 건강한 몸을 유지해야만 선도를 수행할 수 있는 기본적 자질을 갖추게 된다. 따라서 인체 내에 있는 삼보, 즉 상·중·하의 삼단전三丹田을 연마하여 선천의 생인 본래의 몸으로 환원시키고 난 후에야 비로소 금액환단이나 금단 등을 제조할 수 있기 때문에 그러한 방법으로 섭생攝生을 통해 건강을 유지하고 곧 선도수련으로 이어간다.

　장생하고자 하면 장腸 속을 깨끗이 해야 하며 불사不死 하고자 하면 장腸 안을 말끔히 씻어내야 한다고 했다. 옛 도서道書에 의하면, 초식을 하는 자는 달리기는 잘하나 어리석고, 육식을 하는 자는 힘은 왕성하나 독살스러우며, 곡식을 먹는 자는 영리하기는 하나 장수하지 못하며, 기氣를 먹는 자는 총명할 뿐만 아니라 죽지도 않는다고 하는데, 이것은 호흡법으로 기를 먹자는 말을 강조한 말이다.

善惡昭昭網不疎 선악이 뚜렷하다면 하늘 그물이 트이지 않으니
傷人抵罪豈差殊 남을 해친 죄 값 치르는 것과 어찌 차이가 있겠는가?
種禾種栗不生豆 벼를 심고 밤나무를 심었는데 콩이 나지 않으니
恬退無爲是護軀 평안히 물러나 무위하면 몸을 보호하는 것이네.

民不畏死章 第七十四

制惑(미혹을 제어함)

民不畏死. 민불외사.

奈何以死懼之? 나하이사구지?

若使民常畏死, 而爲奇者. 약사민상외사, 이위기자.

吾得執而殺之. 오득집이살지.

孰敢? 숙감?

常有司殺者殺. 상유사살자살.

夫, 代有司殺者, 殺. 부, 대유사살자, 살.

是謂代大匠斲. 시위대대장착.

夫惟夫代大匠斲者. 부유부대대장착자.

希有不傷手矣. 희유부상수의.

백성이 죽음을 두려워하지 않는다면

어찌 죽음으로 백성을 두렵게 하는가?

만약 백성들로 하여금 늘 죽음을 두렵게 하고자 한다면, 기이한 짓을 행하는 자가 있어

내가 붙잡아서 그를 죽인다고 하면

누가 감히 그런 죽이는 짓을 하겠는가?

늘 죽이는 일을 맡은 자가 있어서 그 일을 하는데

죽이는 일을 맡은 자를 대신하여 죽이는 것

이것은 유능한 목수를 대신해 나무를 베는 행위와 같은데

무릇 유능한 목수를 대신하는 사람 중에서

자기 손을 다치지 않는 사람이 드물다네.

民不畏死, 奈何以死懼之? 若使民常畏死, 而爲奇者,
吾得執而殺之. 孰敢?

백성이 죽음을 두려워하지 않는다는 것은 그만큼 형벌이 극심하고 혹
독하여 살아가기 어렵기 때문에 죽음마저도 두려워하지 않게 된다는 것
이다. 그렇다면 어떻게 죽음으로 백성을 두렵게 하겠는가? 만약 백성들
로 하여금 늘 죽음을 두렵게 하고자 하는데도 교묘하고 기이한 짓을 하
는 자가 있어서 나라의 법에 따라 붙잡아서 그를 죽인다고 한다면 누가
감히 그런 죽이는 짓을 하겠는가?

常有司殺者殺. 夫代有司殺者殺. 是謂代大匠斲. 夫惟
夫代大匠斲者. 希有不傷手矣.

항상 죽이는 일을 맡은 자가 있어서 그 일을 하는데 그 죽이는 일을 맡
은 자를 대신하여 죽이는 것, 이것은 솜씨가 서툰 사람이 유능한 목수를
대신해 나무를 자르는 행위와 같다고 하는 것은 수고롭기만 할 뿐 공효
는 없다는 이야기다. 무릇 유능한 목수를 대신하는 사람 중에서 자기 손
을 다치지 않는 사람이 드물다.

여기서 유능한 목수는 천도天道이고 솜씨가 서투른 목수는 나라의 통
치자이다.

제혹制惑(미혹을 제어함)

호흡呼吸 (5)
우리가 하는 도가의 수련도 처음부터 호흡으로 시작해서 호흡

으로 끝난다. 호呼인즉 하늘 변두리天根에 접접하고 흡吸인즉 땅속 까지地根 접한다. 그리고 호흡呼吸의 위력으로 말하면 용이 호흡을 하게 되면 용음운기龍吟雲起라 하여 구름을 일으키고, 호랑이가 호흡을 하면 호소풍생虎嘯風生이라고 표현하여 바람을 생기게 한 다고 말한다.

이렇게 힘을 강조한 호흡을 무식武息호흡이라고 하고, 고요하고 교묘하게 한다는 문신文息호흡은 또 다르다. 우리가 심장으로 숨 을 쉬는데 그 심장 소리를 듣는다는 것은 불가능하다. 그러나 반 좌 수련을 통해서 안정되고 무위정적無爲靜寂 한 상태에서는 그 심장 소리를 들을 수 있고 그 심장소리보다 더 작고 가늘게 하는 호흡도 있다. 신선의 길로 가기 위해서는 이렇게 20여 가지가 넘는 호흡을 섞어 가며 적절한 화후火候를 가미하고 공양供養하여 만들 어진 진양眞陽이 호흡을 통해서 팽련烹煉되고 엉기어서 원신의 몸 상태에서 금액金液을 이루고 금단의 몸을 만든다.

도가에서는 순즉범역즉선順卽凡逆卽仙이라고 했다. 호흡도 이런 맥락에서 이해해야할 것 같다.

같은 호흡이면서 구별하여야 할 것은 식息이다. 식息은 휴식한 다. 쉬어간다, 정지한다는 뜻이 함유되어 있으며 원신元神 상태에 서 취하게 되므로 고도의 정좌수련을 거치게 되면 호흡은 지극히 미세해져 마치 숨이 중단된 것처럼 된다. 이 때 호흡기관의 수축 확장 작용은 정지되며(신체 각 부분에서의 호흡까지 정지된 것은 아님) 아 랫배 부위에서 호흡과는 상관없이 일종의 열리고 닫히는 작용이 발생하는데 이것이 식息이다.

不畏死兮却畏生 죽음은 두렵진 않으나 오히려 삶의 두려움도 멎으니
畏生之道在持盈 생을 두려워하는 그 도가 지금 득세하고 있으니
八千兵散渾閑事 팔천 병사가 뿔뿔이 흩어져 한가한 일을 하는데
項羽頭來落漢營 항우는 처음으로 한나라 진영에 있다네.

民之飢章 第七十五

貪損(탐욕을 덜어냄)

民之飢以, 其上食稅之多. 민지기이, 기상식세지다.
是以飢. 시이기.

民之難治, 以其上之無爲. 민지난치. 이기상지무위.
是以難治. 시이난치.

民之輕死, 以其求生之切. 민지경사, 이기구생지체.
是以輕死. 시이경사.
夫唯無以生爲者, 是貴於長生, 부유무이생위자, 시귀어장생.

백성이 굶주림은 그 위에 있는 자가 세금을 많이 거두어들이기 때문
이니

이 때문에 굶주리는 것이네.

백성을 다스리기 어려운 것은, 그 위에 있는 자가 하는 바가 있기 때문
이니

이 때문에 다스리기 어려운 것이네.

백성이 죽음을 가볍게 여기는 것은, 생활의 넉넉함만을 구하기 때문
이니

이 때문에 죽음을 가볍게 여긴다네.

대저 삶에 대해 하는 바가 없는 자는, 삶을 소중히 여기는 사람보다 장
생한다네.

民之飢以, 其上食稅之多. 是以飢.

백성이 굶주림은 그 백성 위에 있는 자가 세금을 많이 거두어들이기 때문이니 이 때문에 굶주리는 것이라고 한 것은 윗사람들의 횡포로 인해 아래에 있는 사람들 까지도 따라하게 되고 결국에는 도와 덕이 무너져 내리기 때문에 굶주리게 된다고 말하고 있다.

民之難治, 以其上之無爲, 是以難治.

백성을 다스리기 어려운 것은, 그 백성 위에 있는 자가 청정무위의 도가 아닌 자기가 의도하는 인위적인 유위로 일을 처리하는 바가 있어서이니 이 때문에 다스리기 어려운 것이라고 하였다.

民之輕死, 以其求生之切, 是以輕死, 夫唯無以生爲者, 是貴於長生.

백성이 죽음을 가볍게 여기는 것은, 생활의 넉넉함만을 구하기 때문이며 그것을 구하기 위해서는 일체의 생을 버릴 만큼 그것에만 몰두하다 보니 죽음은 아예 안중에도 없게 되어 버린 것이다. 이러한 결과는 부만을 탐하다가 스스로 죽음의 위험에 빠지게 되는 것이다. 그래서 대저 삶에 대해 하는 바가 없는 자 즉 도의 소박함을 좇는 자는 부만을 찾는 자보다 장생한다는 것이다.

호흡呼吸 ⑹

식식息의 호흡으로는 범식凡息, 수식隨息, 청식聽息, 정식停息, 정식定息. 진식眞息, 지식止息, 종식踵息, 호식呼息, 태식胎息 등을 꼽을 수 있다. 이러한 식을 할 때는 모두 원신元神을 사용하여 고요한 상태를 유지하여 저절로 이루어져야 한다. 특히 태식은 위에서 나열한 범위를 뛰어넘는 한층 더 높은 경지의 호흡이다. 결태가 되고 태체胎體가 생성되면서 태체胎體의 움직임과 심장박동이 있어야 태식을 할 수 있다. 요컨대 깊은 호흡(呼息)은 진인眞人들만이 할 수 있는 호흡으로 발바닥으로 하는 것처럼 깊고, 범인凡人의 호흡은 단지 목구멍 끝으로 하는 것처럼 얕다(呼吸)는 것이 호흡의 세계이다. 그래서 태식이라는 것은 사람의 의식세계를 벗어나 어떤 알 수 없는 힘에 의하여 이루어지는 것이므로 신령한 숨, 즉 신식神息이라고도 불린다.

내기內氣를 소련燒煉하는 과정에 불의 힘이 왕성하게 하거나 쇠약하게 하는 조절이 호흡인데 이것이 화후火候이다. 최상의 화후는 숨이 없이 이루어짐에 도달하는 것이며 이러한 화후가 무위無爲에 의한 순수한 화후이다. 대주천의 화후가 이러한 경지이다.

호흡은 가늘고 길고 균일하게 하여야 하는 것이 관건이다. 그리고 중요한 것은 면면약존綿綿若存이다. 끊어질 듯 끊어지지 않고, 있는 듯 없는 듯 이어지는 호흡이 중요하다.

無生之義最難言 생이 없는 그 뜻은 가장 말하기 어려운데.

人世輕生若駿奔 사람이 세상에서 목숨을 가볍게 여기고 달려간다면.

趣得非生非死法 생도 아니고 죽음도 아닌 것을 좇는 법이니

乾坤有限道長存 하늘과 땅은 유한하지만 도는 오래 보존된다네.

人之生章 第七十六

戒強 (강함을 경계함)

人之生也柔弱. 인지생야유약.

其死也堅強. 기사야견강.

萬物草木之生柔脆. 만물초목지생유취.

其死也枯槁. 기사야고고.

故堅強者死之徒. 고견강자사지도.

柔弱者生之徒. 유약자생지도.

是以兵強則不勝. 시이병강즉불승.

木弱則共. 목약즉공.

強大處下. 柔弱處上. 강대처하. 유약처상.

사람이 살아 있을 때는 부드럽고 연약하지만
죽으면 뻣뻣하고 강해지네.
만물과 초목도 살아 있을 때는 부드럽고 연하지만
죽으면 말라서 뻣뻣해진다네.

그러므로 뻣뻣하고 강한 것은 죽음의 무리이고,
부드럽고 약한 것은 삶의 무리이네.
이 때문에 군대가 강하면 이기지 못하고
나무가 약하면 부러지지 않고 함께 사는데
강한 뿌리는 아래에 받히고 부드러운 가지는 위에 놓인다네.

人之生也柔弱. 其死也堅強. 萬物草木之生柔脆. 其死
也枯槁.

사람이 살아 있을 때는 부드럽고 연약하지만 죽으면 뻣뻣하고 강해진
다. 사람의 나이가 15세(5000일) 쯤이면 남자는 누정漏精을 하고 여자는 생
리生理를 하는 시기로 이때부터 사람의 몸의 기운이 음양이 잘 조화된
상태가 깨지고 음의 기운이 차츰 불어나게 되므로 몸의 상태도 조금씩
뻣뻣해지기 시작한다. 도가의 수련은 이를 되돌리고 어머니 뱃속에서 갓
태어날 때의 순양의 몸을 만들고 더 나아가 아버지의 정과 어머니의 혈
이 만나 무극의 한 점을 찍었던 상태까지 되돌아가서 그 상태를 볼 수 있
어야 하는데 도가의 수련으로 이를 완성할 수 있다. 이 경지에 이르면 신
선이라고 한다.

만물과 초목도 살아 있을 때는 부드럽고 연약하지만 죽으면 말라서 뻣
뻣해지는데 가령 나긋나긋한 나뭇가지도 꺾어 버리면 말라서 딱딱해진
다. 살아 있는 뱀도 꾸불꾸불 잘도 다니지만 죽으면 일 자로 뻣뻣해진다.
그래서 사람을 비롯한 모든 생물은 부드러워야 하며 딱딱해서는 안 되는
데 사람의 몸도 어느 부위가 딱딱하고 뻣뻣하다면 그 부위는 죽어 있는
것이다. 운동을 많이 해서 근육이 발달된 부분도 포함된다. 여자가 남자
보다 더 오래 사는 것도 신체의 모두가 부드럽기 때문이다.

故堅強者死之徒. 柔弱者,生之徒. 是以兵強則不勝. 木
弱則共. 強大處下柔弱處上.

그러므로 뻣뻣하고 강한 것은 죽음의 무리이고, 부드럽고 약한 것은
삶의 무리이네. 이 때문에 군대가 강하면 이기지 못한다는 것은 지혜나
융통성 등 상황에 따라 변화를 주어야 하는데 힘으로만 밀어 붙이면 지

혜를 지닌 상대에게 필패한다는 것이며 나무도 약하면 하늘하늘 춤을 추며 부러지지 않고 단단한 뿌리와 함께 살아갈 수 있다는 것이다. 그래서 강한 뿌리는 아래에서 받히고 유약한 가지는 위에 있다는 것이다.

계강 戒強(강함을 경계함)

역행 逆行

도가 수련은 역행逆行이다. 역행하기 위해서는 마음의 찌든 때, 육체의 찌든 때가 1차로 걸림돌이 되는데 이 찌든 때를 뻣뻣함과 딱딱함으로 보고 이것이 곧 독毒이므로 이 독을 해소시켜야만 역행이 가능 하다.

그러면 역행逆行이란 무엇을 말하는 것인가? 역행逆行이란 모든 것을 되돌려 놓는 것이다. 도가에서는 수련하여 역행하면 신선神仙의 경지에 이르는 것이고 순행하면 범인이 되어 귀신이 된다고 하였다. 순리대로 산다면 범인凡人으로 살다가 죽어서는 귀신이 되지만, 수련하여 역행하여 살게 되면 성인聖人이 되고 죽어서는 신선神仙이 된다는 것이 도가 수련의 기본이다.

그러면 역행은 어떻게 해야 하며 또 어디까지인가? 정좌靜坐수련으로 가능하다. 일차적으로 15세 이하의 유연하고 부드러운 피부로 되돌아가게 하는 것이다. 15세 때에는 신체적으로 남자는 누정漏精이 되고 여자는 생리生理현상이 되면서 그동안 열려 있었던 천목혈天目穴이 막히고 인체의 12경락과 기경8맥 등 온 몸의 솜털 구멍까지 막히게 되면서 체질이 완전히 바뀌는 시기이다. 수련으로 15세 이하의 체질로 개선한 다음 나중에는 어머니 뱃속에서 막 태어난 몸과 같이 순양체純陽體로 되돌아가게 하는 수련을 이끌어 가야 한다. 이것이 다가 아니다. 더 정진하여 아버지의 정精과 어머니의 혈血이 만나 무극無極의 한 점點을 찍는 순간 영靈이 성性을 부여함으로써 잉태된 그때까지 되돌려서 영靈이 부여한 본성本性을 볼 수 있어야 이후 부처가 되고 신선이 되는 것이다.

그러면 죽어서 신선神仙이 된다는 것은 무엇을 말하는 것인가? 만약 신선神仙이 된다면 유한有限한 인간사 속에서 무한無限의 이상 세계를 향해서 시간과 공간이라는 절대 구속을 뛰어넘어 영원한 삶을 누릴 수 있다고 믿는 것이다. 그것뿐이 아니다. 장수는 말할 것도 없고 온갖 도술道術과 방술方術, 환술幻術 등을 다 부려 현실적으로 상상을 뛰어넘는 경지에까지 이르게 할 수도 있다. 신선神仙이 된다면 우주에서 하지 못할 일이 없다고 해서 우아일체宇我一體라고도 한다.

人死堅强木死枯 사람이 죽으면 뻣뻣해지고, 나무는 죽으면 딱딱해지네.
夫惟不死是良圖 단지 죽지 않는 것만이 좋은 방도이구나.
五行顚倒人能用 오행으로 사람을 넘어뜨리기도 하고 쓸 수도 있으니.
有一物常死復甦 하나의 사물이 있다는 것은 죽으면 다시 소생해서라네.

天之道章 第七十七

天道〈하늘의 도〉

天之道, 其猶張弓乎? 천지도 기유장궁호?

高者抑之. 고자억지.

下者擧之. 하자거지.

有餘者損之. 유여자손지.

不足者補之. 부족자보지.

天之道. 損有餘. 천지도. 손유여.

而補不足. 이보부족.

人之道則不然. 인지도즉불연.

損不足. 손부족.

以奉有餘. 이봉유여.

孰能有餘以奉天下? 숙능유여이봉천하?

唯有道者. 유유도자.

是以聖人爲而不恃. 시이성인위이불시.

功成而不處. 공성이불처.

其不欲見賢. 기불욕견현.

558

하늘의 도는 마치 활에 줄을 매는 것과 같은가?

높은 것은 내리 누르고

낮은 것은 들어 올리며,

남는 것은 덜어내고

부족한 것은 보태는구나.

하늘의 도는 남는 것은 덜어내고

부족한 것은 보태주지만

사람의 도는 그렇지 않으니

부족한 것을 덜어내어

남는 것에 보태네.

누가 능히 여유가 있어서 천하를 도울 수 있겠는가?

오직 도를 지닌 성인뿐이라네.

이 때문에 성인은 하고서도 기대지 않고

공을 이루어도 자처하지 않으니

그 현명함을 드러내고자 하지 않는 것이네.

天之道, 其猶張弓乎? 高者抑之. 下者擧之. 有餘者
損.之 不足者補之.

활을 만들기 위해 맨 마지막 공정으로 줄을 매는 것인데, 이때 하는 일
이 매우 중요하다. 높고 낮음을 조절하고 남고 부족한 것을 덜어내고 채
워서 균형을 잘 맞추어야만 완전무결한 활이 만들어진다. 하늘의 도라는
것도 이와 같다.

天之道. 損有餘. 而補不足. 人之道則不然. 損不足. 以
奉有餘. 孰能有餘以奉天下? 唯有道者.

하늘의 도는 남는 것은 덜어내고 부족한 것은 보태준다는 것은 자연
의 순리가 그러하다. 그러나 사람의 도는 그렇지 않으니 오히려 부족한
것을 덜어내어 남는 것에 보태주게 되니 자연의 순리를 역행하는 인위적
행위를 말한다. 그렇다면 누가 능히 여유가 있어서 천하를 도울 수 있겠
는가? 그것은 오직 도를 지닌 성인뿐이라고 말하고 있다.

是以聖人爲而不恃. 功成而不處. 其不欲見賢.

이 때문에 성인은 하고서도 기대지 않고 공을 이루어도 자처하지 않으
니 그 현명함을 드러내고자 하지 않는 것이다. 성인은 무위의 삶을 행하
며 살기 때문이다.

천도天道(하늘의 도)

양생養生 (2)

손사막孫思邈,(581~682)은 중국 수·당대의 의학자이자 신선이다.

그는 식사는 자주 하되 60~70% 정도로 적게 먹으라고 했다. 특히 배가 고프면 식사를 하고 목이 마르면 물을 마시라고 했다. 그가 지은 '천금방千金方'에는 음식에 절제가 있으면 수명을 늘릴 수 있고, 음식을 절제하지 못하면 몸에 재앙이 발생한다고 기록돼 있다. 좋은 음식이나 약은 몸을 가볍게 하는 것이다. 과식, 과음, 과색, 과로는 물론이고 과일過逸하는 것, 즉 너무 편안한 것도 질병의 원인이 된다고 했다. 그래서 손사막이 제시한 '십이소十二少'의 양생장수비법이 지금까지 전해오고 있다. 모두가 공감할 내용인 생각, 염려, 일, 말, 욕심, 근심, 성냄, 싫어함을 적게 하라고(少思, 少念, 少事, 少語, 少慾, 少愁, 少怒, 少惡) 했을 뿐만 아니라, 많을수록 좋다고 알려져 있는 웃음, 즐김, 기쁨, 좋아함도 적게 하라고 했다(少笑, 少樂, 少喜, 少好). 이처럼 무엇이든 지나치면 부족함만 같지 못하다(過猶不及)는 교훈을 주고 있다.

양생을 위해서는 일상생활에서 접하기 쉬운 것부터 하는 것을 전제로 호흡법을 게을리 하지 말고 아침저녁으로 도인導引(도가체조)을 행하여 혈액순환이 막히는 일이 없도록 하고, 또 음식을 절제하고 찬바람이나 습기를 피해 간다면 병에 걸리는 일은 없을 것이라고 말했다. 지금 우리는 역행하여 15세 때의 나이로 되돌아오는 노력을 해야 한다. 그렇게만 된다면 삶은 건강하고, 청춘은 되돌아오며, 병은 물러가고, 목숨은 장수할 수 있다.

不欲見賢豈不賢 현명함을 탐내지 않아도 어찌 현명하지 못하겠는가?
只惟平地有神仙 오직 태평한 지상에서만 신선이 있으니
眞人指我回瀾訣 진인은 나를 가리켜 실패를 지적해 주고
向道女媧會補天 도를 향안 女媧氏를 하늘에 보임하네.

★여와女媧 : 중국, 삼황三皇(伏羲, 女媧, 神農)의 한 사람.

天下柔弱章 第七十八

任信(믿음)

天下柔弱莫過於水. 천하유약막과어수.

而攻堅强者莫之能勝. 이공견강자막지능승.

其無以易之. 기무이역지.

弱之勝强. 약지승강.

柔之勝剛. 유지승강.

天下莫不知. 천하막부지.

莫能行. 막능행.

故聖人云. 受國之垢. 是謂社稷主. 고성인운. 수국지구. 시위사직
주.

受國之不祥. 是謂天下王. 수국지불상. 시위천하왕.

正言若反. 정언약반.

천하에 물보다 더 부드럽고 약한 것은 없지만.
단단하고 강한 것을 공격하는 데는 이를 이길 것이 없으니
물은 힘이 없는 듯하지만, 변화하는 것이기 때문이네.

약한 것이 강한 것을 이기며
부드러운 것이 단단한 것을 이긴다는 것을
천하에 모르는 사람은 없건만
이를 실천할 수 있는 사람이 없네.

그러므로 성인이 말하길 나라의 굴욕을 받아들이는 것을 사직의 주인
이라 하고
나라의 좋지 못하는 일을 감수하는 것을 천하의 왕이라고 하네.
바른 말은 마치 그릇된 것처럼 들린다네.

天下柔弱莫過於水. 而攻堅强者莫之能勝. 其無以易之.

천하에 물보다 더 부드럽고 약한 것은 없다고 하지만, 쉽게 변화하고 움직이는 성질이 있어 변화하지도 못하고 견고하기만 한 것을 쳐서 이길 수 있다는 것이다. 단단하고 강한 것을 공격하는 데는 이 물만한 것이 없으니 물은 힘이 없는 듯하지만, 변화시키는 기운氣運이 있는 것이기 때문이다.

弱之勝强. 柔之勝剛. 天下莫不知. 莫能行. 故聖人云. 受國之垢. 是謂社稷主 受國之不祥. 是謂天下王. 正言若反.

약한 것이 강한 것을 이기며 부드러운 것이 단단한 것을 이긴다는 것을 천하에 모르는 사람은 없건만 이를 실천할 수 있는 사람이 없다고 개탄해서 하는 말이다.

그러므로 성인이 말하길 나라의 굴욕을 받아들이는 것을 사직의 주인이라 하고 나라의 좋지 못하는 일을 감수하는 것을 천하의 왕이라고 말함으로써 크고 작고, 어렵고 쉬운 일에 봉착할 때는 강해서 부러지는 것보다는 부드러워서 살아나는 지혜를 말하고 있다. 그래서 노자는 마지막에 "바른 말은 마치 그릇된 것처럼 들린다네." 하고 다시 한 번 더 강조하고 있다.

임신(任信(믿음))

사람의 일생을 12단계로 나누어 음양의 진퇴를 구분하고 음양이 자라고 사라짐의 이치와 나아가고 물러나서 존립과 멸망의 이치를 한눈으로 볼 수 있도록 표로 만들어 보았다.

사람의 음양陰陽 소장消長의 이치와 괘상

나 이	음양진퇴	괘의 변화	괘 상
처음 태어나면 ䷁곤괘에 속하고, (960일마다 1효爻가 변한다)			
2년8개월이 되면	進一陽하여	䷁곤괘가 변해서 ䷗復괘가 되고	지뢰복괘
5년4개월이 되면	進二陽하여	䷗복괘가 변해서 ䷒臨괘가 되고	지택임괘
8살이 되면	進三陽하여	䷒임괘가 변해서 ䷊泰괘가 되고	지천태괘
10살8개월이면	進四陽하여	䷊태괘가 변해서 ䷡大壯괘가 되고	뇌천대장괘
13세4개월이면	進五陽하여	䷡대장괘가 ䷪변해서 夬괘가 되고	택천쾌괘
열여섯이 되면	進六陽하여	䷪쾌괘가 변해서 ䷀乾괘가 된다	건위천괘

이상 6효六爻가 변한 것 까지는 순양純陽의 동체童體로서 상사上士의 자리이다. 이때 수련修煉하면 성역聖域에 올라설 수 있다. 이 후 96개월(8년)마다 효爻가 하나씩 변하는데 이때 수련하지 않으면 점점 하사下士가 되고 만다.

(8년마다 효爻가 하나씩 음으로 변한다)

24세가 되면	進一陰하여	䷀건괘가 변하여 ䷫姤괘가 되고	천풍구괘
32세가 되면	進二陰하여	䷫구괘가 변하여 ䷠遯괘가 되고	천산돈괘
40세가 되면	進三陰하여	䷠돈괘가 변하여 ䷋否괘가 되고	천지비괘
48세가 되면	進四陰하여	䷋비괘가 변하여 ䷓觀괘가 되고	풍지관괘
56세가 되면	進五陰하여	䷓관괘가 변하여 ䷖剝괘가 되고	산지박괘

64세에 이르러	進六陰하여	䷖박괘가 변하여 ䷁곤괘가 된다	곤위지괘

이때는 순음純陰으로 양기陽氣가 없고 괘기卦氣가 이미 가득 찼으나 이때를 놓치지 않고 좇는다면 양陽이 조금은 남아 있어 만약 수련하려 애쓴다면 음중陰中에서 양陽으로 가해 돌이킬 수 있어서 죽음에서 도망쳐 나와 생명生命을 유지할 수는 있겠으나 혹시라도 만약 다시 수련하지 않으면 남은 양기陽氣마저 소진消盡됨에 이르러 무상無常이 닥치면 한번 나간 기운氣運은 다시 돌아오지 않는다.

受國之垢實希奇 나라에서 받은 그 허물이 실로 기이하고 드문데

到此方知壽可躋 여기까지 알고 있었다면 비로소 장수할 수 있어

一得歸來宜汞得 단번에 돌아와서 수은을 얻음은 당연하니

渡河筏子上天梯 강을 건너는 뗏목이 하늘 사다리로 올라간다네.

和大怨章 第七十九

任契(부절에 의존함)

和大怨. 화대원.

必有餘怨. 필유여원.

安可以爲善? 안가이위선?

是以聖人執左契. 시이성인집좌계.

而不責於人. 이불책어인.

有德司契. 유덕사계.

無德司徹. 무덕사철.

天道無親, 常與善人. 천도무친, 상여선인.

큰 원한은 풀었다 해도
반드시 남은 원한이 있게 되니
어찌 잘 했다 할 수 있겠는가?

그래서 성인은 채권을 쥐고 있을 뿐
남에게 독촉하지 않네.
덕 있는 자는 채권만 관리하지만
덕이 없는 자는 남이 실수 한 것만을 살피네.
하늘의 도는 편애함이 없이 항상 좋은 사람과 함께 한다네.

和大怨, 必有餘怨, 安可以爲善?

큰 원한은 풀었다 해도 반드시 남은 원한이 있게 되니 어찌 잘 했다 할 수 있겠는가? 결국 큰 원한을 맺지 말고 이해관계 없이 사는 것이 최상이라는 말이다.

是以聖人執左契. 而不責於人. 有德司契. 無德司徹. 天道無親. 常與善人.

그래서 성인은 채권을 쥐고 있을 뿐 남에게 독촉하지도 않네. 덕 있는 자는 채권만 관리하지만 덕이 없는 자는 남이 실수 한 것만을 살피네. 하늘의 도는 편애함이 없이 항상 좋은 사람과 함께 한다네. 현대를 사는 사람들도 깊이 새겨들어야할 명문이다.

★ 여기서 左契라는 것은 부절(나무판에 내용을 쓰고 도장을 찍은 다음 반으로 쪼개어 상대방과 나누어 가진 다음 나중에 서로 맞추어 계약의 증거로 삼은 것)을 말하는데 이 부절은 左, 右두 개로 나누어서 채권자가 左쪽을 채무자는 右쪽을 갖는다. 이 左右契에 각인된 내용의 부절이 맞으면 다른 법률관계 등을 불문하고 그대로 인정하였다.

임계任契(부절에 의존함)

선천先天의 기수起數 (1)

사람은 출생할 때 선천의 숫자를 가지고 태어난다. 이 선천의 숫자는 남자와 여자가 다르다, 남자는 8이라는 숫자를 가지고 태어나고 여자는 7이라는 숫자를 가지고 태어난다. 이것은 2,000년 전 『황제내경』에서 말한 것이다. 여자와 남자를 음양으로 보고 음양이기(7과8)를 만물을 생하는 오행과 곱해주면(7×8×5=280, 1달을 28일로 보면 만 10개월) 태아가 모궁에 있는 기간이다.

여성의 경우 여성의 기수 7×4=28일 이것은 여성의 생리기간으로 만약 생리가 28일 미만이면 질병이 있는 징조이고 28일을 초과하면 정서가 불완전한 징조이다. 여성이 난자를 생성하는 숫자도 정해져 있다. 49년×12달이 정상적인 난자의 생성숫자이며 이보다 부족할 경우 체질이 허약하다고 보아야 한다. 그러나 남자의 경우 정자의 숫자는 정해져 있지 않다. '60×?=정자 수'가 공식이지만 이것은 수련하여 얼마만큼의 영靈을 얻는가에 따라 정해진다.

수련을 통해 천지간의 정기精氣를 흡수해서 보존하는 것이 보루補漏 과정이고, 이렇게 체내의 부족한 정자를 보충해서 우리의 본원으로 환원시키는 것이 환원還源 과정이다.

정자와 난자가 조화되어 원정, 원기가 신장 속에 감추어지는데 이 신장의 기가 성하고 쇠함에 따라 인체의 건강이 좌우된다.

남자는 선천에서 가지고 나온 신장 속에 감추어진 신기腎炁가 8세가 되면 실해져서 머리가 길게 자라고 치아를 갈게 된다. 다시 8에다 2를 승하여 16세가 되면 신기가 성하여져 유정遺精하며 정기가 넘쳐 새니 음양이 화합하므로 아이를 낳게 할 수 있다. 다시 8에서 3을 승하여 24세가 되면 신기가 고르게 되어 뼈와 살 등 근골이 강해지며 사랑니가 나고 신체는 제일 크게 성장한다. 다시 4를 승하여 32세가 되면 근골이 융성하고 피부에 살이 꽉 차고 단단하다. 다시 5를 승하여 40세에는 신이 쇠하여 모발이 빠지고 이가 약해진다. 다시 6을 승하여 48세에는 양기陽氣가 위에서 다하여 얼굴이 초췌하고 모발과 수염이 희게 된다. 다시 7을 승하여 56세에 이르면 간기肝氣가 쇠하여 근육이 제대로 움직이지 못하고 다시 8을 승하여 64세에는 유정遺精이 없어지면서 신장이 쇠하여 몸의 모양이 모두 극에 달하여 치아와 두발이 잘 빠져서 없어진다.

처음 태어날 때에는 신장이 수를 주관하여 오장의 정기를 받아 저장함으로써 신이 성해졌는데 지금은 오장도 쇠하여져 근골이나 골수가 다 풀어져 버리고 정액도 다하고 모발도 희어지며 신체도 무겁고 행보도 바르지 못하게 된다.

左契猶如般若舟 좌계는 오직 반야를 태운 배와 같아서
人能執此任西流 사람은 이것을 고집하여 서류에 맡기네.
故云有德長司契 옛말에 이르기를 유덕하면 채권만 관리하고
天道無親親善柔 하늘의 도는 편애하지 않아 온화하기만 하네.

小國寡民章 第八十

獨立(홀로 섬)

小國寡民. 소국과민.

使有什佰之器, 而不用. 사유십백지기, 이불용.

使民重死. 사민중사.

而不遠徙. 이불원사.

雖有舟輿, 無所乘之. 수유주여, 무소승지.

雖有甲兵, 無所陣之. 수유갑병, 무소진지.

使民復結繩而用之. 사민복결승이용지.

甘其食. 감기식.

美其服. 미기복.

安其居. 안기거.

樂其俗. 낙기속.

鄰國相望, 鷄犬之聲相聞. 인국상망, 계견지성상문.

民至老死, 不相往來. 민지노사, 불상왕래.

나라는 작게 만들고, 백성을 줄이며

꼭 필요한 물건만을 십여 가지 갖게 하되 그나마 쓰지 못하게 하고

백성들로 하여금 죽음을 무겁게 여기도록 하고

멀리 이사하지 못하게 하면

비록 배와 수레가 있어도 그곳을 타고 다닐 일이 없으며

설사 무장된 군대가 있어도 진을 칠 곳이 없고

백성으로 하여금 새끼를 엮어 글자로 사용하게 하라.

음식은 맛있게

옷은 보기 좋게

집은 편안하게

풍속은 즐겁게 만들면

이웃 나라가 서로 바라보이고 닭과 개소리 서로 들려도

사람들은 늙어 죽을 때까지 서로 오고 가지 않는다네.

小國寡民, 使有什佰之器. 而不用. 使民重死. 而不遠
徙. 雖有舟輿. 無所乘之 雖有甲兵. 無所陣之. 使民復
結繩而用之.

나라는 작게 만들고, 백성을 줄이며 꼭 필요한 물건만을 십여 가지 갖
게 하되 그나마 쓰지 못하게 하고 백성들로 하여금 죽음을 무겁게 여기
도록 하고 멀리 이사하지 못하게 하면 비록 배와 수레가 있어도 그곳을
타고 다닐 일이 없으며 설사 무장된 군대가 있어도 진을 칠 곳이 없고 백
성으로 하여금 새끼를 엮어 글자로 사용하게 하라.

당시 노자의 국가를 보는 시각은 마치 현세의 아프리카 원주민들이 살
아가는 모습을 연상하게 된다. 이것은 현세를 살아가는 사람들의 눈으로
보는 관점에서 이것은 국가가 아니고, 깊고 멀리 있어 외롭게 느껴지는
어느 고을에 해당된다. 노자는 당시 국가의 혼란함을 비껴갈 하나의 방
법으로 이렇게 무위지향을 표방했는지는 모르겠으나 지금의 국가관과
는 격세지감을 느낀다.

甘其食. 美其服. 安其居. 樂其俗. 鄰國相望. 鷄犬之聲
相聞. 民至老死. 不相往來.

잘 먹고 잘 입고 그러니 편안하고 편안하니 그 풍속을 즐겁게 하는 것
은 평범한 사회생활이다. 어쩌면 조물주는 이렇게 살아야 도와 덕이 넘
쳐흐르니 이것은 자연의 순리라고 말할 수도 있을 것이다. 이웃 고을이
서로 바라보이고 닭과 개소리 서로 들려도 사람들은 늙어 죽을 때까지
서로 오고 가지 않는다면 살아생전 아무 업장도 짓지 않고 저 외로운 언
덕에 낙락장송처럼 살아가게 될 것이다. 그래서 하상공은 독립獨立이라
는 제목을 붙였는지 모르겠지만, 그러나 지금의 세상에서는 상상해 볼

수도 없는 일이다. 사실은 신선들은 더 깊은 곳에서 더 외롭게 삶을 초연하여 소요자재하면서 살아가고 있기는 하지만…

독립獨立(홀로 섬)

선천先天의 기수起數 (2)

여자는 선천에서 가지고 온 신기가 성해져서 7세가 되면 치아를 갈고 머리털이 길게 자라며 2를 승하여 14세가 되면 임맥이 통하고 태충맥이 성해져 월경이 시작된다. 다시 3을 승하여 21세가 되면 신기가 고르게 되어 사랑니가 생기고 신체도 제일 크게 성장한다. 다시 4를 승하여 28세에 이르면 근골이 견실해지고 두발도 가장 길게 자라며 신체도 왕성하고 건강하게 된다.

다시 5를 승하여 35세에 이르면 양맥陽脈이 쇠하여 얼굴이 초췌해지기 시작하고 두발도 빠지기 시작한다. 다시 6을 승하여 42세에 이르면 삼 양맥이 위에서 쇠하여 얼굴이 모두 초췌해지고 두발이 희어지기 시작하며, 다시 7을 승하여 49세에 이르면 임맥이 허해지고 태충맥이 쇠하여 작아지고 월경이 고갈되며 지도地道가 불통하니 몸이 무너져 아이를 갖지 못한다.

위의 말은 『황제내경黃帝內經』에 있는 황제黃帝와 기백岐伯의 문답 내용 중 일부인데 황제가 다시 묻기를 "도를 가진 사람은 100세가 넘어도 자식을 가질 수 있는가?"라는 물음에 기백이 답하기를 "도를 가진 사람은 늙어도 몸이 온전하여 비록 나이가 들었어도 아이를 낳을 수 있습니다."라고 대답했다고 한다,

사람이 이와 같이 인체의 출생에서부터 성장 노쇠의 과정과 생육능력의 발생과 소실 등 전 생리과정을 도가에서는 다시 태체胎體, 동체童體, 누체漏體, 파체破體, 쇠체衰體, 약체弱體 등으로 분류하고 있다,

남녀 공히 수정란이 되어 어머니의 모태에 있을 때는 태체이다. 여기서 선천수 남8 여7의 수에 따라 각기 분류가 되는데 남성 16세 이전 여성 14세 이전을 동체로 분류한다. 남성 16세 여성 14세부터는 모두 정자와 난자를 생산하기 시작하고 교합하여 아이를 낳으니 남성 32세 여성 28세까지를 누체로 분류한다. 또 남성 48세 여성 35세까지를 파체라 하고 남성 64세 여성 49세까지를 쇠체로 분류하고 남성 64세 이후 여성 49세 이후를 약체로 분류했다.

小國寡民復古初 나라와 백성이 작은 것은 다시 예로 돌아가니
壽同日月沒盈虧 목숨이 일월과 같아 손익이 없다네.
豈惟年老死無往 어찌 나이만 들었겠는가? 죽어도 갈 곳이 없어
天地推遷我自如 천지가 나를 자유자재로 추천하였네.

信言不美章 第八十一

顯質（질박함을 드러냄）

信言不美. 신언불미.

美言不信. 미언불신.

善者不辯. 선자불변.

辯者不善. 변자불선.

知者不博. 지자불박.

博者不知. 박자부지.

聖人不積. 성인부적.

既而爲人, 己愈有. 기이위인, 기유유.

既以與人己愈多. 기이여인기유다.

天之道, 利而不害. 천지도, 이이불해.

聖人之道, 爲而不爭. 성인지도, 위이부쟁.

미더운 말은 아름답지 않고
아름다운 말은 미덥지 않네.
선한 사람은 변론하지 않고
변론 잘하는 사람은 선하지 않으며
참으로 아는 사람은 박식하지 않고
박식한 사람은 알지 못한다네.

성인은 쌓아 두지 않으니,
이미 남을 위해 다 썼건만 자기는 더욱 있게 되고
남에게 다 주었건만 자기는 더욱 많아진다네.
하늘의 도는 이로워 해롭지 않고
성인의 도는 하면서도 다투지 않는다네.

信言不美. 美言不信. 善者不辯. 辯者不善. 知者不博.
博者不知.

미더운 말은 아름답지 않고 아름다운 말은 미덥지 않네. 선한 사람은
변론하지 않고 변론 잘하는 사람은 선하지 않으며 참으로 아는 사람은
박식하지 않고 박식한 사람은 알지 못한다네.

마지막 장이다. 노자는 지금까지 5000여 자의 글을 마무리하면서 어쩌
면 지금까지 늘어놓은 말들을 수습하기 위한 변명 같아 보인다. 석가도
제자들에게 그 많은 설교를 해 놓고도 나중에는 "나는 아무 말도 하지
않았노라."고 했듯이 말이다,

聖人不積. 既而爲人. 己愈有. 既以與人己愈多. 天之
道, 利而不害. 聖人之道 爲而不爭.

성인은 쌓아 두지 않음으로 이미 남을 위해 다 썼건만 자기는 더욱 있
게 되고 남에게 다 주었건만 자기는 더욱 많아진다네. 하늘의 도는 이롭기
만 할 뿐 해롭지 않고 성인의 도는 하면서도 다투지 않는 것에 있느니라.

노자의 마지막 말은 부쟁不爭이다.

현질顯質(질박함을 드러냄)

마치면서

지금까지 제81장 5000여 자의 노자의 말을 더듬어 보았다. 그러
면 왜 81장이고 5000자일까? 이 말을 한번 음미해 보는 것도 의미
가 있을 것 같다.

숫자에도 음과 양이 있는데 홀수를 양으로 보고 짝수를 음으로 본다. 그래서 양의 달에는 월과 일에 같은 숫자가 중복되는 날을 상서롭게 여겼다. 즉 1월 1일은 설날이고 3월 3일은 삼짇날이고, 5월 5일은 단오절이며 7월 7일은 칠석이고 9월 9일은 중구일이다. 우리 조상들은 이렇게 양이 겹치는 날을 상서롭게 받아들여서 거기에 걸맞은 미풍양속을 만들어 즐기기도 했다.

일상생활 중에서 등급을 정하는 바둑 등에서 9단 이상을 취하지 않는 것은 우리가 살고 있는 후천 세계에서 9라는 숫자가 가장 높아서이다. 그 이상 10은 선천의 수이기 때문이다. 금단비법金丹秘法에서도 숫자는 1부터 9까지 있다고 설명하였다. 1~3은 소수小數, 4~6은 중수中數, 7~9는 대수大數라고 한다. 예로부터 9는 후천에서는 가장 큰 수이고 이 숫자는 천자天子만 사용하는 수이다. 일반인들은 9 미만의 숫자만 사용하였다. 그러나 노자가 살았던 당시에는 이런 제도가 없어서 9라는 숫자를 사용하였다. 그래서 후천에서 제일 높은 수 9를 다시 9로 승하여 주니(9×9=81) 81이 된다. 도가에서는 36동천洞天을 역임하면 81양천陽天으로 돌아가고 81양천陽天을 지나면 삼청三淸의 허무자연의 경계로 돌아간다는 말도 있듯이 9×9=81을 순양의 수중에서 최고의 숫자로 보고 있다.

다음은 5000에 관한 숫자이다. 도가에서는 사람의 생후 5천 일이 지나면 인체의 기氣가 최고에 도달 선천의 기와 후천의 기가 총화를 이루므로 그 수數는 저절로 양수陽數의 제일 높은 9×9=81장丈에 가득 차고 바야흐로 이 시기가 15살 되는 때이며 이때를 동남童男이라 한다. 이때가 음陰과 양陽이 반반이 되니 음양조화의

최절정이어서 마치 떠오르는 태양에 비유할 수 있겠다. 이렇듯 81
과 5000은 도가에서는 매우 중요한 숫자이다.

旣以與人己愈多 기왕이면 남과 함께할수록 자기는 더욱 많아지니
聖人不積抱天和 성인은 쌓아두지 않아 천지를 안고 화기애애하네.
五千言是金丹隨 오천 마디는 금단을 이루는 것이니
信則修之上大羅 믿음은 곧 수련이고 그것은 대라금선이라네.

부록

도교道教와 선가仙家의 인물人物

도교의 발전에 공헌한 10대 숭도황제봉선崇道皇帝封禅

황제 명휘 皇帝 名諱	주요사적主要事跡
진시황 영정 秦始皇 嬴政	"畢生致力於派遣, 方士, 東海, 尋仙, 五次大規模東巡求取長生仙藥" 필생의 정력을 쏟아 부어, 동해에 다섯 번씩이나 대규모 방사들을 보내 불로장생을 위해 선약을 구하다.
한무제, 유철 漢武帝 劉徹	"封禪五嶽,大量重用神仙方士, 效法秦始皇大搞祀神求 活動" 선오악을 봉하고, 신선방사를 많이 중용하여 진시황을 본받아 신구대사하였다.
당태종, 이세민 唐太宗 李世民	"實行道家無爲治國政策,晚年熱衷長生, 方術, 喜好, 服食, 丹藥" 도가의 무위치국 정책을 실시하여 만년에 장생, 방술, 선호도, 음용, 단약에 열중하다.
당고종, 이치 唐高宗 李治	"尊大, 聖祖, 老子爲"太上, 玄元皇帝," 並尊奉,《道德經》, 爲上經 존대성조노자는 '태상현원황제'로 불리며, 아울러 '도덕경'을 경으로 올리기도 하였다.
당현종, 이융기 唐玄宗 李隆基	"掀起老君崇拜熱潮, 規定, 玄學, 道擧制度, 編纂."《開元道藏》 노군 숭배 붐을 일으켜 규정, 현학, 도거제도, 편찬하였다. [개원도장]
송진종, 조항 宋眞宗 趙恒	"尊奉趙公明爲聖祖, 熱衷, 天書, 祥瑞, 冊封東嶽大帝, 碧霞元君" 조공명을 성조로서 받들어 열렬히 천서, 상서, 동악대제, 벽하원군을 책봉하다.
송휘종, 조길 宋徽宗 趙佶	"自號, 道君皇帝," 加封玉皇大帝, 首開冊封關公, 媽祖之先河 자칭 '도군황제'로 옥황상제를 가봉하여, 처음으로 관공·모조의 효시를 책봉하였다.

송리종, 조윤 宋理宗 趙昀	"崇奉, 三山符籙, 積極推廣, 勸善書, 《太上感應篇》" 삼산 부적, 적극 보급, 권선서, 《태상감응편》 등을 받들었다.
명성조, 주체 明成祖 朱棣	"自詡爲玄天真武大帝化身, 推崇張三豐, 建設宮觀大興, 武當山" 현천진무대제의 화신을 자랑하며, 장삼풍을 추앙하고, 궁관대흥무당산을 건설하였다.
명세종, 주후총 明世宗 朱厚熜	"以奉道爲首務, 寵信道徒方士, 熱愛齋醮乩仙, 迷戀丹, 藥方, 術" 도를 받드는 것을 으뜸으로 삼고, 도도한 선비를 총애하며, 도도한 선비를 사랑하며, 단에 연연하고, 약방에 빠지고, 술수를 쓰다.

선진 인물先秦人物

伏羲 복희	女媧 여와	炎帝 염제	黃帝 황제	堯帝 요제	舜帝 순제
大禹 대우	伊尹 이윤	周文王 주문왕	薑子牙 강자아	周穆王 주목왕	老子 노자
孔子 공자	王子喬 왕자교	文子 문자	關尹子 관윤자	庚桑楚 경상초	範蠡 범려
鬼穀子 귀곡자	墨子 묵자	孫武 손무	列子 열자	扁鵲 편작	莊子 장자
孟子 맹자	環淵 환연	田駢 전변	慎到 신도	宋妍 송연	尹文 윤문
鄒衍 추연	荀子 순자	安期生 안기생	呂不韋 여불위	魯班 노반	李明 이명

진한 인물秦漢人物

河上公 하상공	徐福 서복	黃石公 황석공	張良 장량	陸賈 육가
劉安 유안	東方朔 동방삭	董仲舒 동중서	李少君 이소군	司馬遷 사마천
茅盈 모영	茅固 모고	茅衷 모충	嚴遵 엄준	揚雄 양웅
陰長生 음장생	王方平 왕방평	張修 장수	張道陵 장도릉	於吉 우길
左慈 좌자	華佗 화타	魏伯陽 위백양	張角 장각	張魯 장노
葛玄 갈현	許遜 허손	魏華存 유화존	帛和 백화	李八百 이팔백

수당5대 인물隋唐五代人物

王遠知 왕원지	蘇元朗 소원랑	岐暉 기휘	孫思邈 손사막	袁天罡 원천강	李淳風 이순풍
魏征 위정	傅仁均 부인균	成玄英 성현영	李榮 이영	王玄覽 왕현람	張果老 장과노
李白 이백	潘師正 반사정	葉法善 섭법선	尹文操 윤문조	司馬承禎 사마승정	賀知章 하지장
張萬福 장만복	李含光 이함광	吳筠 오균	薛幽棲 설유서	李筌 이전	趙歸真 조귀진
杜光庭 두광정	崔希範 최희범	彭曉 팽효	譚峭 담초	羅隱 라은	周丘方遠 여구방원
聶師道 섭사도	鍾離權 종리권	呂洞賓 여동빈	韓湘子 한상자	施肩吾 시견오	何仙姑 하선고
陳靖姑 진정고	劉海蟾 유해섬	金可記 김가기	鐵拐李 철괴이	曹國舅 조국구	藍采和 남채화

우리나라 사람 중에는 유일하게 신라인 김가기 선사의 이름만 있으나 이후 최치원도 당나라에 건너가 도가공부를 하여 신선의 반열에 올랐다. 왕리핑 선생은 북경대학 도서 관에서 최치원이 신선계보에 기록되어 있는 것을 보았다고 하셨다.

송원 인물宋元人物

陳搏 진단	蘇澄隱 소징은	劉若拙 유약졸	林默娘 임묵랑	張君房 장군방	張隨 장수	張伯端 장백단
石泰 석태	劉永年 유영년	張無夢 장무몽	陳景元 진경원	劉混康 유혼강	賈善翔 가선상	饒洞天 요동천
張繼先 장계선	林靈素 임영소	張虛白 장허백	王文卿 왕문경	薩守堅 살수견	寧全真 영전진	吳夲 오도
王重陽 왕중양	劉德仁 유덕인	蕭抱珍 소포진	薛道光 설도광	陳楠 진남	馬鈺 마옥	譚處端 담처단
劉處玄 유처현	丘處機 구처기	王處一 왕처일	郝大通 학대통	孫不二 손불이	趙道堅 조도견	尹志平 윤지평
張可大 장가대	雷時中 뇌시중	黃舜申 황순신	莫月鼎 막월정	杜道堅 두도견	李道純 이도순	林靈真 임영진
張宗演 장종연	張留孫 장유손	劉玉 유옥	吳全節 오전절	張雨 장우	陳致虛 진치허	趙宜真 조의진

명청인물明清人物

張三豐 장삼봉	張正常 장정상	冷謙 냉경	張中 장중	周顛 주전	劉淵然 유연연
張宇初 장우초	朱權 주권	邵以正 소이정	羅夢鴻 나몽홍	邵元節 소원절	陶仲文 도중문
張永緒 장영서	張國祥 장국상	陸西星 육서성	卓晚春 탁만춘	伍守陽 오수양	朱耷 주탑
王常月 왕상월	張清夜 장청야	婁近垣 류근원	劉一明 유일명	閔一得 민일득	傅金銓 부금전
李西月 이서월	柳華陽 유화양				

현대 인물 現代人物

陳攖寧	阿炳	易心瑩	嶽崇岱	李理山	張恩溥	李約瑟
진영저	아병	역심옥	악숭대	이리산	장은부	이약슬
黎遇航	傅圓天	閔智亭	江至霖	王嗣林	謝宗信	任法玖
여우항	부원천	민지정	강지림	왕사림	사종신	임법구
吳誠真	王全林	葉至明	黃信陽	陳蓮笙	許信友	任宗權
오성진	왕전림	섭지명	황신양	진연생	허신우	임종권

● 이승훈李昇勳

1947년 영광靈光에서 출생.

중국 전진도 용문파 18대 장문 靈靈子(왕리펑) 문하에서 사사.

전통 도가 공법인 영보필법靈寶畢法 공부.

영축산靈鷲山 영지곡에서 수련

저서로 『신용호비결』 『신용호비결2』 『신용호비결3』.

e-mail : koko1289@nate.com

道德經(도덕경)

초판 1쇄 발행 2020년 9월 10일

풀어쓴이 | 이승훈

펴낸이 | 이의성

펴낸곳 | 지혜의나무

등록번호 | 제1-2492호

주소 | 서울시 종로구 관훈동 198-16 남도빌딩 3층

전화 | (02)730-2211 팩스 | (02)730-2210

ⓒ이승훈

ISBN 979-11-85062-34-1 (03150)

* 잘못된 책은 바꾸어 드립니다.